KB253061

Great Lives

②

위대한 생애

철강왕 카네기

신일성 / 옮김

일신서적출판사

카네기 부부

서 문

분주한 실업계에서 은퇴한 후, 나의 남편은 미국과 영국 친구들의 성화같은 권유에 못이겨서 가끔 붓을 들어 어릴 때부터의 추억을 쓰기 시작했습니다. 그러나 충분한 여가가 있으리라고 생각했었는데 주인의 생활은 전보다도 더욱 바빠져서 조금의 여가도 없게 되었습니다. 따라서 추억을 적는 것은 스코틀랜드에서 휴양할 때에만 한하게 되었습니다. 여름마다 몇 주일 동안 방갈로에 틀어박혀서 참으로 검소한 생활을 영위하게 되어 있었습니다. 이 자서전의 대부분은 여기에서 씌어진 것입니다. 주인은 이 책에 씌어진 청년시절을 회상하는 것이 매우 기쁜 모양인지, 글을 쓰면서 다시 한 번 그 시절을 피부로 느끼며 사는 것 같았습니다.

유럽 정계의 형세가 위태로워진 1914년 7월에 주인은 이렇게 해서 추억록을 쓰고 있었던 것입니다. 그 해 8월 4일의 슬픈 뉴스가 고원의 우리 집에 들려왔을 때, 우리는 서둘러 산을 내려가서 스키보로 돌아가 정세를 주시하고 있었습니다.

추억은 여기에서 끝이 났습니다. 그 후 주인은 두 번 다시 자기 사생활에 관심을 가질 수가 없었습니다. 몇 번이나 붓을 들어 계속해서 쓰려고 했습니다만 허사였습니다. 그때까지 주인은 중년이라고 해도 좋을 만한 일상생활을 하고 있었습니다. 중년이라고 말하지만 기분상으로는 장년이라고 할까요. 매일 골프를 하고 낚시를 즐기고 수영을 했으며, 때로는 이 세 가지를 모두 하루 안에 할 때도 있었습니다. 천성이 낙천적이었기 때문에 자기 희망이 무너지는 최악의 사태에 직면하더라도 희망을 잃지 않도록 노력했습니다만, 대전쟁이라는 세계적인 참사는 너무나도 큰 타격이었습니다. 주인은 완전히 녹초가 되어버렸던 것입니다. 인플루엔자에 걸리고, 이어서 두 번이나 심한 폐렴을 앓은 데다가 워낙 노령이어서 어쩔 방법이 없었습니다.

주인이 돌아가시기 몇 개월 전에 돌아가신 분에 대하여 세상 사람들은 "그 사람은 도저히 노령의 짐을 짊어질 수가 없다."고 말하는 것을 나는 들었습니다. 주인은 이 '노령의 짐'을 잘 견디어서 최후까지 용감하게 사셨습니다. 이것은 주인을 잘 이해하는 분들은 알고 계실 것이고, 우리들 남겨진 사람들에게는 다소나마 위안이 되었습니다. 주인은 언제나 인내심이 있고 사려가 깊으며, 명랑하고, 주위 사람들의 배려나 서비스에 진심으로 감사할 줄 알고, 또 결코 자신의 이익만을 생각하지 않는 분이었습니다. 병이 깊어짐에 따라 주인의 기분은 더욱더 밝아져서 번쩍였고, 하느님의 부름을 받아 이 세상을 떠날 때까지 빛을 발하고 있었던 것입니다.

주인이 남긴 원고의 첫페이지 뒷면에 다음과 같이 씌어 있었습니다.

"나의 이 자서전에 조그마하게 한 권으로 만들어질 만한 자료가 있을지도 모른다. 그것은 일반 독자에게 흥미가 있을지도 모른다. 내 친척과 친구들을 위해서는 전부 정리해서 한정판으로 내면 좋을 것이다. 틈나는 대로 쓴 이 추억록 중의 대부분은 당연히 생략해야 할 것이라고 생각한다. 이 편집을 맡아줄 사람이 누구더라도 쓸데없는 일로 독자를 번거롭게 만들지 않도록 배려해주기 바란다. 두뇌가 명석한 사람인 동시에 섬세한 마음을 가진 사람이어야 한다."

주인의 이와같은 기분을 잘 이해해서 그것을 실현해주실 분은 우리 친구인 존·C·반·다이크 교수밖에는 없습니다. 원고를 보자마자 아직 주인이 남긴 노트를 읽지 않았는데도, "이것을 출판할 수 있도록 정리하는 것은 사랑의 일입니다."하고 말씀해 주셨습니다. 이렇게 해서 문제는 해결되었는데, 정말 아름다운 우정의 표현으로서 깊이 감사드리는 바입니다.

뉴욕에서
루이즈·W·카네기

편집자의 노트

한 인물의 평생의 얘기는 편집자가 함부로 손을 대어서는 안 된다. 특히 본인이 쓴 경우에는 더욱 그렇다. 그는 자기 식에 따라 자기 마음대로 얘기하도록 허용되어 있기 때문에 거기에 나타나는 정열은 물론이고 과장조차도 얘기의 일부로서 받아들여져야 한다. 과장이나 자랑으로 생각되는 것 속에 그 사람의 본질적인 것이 들어 있을지도 모르기 때문이다. 따라서 이 원고를 정리함에 있어서 편집자는 단순히 자료를 연대순으로 또 사실을 일어난 순서로 배치했을 뿐이고, 그 밖에는 아무것도 손을 대지 않았다. 이와 같이 배치한 것은 독자가 혼란을 일으키지 않고 끝까지 얘기의 줄거리를 쫓아갈 수 있도록 하기 위해서였다.

이 '불가사의하고 또 다채로운 역사'를 이룩한 인물에 대해서 격을 높이거나 찬사를 보내거나 하는 것은 여기에서는 어울리지 않고, 또 그럴 시기도 아니다. 그러나 이 역사는 참으로 중대한 사건으로 가득 찬 것이라는 사실은 인정해도 될 것이다. 또 참으로 불가사의하다. 아메리카로 건너가서 온갖 곤란을 이겨내어 승리를 차지하고, 대기업가가 되어서 세계 최대의 강철업을 이룩하며 거대한 재산을 모으고, 그리고는 그 재산을 인류의 복지 개선을 위하여 조직적이고도 계획적으로 분배한 스코틀랜드의 가난한 한 소년의 얘기는 '아라비아 야화'에 나오는 얘기보다도 더 불가사의한 것이다. 그는 인류가 잊을 수도, 무시할 수도 없는 부의 복음을 가져온 것이다. 그리고 그것을 분배하는 방법의 시범을 보여서 그 후로는 세상의 대부호가 그의 전례를 따랐던 것이다. 긴 생애를 통하여 그는 국가의 건설자이고 사상계의 지도자였으며, 작가와 연설가, 노동자와 교직자, 정치가의 친구이고 가난한 사람들이나 고귀한 사람들의 동료였다. 그러나 이러한 일은 표면에 나타난 극히 일부에 지나지 않는 일이고, 그의 진정한 위대함은 그의 부의 분배나 세계 평화에 대한 정열, 또는 그의 인류애와는 비교가 되지 않는 것이다.

　지금으로서는 아직 시간이 얼마 지나지 않았기 때문에 적절한 비평을 하기는 불가능한 것이다. 그러나 시간이 지남에 따라 올바른 평가가 이루어져 장차의 세대는 이 인물의 위대함을 인정하게 되리라고 생각한다. 그러기 위해서라도 카네기 자신의 얘기가 그 자신의 발랄한 문체로 남겨졌다는 것은 다행이었다. 이것은 참으로 진귀한 기록으로서, 이러한 기록이 또다시 나타나리라고는 생각되지 않는다.

　　　　　　　　뉴욕에서
　　　　　　　　존 · C · 반 · 다이크

차 례

1. 양친과 유년시절

'어떤 사람의 평생의 얘기더라도 그것이 사실을 말하고 있다면 재미있음에 틀림없다'고 옛사람이 말했다. 그래서 나의 근친이나 친한 친구들이 내가 걸어온 길에 대해서 전기를 쓰도록 심하게 권했던 것인데, 완성된 것에 대하여 실망하지 않았으면 좋겠다.

나는 이 얘기가 적어도 나를 알고 있는 사람에게는 흥미가 있으리라고 생각하면서 써나갔던 것이다.

몇 년 전에 나의 친구인 피츠버그 시의 메론 판사가 이와 같은 책을 썼는데, 나는 그것을 실로 흥미깊게 읽었고 앞에서 소개한 옛사람의 말을 새삼 확인했던 것이다. 판사의 전기는 친구들을 매우 기쁘게 함과 동시에 그의 자손에게 올바르게 살도록 오래도록 영향을 미칠 것임에 틀림없다. 또 그뿐만이 아니다. 이 책은 친근한 사람들 사이에서만이 아니라 많은 사람들이 애독하여, 그는 저자로서도 인기가 있다. 왜냐하면 전기의 중요한 요소인 인품이 잘 나타나 있기 때문이다. 대중의 흥미를 끌겠다는 생각은 털끝만큼도 없이 그저 가족을 위해서만 씌어진 것이었다.

자서전을 쓰는 데 있어서 나는 대중 앞에 꾸민다거나 하는 생각은 전혀 없이 가족과 친구들 사이에서 얘기하는 듯한 기분으로 붓을 잡을 작정이다. 가족이나 친구들은 오랫동안 나와 고생을 함께 했고, 나에게 충실했다. 그들과 자유롭게 얘기할 수도 있었고, 시시한 사건조차도 전혀 의미가 없다고 생각되지 않았다.

　나는 1835년 11월 25일 스코틀랜드의 담팜린 시에서 태어났다. 무디 거리와 프라이올리 가의 모퉁이에 있는 단층 작은 집으로, 나는 그 지붕밑 방에서 탄생했다. 양친은 흔히 세상에서 말하는 가난하지만 정직하게 사는 사람들로서 선량한 친척도 많았다. 시는 스코틀랜드의 마직물(麻織物)의 중심지로 널리 알려져 있었다. 나의 아버지 윌리엄 카네기는 앤드류 카네기의 아들로서 수직공(手織工)이었다. 나는 할아버지의 이름을 땄던 것이다.

　조부는 기지가 뛰어나고 유머가 풍부한 밝은 성격으로, 무엇에도 굴하지 않는 기백을 지니고 있었으므로 이 지역에서는 널리 존경받고 있었다. 나의 낙천적인 성격과 어려운 일에 부딪치더라도 구애되지 않고 평생 웃는 얼굴로 지낼 수 있었던 것도 이 유쾌한 조부의 성격을 이어받았기 때문이리라. 나의 친구들은 ‘오리를 모조리 백조로 만들어버리는’ 이 낙천적인 성격을 부러워한다. 나는 조부가 자랑스럽고, 또 그의 이름을 계승한 것을 기뻐하고 있다.

　밝은 성격은 재산보다도 더욱 귀한 것이다. 성격이라는 것은 양성할 수 있어서 인간의 마음도 몸과 마찬가지로 그늘에서 햇빛이 비치는 곳으로 옮아가야 한다는 사실을 기억해두기 바란다. 볕이 닿는 장소로 나가야 하지 않겠는가. 되도록이면 어려운 일도 웃음으로 해결해나가자. 인간은 조금이라도 생각할 줄만 안다면 그렇게 할 수 있다. 물론 자신의 그릇된 행위에서 나온 것이라면 자책의 염이 웃어넘기게 하지는 않으리라. 그것에서 도망칠 수는 없다. 그러한 ‘오점’을 씻어버릴 수는 없다. 자기 내부에 있는 재판관이 심판의 자리에 앉아 있기 때문에 자신을 속일 수는 없는 것이다. 스코틀랜드의 위대한 시인 로버트 번스는 “그대의 양심의 소리만을 두려워하고, 거기에 따르라.”고 했는데, 이것은 인생의 멋진 법칙이다. 나는 젊을 때부터 이것을 내 생애의 금언으로 채택했는데, 평생에 들은 수없이 많은 설교보다도 더 의의가 있었다.

외할아버지인 토마스 모리슨은 더욱 특징이 있는 인물이었다. 당시 스코틀랜드의 유력지였던 〈레제스터〉에 자주 투고해서 진보적인 의견을 발표했었다. 나는 그가 쓴 것을 훗날 읽은 일이 있는데, 시대에 앞선 탁견(卓見)을 지니고 있었다. 이를테면 그는 기술교육의 중요성을 깨닫고, "머리의 교육인가 손의 교육인가."하는 제목의 팜플렛을 출판하여 후자의 중대함을 강조했던 것이다. 외조부는 기술교육의 선구자가 되었고, 팜플렛은 다음과 같은 말로 끝맺고 있다. "나는 청년시절에 구두를 만들고 또 수선을 하는 기술을 배운 것을 감사하고 있다."라고.

이 팜플렛은 혁신계인 레제스터사가 출판해주었는데, 주필은 이에 대하여 사설로 다루어서 그 중요성을 강조해주었다.

나는 아버지와 어머니로부터 글 쓰는 소질을 이어받은 모양이다. 여하튼 카네기 가는 광범위하게 책을 읽었고 많은 것을 생각하는 사람들이기도 했다고 말할 수 있다.

외조부인 모리슨은 천성적인 웅변가이고 또 재치있는 정치가여서 오랫동안 이 지역 혁신 정당의 기수로서 활약했고, 아들이자 나의 외숙부인 베리 모리슨이 뒤를 이어서 정치활동을 하고 있었다. 내가 아메리카로 간 후에도 스코틀랜드에서 온 사람들에게서

"당신이 토마스 모리슨의 외손자인가?"하는 질문을 받았고 그것을 계기로 친교를 맺었던 것이다.

나는 흔히 "옛날 토마스 모리슨의 모습 그대로다."하는 말을 들었는데, 외조부의 얼굴을 기억하지는 못한다. 내가 27세 때 처음으로 고향에 돌아가서 외숙부인 베리 모리슨을 찾아가 긴 의자에 앉았을 때, 외숙부의 크고 검은 눈에 갑자기 눈물이 글썽거렸다. 그리고는 서둘러 방에서 나가버렸다. 그러나 곧 돌아와

서 내가 돌아가신 자기 아버지를 생각나게 해서 견딜 수가 없었던 것이라고 설명했다. 몸짓과 말씨와 표정에서 잠깐 나타났다가 곧 사라져버리기 때문에 정확하게 무엇이라고 말할 수는 없지만, 여하튼 나는 외조부를 많이 닮은 모양이다. 나의 어머니는 언제나 무엇인가 외조부의 특징을 찾아내서는 옛날을 그리워하고 있었다. 유전의 법칙이란 이상한 것이어서, 신체 외에도 여러 면이 자손에게 전해지고 있다는 사실을 나는 절실하게 느꼈던 것이다.

외조부 모리슨은 에딘버러 시의 호치 양과 결혼했는데, 그녀는 교육과 교양과 사회적 지위에 있어서 더할 나위 없는 여성이었지만 불행하게도 자녀가 어릴 때 돌아가셨다. 당시 외조부는 담팜린에서 피혁가공업을 하면서 피혁상인으로서 유복한 생활을 하고 있었다. 그러나 워털루 대전 후 강화조약이 체결되고나서부터 많은 사람들이 당한 것처럼 그의 가운도 기울어 갔다. 따라서 장남인 베리 외숙부는 호사스러운 생활 환경에서 자라서 망아지를 타고 다니기도 했지만, 동생들은 상당히 어려운 여건 속에서 자라났던 것이다.

차녀인 마가렛이 나의 어머니인데, 이 책 속에 그녀는 자주 등장하게 될 것이다. 어머니는 나의 외조모로부터 위엄과 교양과 집안이 좋은 여성이 지니는 우아함을 물려받았다. 나는 이 멋진 여장부라고 할 만한 어머니에 대하여 잘 묘사할 수 있으리라고 생각되지 않는다. 어머니는 나에게 있어서는 신성한 인물로서 남들에게는 알리고 싶지가 않다. 또한 실제로 그녀를 알 수는 없을 것이다. 알고 있는 것은 나뿐이다. 아버지가 일찍 돌아가셨기 때문에 그 후 어머니는 내가 독점하게 되었던 것이다. 나의 첫번째 저서의 헌사(獻辭)에 '나의 가장 사랑하는 히로인인 나의 어머니에게.'라고 되어 있는데, 이것은 나의 심정을 잘 얘기해주고 있다.

나는 훌륭한 선조를 둔 매우 운이 좋은 사람인데, 고향에 대해서도 마찬가지이다. 인간에게 있어서 태어난 고향이란 대단히 중요해서, 환경과 전통은 아이들에게 막대한 영향을 주어 그 아이의 내부에 있으면서 아직 표면에 나타나지 않은 경향을 자극하는 것이다. 영국의 문호 러스킨은, 에딘버러 시의 총명한 아이는 모두 성의 웅장한 모습에 감화를 받았다고 말했다. 담팜린의 아이는 고상한 사원에 의해서 영향받고 있는데, 이것은 스코틀랜드의 웨스트민스터 대사원이라고 불리며, 1070년에 말콤 캔모어와 마가렛 여왕에 의해서 지어진 것이었다. 마가렛 여왕은 스코틀랜드의 수호신이다. 웅대한 사원과 많은 국왕이 탄생한 궁전의 폐허는 오늘날에도 남아 있다. 그곳에는 또 피텐크리프의 골짜기가 있어서 마가렛 여왕의 궁전과 말콤왕의 탑의 폐허가 있다.

시가 북쪽에는 멀리 필스 강이 흐르고 남쪽에는 에딘버러 시를 바라보고 있으며, 북쪽으로는 오칠스 산맥이 솟아나 있다. 여기에는 로맨스가 있고 시가 있으며, 국가의 역사와 종교가 더 듬어온 흔적이 강하게 남아 있다. 주위를 둘러보는 아이들에게 높은 이상과 꿈을 안겨주고, 훗날 그들이 준엄한 현실세계에서 살풍경한 일에 종사하고 있을 때에 또다시 마음속에 재생되어 생각을 높여주고 인생의 맛을 느끼게 해준다. 나의 양친이 이와 같이 정신적으로 풍요한 환경 속에서 태어났기 때문에 두 사람이 다분히 지니고 있던 로맨틱하고 시적인 정서가 건전하게 자라난 것이다.

아버지가 직물업을 계승한 후 우리는 무디 거리에서 리드 공원 가까이에 있는 더 넓은 집으로 옮기게 되었다. 아버지의 너더댓 대의 직조기계가 아래층에 늘어서 있었다. 우리는 이층에 살고 있었는데, 스코틀랜드의 옛날 주택형에 따라 이 집도 바깥에 계단이 달려 있어 우리는 이것을 이용하여 출입했다. 나의 최초의 추억은 이 집에서 시작되는데, 이상하게도 기억의 흔적을 더 듬어 보면 그 첫번째는 내가 조그만 아메리카 지도를 보고 있던 그 날로 거슬러 올라간다. 그것은 말려져 있었는데 50센티정도 되었다. 아버지와 어머니, 윌리엄 숙부와 에토켄 숙모가 이 지도를 들여다보면서 피츠버그 시를 찾고 에리 호와 나이아가라 폭포를 가리키고 있었다. 그 후 오래지 않아서 숙부와 숙모는 약속된 땅으로 떠났던 것이다.

이 무렵, 사촌인 조지 라워다와 나는 다락방에 숨겨둔 법령이 금지하고 있는 깃발을 발견하고 무엇인가 위험이 다가오는 듯한 느낌이 들어서 몹시 흥분했던 것을 기억하고 있다. 그것은 울러 메고 다니도록 만들어져 있었으며 손으로 그린 것이었다. 그것은 아마 곡물조령(穀物條令) 반대 행렬에 아버지나 숙부, 또는 가족의 혁신계 사람 중에서 누군가가 들고 행진했던 것이라고 생각한다. 정부가 곡물 수입에 중과세를 하는 법률을 15세기 이후로 몇차례에 걸쳐서 공포했는데, 19세기에는 민중의 강력한 반대에 부딪쳐서 결국 1846년에 폐지되었던 것이다. 당시 시내에 폭동이 일어나서 기병부대가 시의 집회소에 주둔하고 있었다. 친가와 외가 양쪽의 할아버지와 아저씨들, 그리고 아버지가 집회에서 연설을 하고 선두에 섰었기 때문에 전가족이 거기에 연루되어 있었다.

나는 마치 어제 일어난 일처럼 똑똑히 기억하고 있다. 어느날 밤 늦게 몇 사람이 뒷창문을 두드리고는 외숙부인 베리 모리슨 이 감옥에 갇혔다고 양친에게 알려왔다. 외숙부는 조령에 의해서 금지되었던 집회를 여는 대담한 행동을 했던 것이다. 경찰은 군대의 도움을 받아 시내에서 몇 마일 떨어진 곳에서 집회를 열고 있는 그를 붙잡아 밤중에 시내로 데리고 왔는데, 많은 사람이 따라왔다.

군중이 외숙부를 구해내려 하고 있었기 때문에 소란이 커질 것 같아서 우리는 매우 걱정했다. 그러나 나중에 들은 바에 의하면, 외숙부는 시장의 간청에 따라 하이거리로 면한 창문으로 머리를 내밀고는 군중에게 물러가도록 부탁했던 것이다. 외숙부는 "만약 오늘 밤 여기에 대의를 위해서 충성할 것을 맹세할 사람이 있다면 제발 팔을 내려 주십시오."하고 말했던 것이다. 군중은 올렸던 손을 내렸다. 그런 다음 외숙부는 잠시 동안 있다가 "그럼 여러분은 조용히 해산해주십시오."하고 말했다. 외숙부는 다른 모든 가족과 마찬가지로 도의심이 강한 사람으로 법에는 절대로 순종한다는 것을 신조로 삼고 있었는데, 생각은 속속들이 진보적이어서 민주주의 국가인 아메리카의 열렬한 찬미자였다.

공공의 자리에서 이러한 일이 일어나고 있을 때에 개인 사이에 교환되는 대화라는 것은 얼마나 격렬하고도 통렬한가는 상상이 되리라고 생각한다. 군주제와 귀족정치 및 모든 형태의 특권조직에 대한 비난, 거기에 대조되는 공화제의 위대함, 아메리카의 우월성, 자기들과 같은 민족에 의해서 영유되어 있는 신대륙, 모든 시민의 권리는 그들에게 부여된 기본적인 인권이라고 하는 자유인의 천지 —— 나는 이와 같은 자극적인 화제가 논의되고 있는 속에서 자라났던 것이다. 소년인 나는 왕후귀족을 암살하는 것은 자신의 의무이며 그렇게 하는 것이야말로 국가에 대한 봉사이고, 영웅적인 행위가 된다고 생각하게 되었던 것이다.

이러한 어릴 때의 환경과 생활에 영향을 받은 결과로서, 나는 오랫동안 어떤 종류의 특권계급에게도, 그리고 자기가 한 일에 의해서 명성을 얻고 군중의 존경을 차지한 사람이 아니면 누구에게도 예의를 지켜서 정중하게 애기할 수가 없었다. 지금도 여전히 단순하게 혈통이 좋다는 것 뿐이라면 나는 모멸을 느낀다 —— "이 인물은 아무런 내용이 없다. 아무것도 하지 않고 그저 우연한 기회에 남의 깃털을 머리에 장식하고 뻐기면서 활보하고 있는 가짜이다. 그가 자기 것이라고 말할 수 있는 것은 모두 우연히 좋은 환경에서 태어났다고 하는 사실뿐이다. 그의 가족의 가장 좋은 점은 감자와 마찬가지로 땅 속에서 잠자고 있는 것이다."하고 나는 자신에게 일러 주었던 것이다. 지성이 있는 사람이라면, 출신이 좋다는 것만으로 특권을 멋대로 누리거나, 출신이 나쁘기 때문에 특권에서 제외되는 그런 사회에서 살 수가 있을까, 하고 나는 생각했다. 물론 이런 생각은 내가 타인들로부터 받아들인 것이로서, 나는 가정에서 들은 것을 반영하고 있었음에 지나지 않았다.

내가 태어난 담팜린은 스코틀랜드에서 가장 진보적인 도시로 알려져 있었다. 물론 페즐레이 시 자기들이야말로 가장 진보적이라고 주장하는 것을 나는 알고 있다. 어찌 되었건, 시내 인구의 대부분은 소규모인 직물업자로 이루어져 있고, 그들은 각기 한 대나 두세 대의 직조기계를 가지고 있는데에 지나지 않았으므로 혁신적인 목적을 위해서 일어섰다고 하는 사실은 중대한 의미가 있다. 주민은 품팔이하는 일에 종사하고 있었으므로 시간에 얽매이지는 않았다. 큰 제조업자에게 실을 얻어와, 일은 각자의 가정에서 하고 있었던 것이다. 가끔 시내는 긴장된 정치문제에 말려들어서, 점심 후 잠시동안 남자들이 시내 여기 저기에 모여들어서 앞치마를 두른 채 서서 나라의 정치를 논하는 것을 볼 수가 있었다. 흄, 코브덴, 브라이트 등의 이름이 여러 사람의 입에 오르내린다. 나도 어린 주제에 이런 모임에 끼어들어서 어른들의 대화에 열심히 귀를 기울이곤 했는데, 논의는 물론 일방적으로 치우친 것이었다.

당시 일반적으로 생각했던 것은 하나의 변혁이 일어나지 않으면 안 된다고 하는 결론이었다. 시내 사람들은 클럽을 만들어서 런던의 신문을 구독했다. 저녁마다 주요한 사설을 사람들에게 읽어주는데, 재미있는 일은 그것을 위해서 교회에 제단이 이용되었다는 사실이다. 외숙부인 베리 모리슨이 자주 선발되어 낭독하는 역할을 맡았고, 읽은 후에 외숙부나 다른 사람들이 그것을 비판하는데, 회합은 대단히 활기가 있었다.

이런 정치적인 집회는 자주 열렸는데, 나는 가족과 마찬가지로 매우 흥미가 있어서 자주 참석했다. 내 아저씨들 중의 한 사람이거나 혹은 아버지가 대체로 발언했다. 어느날 밤 나는 아버지가 네거리의 옥외집회에서 대중에게 연설하고 있는 곳으로 갔다. 나는 청중의 가랑이 사이로 뚫고 들어가다가 특별히 큰소리로 성원을 보내고 있는 한 사람에게 몹시 끌려서 그의 열렬함에 감염되고 말았다. 나는 가랑이 사이로 기어들어가서 붐비고 있는 군중으로부터 지켜주고 있는 사람을 올려다보고는, 연설하는 사람은 나의 아버지라는 것을 얘기했다. 그 사람은 나를 목말을 태워주었는데, 연설이 끝날 때까지 그렇게 하고 있었다.

수직기(手織機)가 증기직기로 바뀐 것은 우리 가족에게 심한 타격이었다. 아버지는 박두한 혁명의 의미를 이해하지 못하고 낡은 방법에 매달려서 고생하고 있었다. 제품의 값이 자꾸 떨어져서 결국 언제나 위기에 직면했을 때에 탈출할 힘이 되는 어머니의 도움이 필요하게 되었다. 어머니가 키를 잡아서 가운을 회복할 공작을 해야 했다. 그녀는 무디 거리에 자그마한 가게를 차려서, 미미하나마 그 매상에서 들어오는 수익으로 그럭저럭 가계를 지탱하여 '체면'을 유지할 수가 있었다.

이런 일이 있고 머지않아 나는 가난이란 어떤 것인가를 알게 되었다. 아버지가 직물을 가지고 큰 도매상을 찾아간 날, 우리는 어쩔 수 없는 밑바닥 생활로 떨어져 있었다. 어머니는 걱정스럽게 아버지가 돌아오기를 기다리고 있었다. 만약 다시 실을 얻어오지 못하면 가업은 정지되어버릴 것이다. 나는 번스의,

제발 일하게 해달라고

한 사내가 울며 매달린다.

라는 시의 한 구절을 가슴이 타들어가는 듯한 느낌으로 되풀이
했다. 번스의 시에 나오는 사내는 영락한 천한 인물이었지만 나
의 아버지는 그 반대임에도 불구하고 일을 찾아서 누구에겐가
매달려야 하는 것이다. 나는 그때 그 자리에서 내가 어른이 되면
이런 사태를 없애야겠다고 굳게 결심했다. 그러나 이웃 사람들
에 비하면 우리 집은 극빈의 상황까지 몰리지는 않았다. 어머니
는 두 아들에게 크고 하얀 칼라가 달린 산뜻한 옷을 입혔는데,
그것도 언제까지 계속될지 몰랐다. 어머니는 모든 것을 줄이더
라도 아이들이 궁색한 생각을 갖지 않도록 애써 주었던 것이다.
　나는 학교에 보내달라고 내가 부탁할 때까지는 아무 말도 말
아달라고 양친에게 부탁했고, 그들도 부주의하게 나와 약속하고
말았다. 내가 커서도 학교에 보내달라고 부탁할 기미를 조금도
보이지 않자, 양친은 걱정이 되어 이 약속을 후회하기 시작했다
는 사실을 나는 나중에야 알았다. 양친은 로버트 마틴이라고 하
는 교장에게 부탁해서, 어떻게 해서든지 나를 설득해달라고 청
했다. 교장은 어느 날 학교에 다니는 아이들 몇 명과 함께 나를
소풍에 데리고 가주었다. 그 후 오래지 않아 나는 학교에 보내달
라고 청했으므로 양친은 겨우 마음을 놓았다. 물론 그들은 기꺼
이 허락해주었다. 나는 그때 만 8세가 되었을 무렵인데, 그 후의
경험으로 보아서 어린이가 학교에 다니기 시작하는 것은 이 정
도의 연령이 좋다고 생각하게 되었다.
　학교는 참으로 즐거웠기 때문에 만약 무슨 일이 있어서 결석
을 해야 할 경우가 생기면 나는 정말로 비참해졌다. 이런 일은
자주 있었다. 왜냐하면 나의 아침 일이 무디 거리 저쪽에 있는
우물에서 물을 길어오는 것이었기 때문이다. 물은 나오는 양도
적고 불규칙했다. 때로는 아침 늦게까지 긷지 못했다. 십여 명

의 주부들이 우물가에 앉아 전날 밤부터 물통을 늘어놓고 자기 차례를 확보하는 전술을 썼다. 물론 이런 일로 잠자코 물러설 내가 아니므로 노련한 주부들을 상대로 논쟁이 벌어졌다. 그 결과로 나는 '못된 개구쟁이'라는 별명을 얻게 되었다. 아마도 이렇게 해서 논쟁을 좋아하는 경향이라고 할까, 투쟁 의식이 나의 내부에서 자라났는데, 그것은 지금까지도 나의 몸에 배어 있다.

이런 일을 해야했기 때문에 나는 자주 지각을 했지만, 교장은 이유를 알고 있었으므로 언제나 관대하게 봐주었다. 이와 관련해서 나는 방과후에 자주 가게의 심부름을 다니지 않으면 안 되었던 것도 덧붙여 둔다. 돌이켜보면 열 살도 되지 않은 나이에 양친을 도울 수 있었다는 사실이 일종의 만족감을 주었다. 그로부터 오래지 않아서 나는 가게와 거래하는 손님들 계산서의 처리를 맡게 되었으므로, 어릴 때부터 극히 소규모이기는 하지만 상업문제를 다룰 수가 있었다.

그러나 학교생활 중에서 한 가지 나를 몹시 비참하게 만든 일이 있다. 소년들은 나에게 '마틴의 귀염받이'라는 별명을 붙이고, 내가 거리를 지나가면 커다란 소리로 그 듣기싫은 별명으로 나를 부르는 것이었다. 나는 그것이 무슨 뜻인지 잘 몰랐지만, 어쩐지 몹시 불명예스러운 것처럼 생각되어서 그 훌륭한 선생님의 호의에 보답하는 것을 피하는 듯한 행동을 취했다. 내 일생에 단 한 사람인 선생에게 그렇게 은혜를 입었으면서도 돌아가시기 전에 아무것도 해드리지 못한 것을 나는 지금도 애석하게 생각하고 있다.

나의 생애에 헤아릴 수 없을 정도로 커다란 영향을 준 사람을 여기에서 말하겠다. 그것은 라워다 아저씨로서, 조지 라워다의 아버지이다. 나의 아버지는 언제나 직조장에서 바쁘게 일하고 있었으므로 낮에는 우리와 상대하고 있을 틈이 없었다. 아저씨는 하이 동(洞)에서 상점을 경영하고 있었기 때문에 시간에 얽

매이지 않았다. 하이 동의 위치를 생각해주기 바란다. 상인 사이에도 여러 가지 계급이 있었는데, 하이 동의 상인은 말하자면 시내의 귀족이었다.

내가 학교에 다니게 되고 얼마 후에 아주머니가 돌아가셨기 때문에 아저씨는 몹시 상심하고 있었다. 그래서 외동아들인 조지와 내가 단 하나의 위안이 되어 우리는 자주 함께 있었다. 아저씨는 아이들 다루는 방법을 잘 터득하고 있어서 우리에게 여러 가지 것을 가르쳐주었다. 그 중에서 한 가지 강하게 나의 인상에 남아 있는 것은 대영제국의 역사였다. 국왕 한 사람 한 사람에게 방 안 어딘가에 장소를 지정해주고, 그로부터 그 왕의 가장 큰 공적을 극적으로 연출해 보여주는 것이었다. 그렇기 때문에 나에게 있어서는 존 왕은 난롯가의 선반위에 앉아서 대헌장에 서명하고, 빅토리아 여왕은 문 뒤에서 무릎 위에 아기를 앉혀 놓고 어르고 있는 모습이 지금도 눈앞에 떠오른다. 스코틀랜드 초기의 역사를 가르쳐준 것도 아저씨였다. 13세기에 영국 왕에게 반항하여 스코틀랜드의 독립을 위해서 싸우다가 후에 붙잡혀서 죽은 워레스, 독립을 위해 싸워서 영국군을 격파하여 조국의 독립을 확보한 브루스 왕, 그리고 시인인 번스 등에서 시작하여 장님인 하리 이야기, 소설가인 스코트, 람제, 포그, 파거슨 등 영웅들의 이야기였다. 번스의 말을 빌린다면 아저씨는 이렇게 해서 나의 핏 속에 스코틀랜드에의 애정과 충성을 길러주었으므로 그것은 내가 살아 있는 동안은 나의 혈관에 흐르고 있을 것이다. 워레스는 물론 나의 영웅이었다. 그는 영웅의 모든 요소를 한몸에 갖추고 있었다. 어느 날 학교에서 심술꾸러기인 상급생이 영국은 스코틀랜드의 몇 배는 된다고 말했으므로 나는 슬퍼지고 말았다. 나는 아저씨에게 호소했다.

"그렇지는 않아요. 영국처럼 스코틀랜드를 평평하게 늘어뜨려보렴. 스코틀랜드가 몇 배나 되지. 하지만 이 나라의 고원지

대를 평평하게 늘어뜨려버려도 좋을까?”하고 아저씨는 말했
다.

그런 짓은 절대로 싫다. 이래서 상처받은 젊은 애국자의 긍지
는 완전히 나았다. 그 후 또 영국의 인구문제로 나는 다시 답답
해졌다. 다시 나는 아저씨에게로 달려갔다.

“그래, 7대 1이야. 스코틀랜드의 인구는 분명히 적지. 그렇지
만 말야, 브루스 왕이 번내트버에서 잉글랜드의 대군을 격파하
고 조국의 독립을 확보한 것을 기억하고 있겠지. 브루스의 군대
는 몹시 적었단 말야.”

나는 다시 기뻐졌다.

여기에서 한 가지 생각해보지 않으면 안 될 중대한 일이 있다.
그것은 전쟁이 전쟁을 낳아서 전쟁이 일어날 때마다 장래에 많
은 전쟁의 씨가 뿌려지고, 그렇게 해서 국가는 전통적으로 원수
가 되어버린다고 하는 사실이다. 아메리카의 소년의 경험은 스
코틀랜드의 소년의 그것과 조금도 다르지가 않다. 그들은 워싱
턴 대통령과 독립전쟁 때의 격전지였던 봐레 포지, 같은 전쟁에
서 영국군이 고용해온 헤세인의 군대는 아메리카인을 한 사람도
남기지 않고 죽여버리기 위해서였다고 읽거나 듣거나 해서 영국
인이라고 듣기만 해도 미워하게 되는 것이다. 아메리카에서 태
어난 나의 조카들은 이러한 사고방식이 주입되어 있다. 우리는
스코틀랜드는 좋은데 스코틀랜드와 싸운 잉글랜드가 나쁘다고
들어왔다. 어른이 되기까지 이러한 편견에서 벗어나지 못하고
있다. 아니, 어떤 점에서는 평생 따라다닐 것이다.

하이 거리의 아저씨 집에서 나는 자주 밤이 늦도록 얘기를 나
누어서, 조지와는 평생토록 굳은 애정으로 맺어지게 되었다. 아
저씨 집에서 변두리인 무디 거리에 있는 우리 집으로 돌아오는
데에 두 가지 길이 있다. 하나는 사원의 기분나쁜 묘지를 지나가
는 길로 거기에는 가로등도 없었다. 또 하나는 메이 게이트를 지

나는 길인데, 이쪽은 밝았다. 집에 돌아갈 시간이 되면 놀려주기를 좋아하는 아저씨는 어느 길을 지나서 갈 것인가 물었다. 워레스라면 어떻게 할 것인가 생각한 다음 나는 언제나 사원의 길로 가겠다고 대답했다. 나는 단 한 번도 유혹에 져서 등불이 켜져 있는 메이 게이트 거리를 택하지 않았던 것을 지금도 자랑으로 삼고 있다. 묘지를 통과해서 사원의 어두운 문을 지날 때쯤이면 나의 심장은 두근거리고 걸음은 빨라졌다. 휘파람을 불거나 손을 흔들어서 용기를 내면서 어둠 속을 터벅터벅 발밑을 주의하면서 걷는데, 인간이건 유령이건 적이 나타났을 때에 대비해서 나는 워레스의 영웅다운 행동을 참고로 하여 위기에 대처하려고 생각하고 있었다.

브루스 왕은 어릴 때의 우리들에게는 정당한 국왕이었다는 사실이 방해가 된 것이지만, 워레스는 대중의 영웅으로서 숭배의 표적이 되었다. 이렇게 자란 나에게는 열렬한 조국애가 심어졌고, 이것이 평생 내 마음의 지주가 되었다. 그것을 좁은 의미로 해석해보면 용기라고 할 수 있겠는데, 본보기가 된 인물은 스코틀랜드의 영웅 워레스였다. 소년에게 있어서 영웅을 숭배한다는 것은 커다란 힘이 되는 법이다.

나는 미국으로 건너가서 전혀 자랑거리가 될 만한 것을 가지지 않은 나라가 있다는 사실을 발견하고는 몹시 마음이 아팠다. 워레스나 브루스 그리고 번스가 없는 나라를 생각할 수 있을까. 아마 요즘도 아직 외국을 여행한 일이 없는 스코틀랜드인은 이런 생각을 가지고 있을 것이다. 그러나 어떤 나라에도 영웅이 있고 로맨스가 있으며 굉장한 업적을 가지고 있다는 사실을 아는 것은 성장하면서 넓은 지식을 몸에 익히게 될 때 비로소 알게 되는 것이다.

충성스러운 스코틀랜드인은 소년시절에 품고 있던 자기 나라에 대한 평가를 세계의 대국과 비교하면서 그의 지위를 끌어내릴 필요는 조금도 없다. 그러나 다른 나라에 대한 평가를 고칠 필요가 있다. 왜냐하면 어떤 나라라도 자랑할 만한 것을 많이 지니고 있고, 자기 자녀들에게 자극을 주어서 각자가 자기가 태어난 나라의 명예를 더럽히지 않게 하기 위하여 최선을 다한다는 마음가짐을 기르고 있기 때문이다.

내가 신대륙으로 이주한 후, 이곳은 일시적으로 살 곳에 지나지 않는다는 생각에서 벗어나기까지는 오랜 세월이 걸렸다. 나의 마음은 스코틀랜드에 남겨져 있었던 것이다. 나의 경우는 피터슨 교장의 얘기에 나오는 소년의 그 기분 그대로였던 것이다. 스코틀랜드에서 캐나다로 이주해온 소년에게 교장은 캐나다가 좋으냐고 물었다. 소년은 "방문하기에는 좋습니다. 그러나 브루스나 워레스의 유적이 있는 우리 나라와 절대로 너무 오래 떨어져 있을 수는 없습니다."하고 대답했다.

2. 고향의 생활과 미국

라워다 아저씨는 소년의 교육에 있어서 시의 낭독이 매우 중요한 역할을 한다고 굳게 믿고 있었다. 그래서 사촌과 나는 자주 시를 낭독해서 아저씨에게 용돈을 얻었다. 셔츠와 반바지를 입고 소매를 걷어올리고, 얼굴에 화장을 하고 종이 투구를 쓰고 칼 대신에 나무조각을 허리에 차고는, 우리 두사람은 학우를 모아 놓거나 때로는 어른들 앞에서 중세의 용감한 영웅의 시를 낭독하기에 바빴다.

아저씨의 이러한 교육방침으로 인해 나의 기억력은 대단히 강화되었다. 이 방법은 젊은 사람들을 훈련시키는 가장 좋은 수단으로 자기가 좋아하는 시를 외우도록 해서 그것을 가끔 사람들

앞에서 암송시키는 일이다. 나는 내가 좋다고 생각하는 것은 곧 외워버리는데, 그 속도가 내 친구들을 놀라게 했을 정도이다. 좋아하지 않더라도 곧 암기할 수는 있는데, 자신에게 강하게 호소하는 것이 아니면 몇 시간 후에는 완전히 잊어버리고 만다. 종교 문제에 있어서 우리는 별로 괴로움을 당하는 일이 없었다. 학우들은 모두 '교리문답'을 강제적으로 배워야 했는데, 사촌과 나는 어떤 공작이 되어 있었는지 자세한 것은 모르지만 여하튼 면제되어 있었다. 우리 친척들은 모리슨 가도, 라워다 가도 모두 정치적인 견해와 마찬가지로 신앙 문제에 있어서는 진보적인 생각을 가지고 있었으므로 교리문답에 반대였던 것은 분명했다. 가족 중에서 정통파인 장로교회에 속해 있는 사람은 한 사람도 없었다. 아버지도, 아저씨나 아주머니들도 모두 칼뱅의 교리로부터 멀어져 있었다. 훗날 그들은 잠시동안 스웨덴보르그의 학설에 경도되었던 일도 있다. 나의 어머니는 종교문제에 관해서는 별로 많이 얘기하지 않았다. 나에게는 종교에 대하여 아무런 얘기도 하지 않았고, 교회에도 가지 않았다. 왜냐하면 이 무렵에 어머니는 집안 일을 거들어 줄 사람을 고용하지 않았으므로 집안 일을 모조리 손수 하고 있었다. 일요일 점심도 어머니가 준비하지 않으면 안 되었다. 또한 어머니는 언제나 독서를 즐겨서 당시는 유니태리안파의 채닝이 쓴 것을 애독하고 있었다. 어머니는 참으로 멋있는 사람이었다.

나의 유년시절의 주위 환경은 신학이나 정치 문제에 관하여 몹시 동요해서 불안한 상태에 있었다. 특권계급의 타파, 시민의 평등, 공화주의 등 당시로서는 가장 혁신적인 사상에 의해서 정계는 언제나 소란스럽기 짝이 없었다. 종교문제에 있어서도 이론이 백출해서 감수성이 강한 소년은 어른들이 상상하지 못할 정도로 그것을 받아들여서 어린 가슴에 새겨넣고 있었던 것이다. 칼뱅이즘의 엄한 교리가 무서운 악몽처럼 나를 덮쳐왔던 것을 나는 똑똑히 기억하고 있다. 그러나 앞에서 말한 바와 같이 외부로부터의 많은 자극에 의해서 그러한 심경에서 곧 탈출할 수가 있었다. 어느 날 목사가 어린아이도 죽으면 지옥의 벌을 피할 수 없다고 설교하는 것을 들은 아버지는 자리에서 일어나 장로교회로부터 적을 뽑아버리고 말았는데, 나는 이것을 거룩한 일로 가슴에 간직하고 성장했다. 이것은 내가 태어난 지 얼마 안 되어서 일어난 일이었다.

아버지는 이러한 교리를 용서할 수가 없었다. "만약 그것이 당신의 종교이고 또 당신의 신이라면, 나는 좀더 훌륭한 종교와 좀더 숭고한 신을 찾아서 다른 곳으로 가겠다."라고 말하고 교회를 떠났다. 아버지는 두 번 다시 장로교회로 돌아가지 않았으며 다른 종파의 교회에도 가지 않았다. 나는 아버지가 아침마다 커다란 벽장에 들어가서 기도하는 것을 보았는데, 이것은 아직도 나의 인상에 남아 있다. 아버지는 성인이었고 또 신앙심이 돈독한 사람이었다. 그 모든 종파는 선을 행하기 위한 기관이라고 생각하고 있었던 것이다. 그는 신학에는 여러 가지 학파가 있지만, 종교는 하나라는 사실을 발견했던 것이다. 나는 아버지가 목사보다도 진리를 잘 알아서 하느님 아버지를 구약전서가 묘사하고 있는 잔혹한 복수의 신으로 보지 않았던 것을 매우 만족스럽게 생각하고 있었다. 다행히 이런 잔혹한 신이라는 관념은 이미 과거의 일이 되고 말았다.

소년시절의 중요한 즐거움의 하나는 비둘기와 토끼를 기르는 것이 허용된 일이었다. 내가 귀여워하는 동물을 위해서 바쁜 아버지가 손수 좋은 축사를 지어준 것에 대해서 나는 지금도 생각날 때마다 감사드리고 있다. 나의 집은 어린 친구들의 집합장소가 되었다. 어머니는 언제나 가정이야말로 두 아들을 올바른 인생의 길로 나아가게 하는 최상의 장소라고 생각하고 있었다. 올바른 방향으로 나가는 첫걸음은 가정을 즐거운 장소로 만드는 일이라고 자주 말했다. 그래서 아버지와 어머니는 우리와 우리를 중심으로 모여드는 이웃 아이들이 즐겁게 놀도록 하기 위하여 어떤 수고도 마다하지 않았던 것이다.

나의 실업계에의 첫번째 시도는 고용주로서 한 계절동안 동무의 서비스를 확보한 일이었다. 그 대가로는 새끼토끼가 태어났을 때 동무의 이름을 붙여주기로 약속했던 것이다. 토요일은 학교에 가지 않았으므로 내 동무들은 거의 하루 종일 토끼 먹이를 뜯기에 바빴다. 지금와서 돌이켜보면 몹시 양심에 가책을 받는 일이다. 그러나 동무들은 몹시 불리한 거래를 맺었는데도 모두 동원해서 여름 내내 열심히 민들레나 클로버를 뜯어다 주었다. 대가치고는 참으로 희한하기 짝이 없는 것으로 이렇게 노동에 대한 형편없는 보수는 아직 없었으리라고 생각한다. 슬프게도 나에게는 그 밖에 아무것도 그들에게 줄 물건이 없었다. 한 푼의 돈도 없었던 것이다.

이 계획의 기안은 나의 내부에 있던 조직력의 최초의 발현으로서, 이것을 발전시켜나갔던 것이 후에 나의 물질적 성공과 연관되었다고 생각해서 나는 이 기억을 소중하게 여기고 있다. 이 성공은 내가 사물을 알고 있었기 때문이라든가 내 자신이 이루었다든가 하는 데에 귀결되는 것이 아니고, 오히려 나보다도 더 많이 알고 있는 상대를 발견하고 그러한 사람을 선택하는 재능으로 귀결될 일인 것이다. 이것은 누구라도 지녔으면 하는 귀중한 지식이다. 나는 증기기관에 대하여 아무런 지식도 없다. 그러나 나는 그보다도 훨씬 복잡한 기계 —— 인간 —— 를 알려고 노력했다.

1898년 우리가 마차로 스코틀랜드의 고원을 여행했을 때 작은 여관에서 쉰 일이 있다. 그때 한 사람의 신사가 다가와서 자기 소개를 했다. 이 사람은 매킨토시라고 하는데 스코틀랜드의 커다란 가구 제조업에 종사하고 있었다. 이 사람이 훌륭한 인격자

임을 나중에야 알았다. 매킨토시 씨는 내 토끼를 위하여 먹이를
뜯어왔던 친구 중의 하나로, 한 마리의 토끼는 그의 이름을 땄었
다. 나는 이 해후를 몹시 기쁘게 생각했다. 그 동무들 중 훗날에
만난 것은 이 사람 하나였다.

　증기기관의 출현과 개량에 의하여 담팜린의 소기업자의 영업
은 점점 악화될 뿐이었다. 그래서 어머니는 결국 피츠버그 시에
있는 두 사람의 자매에게 편지를 써서, 우리도 미국으로 가는 것
을 진지하게 생각하고 있다고 말했던 것이다. 내 기억에 의하면
양친은 자기들의 생활상태를 좋게 하기 위해서라기보다는 오히
려 어린 두 아들을 위해서라고 했었다. 답장이 왔는데, 거기에
는 모두 빨리 오도록 하라는 내용이 적혀 있었다. 그래서 직조기
와 가구를 경매하기로 결정했다. 아버지는 부드러운 목소리로
어머니와 동생과 나를 위하여 다음과 같은 노래를 불렀던 것을
똑똑하게 기억하고 있다.

　　서쪽으로 서쪽으로, 자유의 땅으로,
　　웅대한 미주리 강은 대해로 흐르고,
　　노동자도 인간으로서 존중되고,
　　극빈한 사람도 땅의 결실을 거두는——
　　그 자유의 천지로.

　경매에서 얻은 금액은 우리를 실망시키고 말았다. 직조기는
거의 공것 비슷해서 가족이 미국으로 건너가는 여비가 20파운드
모자라는 결과가 되었다. 여기에서 나는 어머니의 친구였던 여
성의 우정의 표시를 기록해두지 않으면 안 된다. 그녀의 이름은
헨더슨이라고 했는데, 우리들 사이에서는 에라 퍼거슨이라고 불
리고 있었다. 어머니는 신념이 있는 사람이었기 때문에 그녀 주

위에는 성실한 사람들이 친구로 많이 모여들었었다. 에라 퍼거슨도 그 중 한 사람이었는데, 그녀는 우리가 필요로 하는 20파운드를 빌려주겠다고 제안했다. 라워다와 모리슨네 아저씨들이 보증인이 되어주었다. 라워다 아저씨는 여러 가지 자질구레한 수속을 전부 해주었고, 좋은 충고의 말을 해서 우리를 도와주었다. 그래서 1848년 5월 17일에 우리는 고향인 담팜린을 떠났다. 아버지는 그때 43세, 어머니는 34세였다. 나는 13세였고 동생 톰은 5세였다. 톰은 반짝이는 검은 눈을 가진 아름다운 은발의 아이로서 어디에 가더라도 여러 사람의 주의를 끌었다.

이것으로 나의 학업은 영구히 종지부를 찍게 되었는데, 미국에 간 후 한 해 겨울에 야학에 다니고 또 한때 프랑스어 선생에게 배우러 다녔던 것은 예외라 해도 좋으리라. 또 한 가지 우습게 생각될지도 모르지만, 나는 한때 연설법을 가르치는 교사에게 연설하는 기술을 배운 일이 있다. 나는 이미 읽고 쓰기와 산술을 습득했고, 또 대수와 라틴어를 시작한 참이었다. 항해 중에 라워다 아저씨에게 쓴 편지를 보면 당시에 나는 지금보다도 글씨를 잘 썼던 것을 알 수가 있다. 나는 영문법과 씨름을 하고 있었는데, 도대체 무엇을 가르치려고 하는 것인지 몰랐지만 이것은 대부분의 소년들의 경험이기도 한 모양이다. 워레스, 브루스, 그리고 번스 외에 나는 별로 책을 읽은 일이 없다. 그러나 정든 많은 시를 외고 있었다. 그리고 나는 어릴 때에 들은 옛날 이야기를 첨가해야 할 것이다. 특히 소년시절에 읽은 《아라비아 야화》는 나를 새로운 세계로 인도해 주었다. 나는 이 이야기를 읽으면서 꿈의 나라로 이끌려갔던 것이다. 정든 고향을 뒤로 하고 떠나는 날 아침, 우리 가족은 찰스톤으로 가는 석탄을 운반하는 열차를 탔다. 나는 눈물로 얼룩진 눈으로 창 밖에 담팜린의 경치가 사라져가는 것을 지켜보았다. 마지막으로 시야에서 사라진 것은 신성한 옛 사원의 모습이었다. 그로부터 14년 동안 나는 아침마다 이 광경을 마음속에 펼치면서 ‘언제 다시 만나볼 수 있을까?’하고 자신에게 묻곤 했다. 사원의 탑에 새겨져 있는 ‘로버트 브루스 국왕’이라는 문자를 마음속에 떠올리지 않는 날이 없었다. 소년시절의 온갖 추억과 내가 알고 있는 모든 요정의 나라는 그 옛날 사원과 저녁을 알리는 종소리에 연결되어 있었다. 종은 저녁마다 8시에 울리고, 그것은 나에게 잠자리에 들 시간임을 알리는 것이므로 나는 종소리가 끝나기 전에 베개를 베곤 했던 것이다. 나는 1886년에 쓴 《아메리카인의 마차 여행》이라는 제목의 책에서 이 종에 대하여 얘기했으므로 여기에 인용하기로 한다.

“우리는 벤즈 가를 드라이브했다. 월스 학장과 나는 마차 앞자리에 앉아 있었다. 그때 돌아와서 처음으로 사원의 종이 울리는 것을 들었는데, 그것은 어머니와 나를 환영하기 위해서 특별히 치는 것이었다. 나의 무릎이 와들와들 떨리고, 나도 모르게 눈에 눈물이 넘쳐흘렀다. 나는 옆을 돌아보고 학장에게 용서를 빌었다. 순간 나는 정신을 잃는 건 아닐까 하고 생각했다. 다행히 내 주위에서는 아무도 알아차리지 못했다. 나는 곧 감정을 억제할 수가 있었으므로 피가 날 정도로 힘껏 입술을 깨물고는 ‘괜찮아, 냉정하게 참아야 하는 거야.’하고 스스로에게 타일렀다. 그러나 이 지상에서 종소리가 이토록 나의 마음을 완전히 사로잡고, 마음속 깊이 스며드는 일은 다시 없을 것이다. 그 저녁의 종소리로 나는 나의 작은 침상에 들어가서 어린이의 천진스러운 꿈나라로 들어갔던 것이다. 아버지와 어머니 어떤 때는 아버지 혼자서 어떤 때는 어머니만이 밤마다 나를 들여다보면서 저 종소리가 무엇을 얘기하는지 애정을 담아서 설명해 주었던 것이다. 종은 나에게 유익한 얘기를 많이 해주었다. 저 하늘의 위대하신 아버지의 음성이 나의 마음에 얘기하고 있는 동안 나는 나쁜 일을 할 수가 없었다. 오늘날 또다시 종소리를 들을 때, 다시

한 번 옛날처럼 나에게 얘기해주는 것이다. 그것은 나에게 신의 사명을 알려준다. 그리고 떠났던 어머니와 아들을 환영하기 위해 울려서 또다시 거룩한 보호 아래 두어주는 것이다. 그래서 세상의 어떤 것도 사원의 종만큼 보수된다고는 생각조차 할 수 없었다. 내 동생 톰도 함께 있었으면, 하고 생각하지 않을 수 없다. 우리가 새로운 땅으로 이주하기 전에 그도 이 종의 위대함을 알게 되었다. 루소는 아름다운 음악을 들으면서 죽고 싶다고 말했다. 만약 나에게 선택이 허용된다면 나는 이 사원의 종소리를 들으면서 저 세상으로 떠나고 싶다. 종소리는 이 세상에 있어서의 나의 일의 종말을 고하고, 어릴 때 나를 꿈나라로 데려갔듯이 나를 마지막 잠으로 이끌어주리라.”

나의 책을 읽어주신 분들로부터 많은 편지를 받았는데, 특히 이 종의 추억이 인상에 남아서 읽다가 눈물을 흘렸다고 써보낸 분도 있다. 나는 마음속의 공감을 불러일으킨 것이 아닐까 생각한다.

우리는 필스 강을 작은 배로 건너서, 거기에서 증기선으로 에딘버러로 향했다. 작은 배에서 증기선으로 옮겨탈 때, 나는 라워다 아저씨에게로 달려가서, 목에 매달려 “헤어지기 싫어, 헤어지기 싫어.”하면서 울부짖었다. 친절한 선원이 나를 떼내어서 갑판으로 안아올려 주었다. 내가 처음으로 고향에 돌아갔을 때 사랑하는 아저씨가 만나러 와주셨는데, 그렇게 슬픈 이별을 해본 일이 없다고 말해주었다.

우리는 글래스고의 블루미로 해안에서 위스카셋 호라는 800톤짜리 범선을 탔다. 7주간의 항해로 나는 승무원들과 아주 친해져서 항해 중의 작업을 배우고, 선원이 승객들에게 도와줄 것을 부탁했을 때에는 승객을 지휘하여 신속하게 일을 진행시킬 수가 있었다. 승무원이 부족해서 승객의 손을 빌리지 않으면 안 되었

기 때문이다. 그 보답으로 나는 일요일이면 승무원 식당에 초대
되어 말린 복숭아 만두를 먹을 수 있었다. 배를 떠나는 것이 정
말 아쉬웠다.

뉴욕에 도착하자 나는 얼이 빠져버렸다. 여왕의 행렬을 보기
위해 나는 에딘버러에 따라간 일이 있었다. 그러나 신대륙으로
이주할 때까지 그 밖에는 여행을 떠난 일이 없다. 출범하기 전에
글래스고 시를 구경할 시간이 없었다. 그렇기 때문에 뉴욕은 내
가 태어나서 처음으로 해후한 인간의 거대한 집합체여서, 그 떠
들썩함과 흥분에 나는 눈이 휘둥그래졌다. 뉴욕 시에 체재하는
동안에 일어난 일 중 인상에 남는 것은, 어느 날 내가 부두 근처
인 볼링 그린을 혼자서 걸어가는데 갑자기 누군가에게 팔을 붙
들린 일이었다. 위스카셋 호의 선원인 로버트 바리만이 상륙할
때에 입는 감색 자켓과 하얀 바지의 외출복 차림으로 걸어왔던
것이다. 나는 이제까지 이런 미남자는 본 일이 없다고 생각될 정
도로 잘 생긴 사람이었다.

그는 가까운 가게로 나를 데리고 가서 사르사 탄산수를 한 잔
사주었는데, 나는 그것이 신들이 마시는 진미이기라도 한 것처
럼 맛있게 받아마셨다. 지금도 나는 그 거품이 넘쳐흐르는 청량
음료수가 들었던 멋진 장식이 붙은 놋쇠 그릇을 잊을 수가 없다.
그 후 나는 가끔 그곳을 지날 때면 사르사 탄산수를 팔던 노부인
이 생각나고, 그 친절한 선원은 어떻게 되었을까 하고 궁금해지
곤 한다. 나는 어떻게 해서든지 그를 찾아내려고 했지만 전혀 방
법이 없었다. 이미 늙어서 편안한 은퇴생활을 하고 있을지도 모
르지만, 그의 노후 생활에 무엇인가 해줄 수 있었으면 하고 자주
생각한다.

뉴욕의 이민국 관리는 아버지에게 에리 운하를 거슬러 올라가
서 버펄로 시와 에리 호로 나가 클리블랜드 시를 지나서, 다시
운하를 내려가 비버로 나가라고 권했다. 이 여행은 3주일이 걸

렸는데, 오늘날에는 철도로 단 10시간밖에 걸리지 않는다. 당시에는 동부와 피츠버그 시를 잇는 철도가 없었다. 아니, 서부의 도시는 어느 곳이나 철도가 연결되지 않았다. 에리 철도는 당시 건설 중이어서 우리가 지나가는 가도에는 많은 일꾼들이 일하고 있었다.

소년에게는 온갖 것이 신기해서 운하를 달리는 배의 승객으로서의 3주간은 정말 즐거웠다. 내가 경험한 불쾌한 일들은 모두 사라져버리고 즐거운 추억만이 남아 있다. 그러나 어느날 밤에 비버 시에서 오하이오 강으로 내려가 피츠버그로 가는 기선을 기다리기 위하여 부두의 작은 배에서 자지 않으면 안 되었다. 우리는 처음으로 무서운 모기떼의 습격을 받았다. 어머니가 가장 심하게 물려서 이튿날 아침에는 눈을 뜨지 못할 정도였다. 우리 일행은 참으로 비참한 모습이었다. 그러나 그렇게 심하게 물리면서도 그날밤 나는 단잠을 잤다. 나는 언제나 잘 자기 때문에 잠들지 못해서 애를 먹은 경험은 없다.

피츠버그의 친구들은 모두 걱정스럽게 기다리고 있었고 그들의 따뜻한 애정이 담긴 환영은 그 때까지의 고생을 완전히 잊도록 해주었다. 우리는 알리게니 시티에 정착하기로 되었다. 호건 아저씨의 동생이 리베카 가의 뒷거리에 땅을 구해서 거기에 작은 직물공장을 차리고 있었다. 건물 이층에 방이 두 개 있었기 때문에 나의 양친은 여기에 새로운 세대를 꾸미게 되었다. 이모가 건물을 소유하고 있었으므로 집세는 무료였다. 오래지 않아 아저씨가 직물을 그만두게 되었고, 아버지가 공장을 물려받아서 테이블보를 짜기 시작했다. 아버지는 직물을 짤 뿐만 아니라 자기가 만든 물건을 들고 다니면서 파는 일까지 하지 않으면 안 되었다. 상인들이 아무도 인수해가지 않았기 때문이다. 한집 한집 팔러다니는 것은 대단히 힘든 일이었지만 수입은 극히 적었다.

다행히 언제나와 같이 어머니가 위기를 타개할 궁리를 해주었다. 무엇에도 굴복하지 않는 사람이 바로 어머니였다. 어머니는 소녀시절에 용돈을 벌려고 아버지의 일을 거들면서 구두 꿰매는 것을 익혔었다. 그리고 이것이 지금 크게 도움이 되었다. 아버지의 친구였던 헨리 핍 씨는 외조부처럼 능숙한 제화공인데, 이 사람이 알리게니 시티 이웃에 살고 있었다. 어머니는 이 사람에게서 일거리를 얻어와서 구두 꿰매는 일을 하여 일주일에 4불을 벌 수 있었다. 모든 집안 일을 돌보면서 내직을 하는 것이었기 때문에 어머니로서는 벅찬 노동이었지만 자주 밤중까지 일했다. 밤이나 낮이나 가사 틈틈이 어린 동생이 바늘에 실을 꿰고 실에 초를 칠하고 있을 때에 어머니는 고향에서 나에게 해준 것처럼 스코틀랜드의 민요를 부르고 옛날 이야기를 해주었는데, 그것은 모두 어떤 교훈이 담긴 것들이었다.

청빈한 집에서 자란 아이에겐 유복한 가정의 아이들이 가질 수 없는, 그 무엇과도 바꿀 수 없는 귀중한 보물이 주어진다. 모친은 유모, 요리사, 가정교사, 선생, 수호의 여신 등 온갖 역할을 혼자서 맡아준다. 또 부친은 모델이고 지도자이며 충고자이고 또 좋은 친구이다. 나와 동생은 그런 귀중한 보물을 선물로 받았다. 백만장자나 귀족의 아들이라도 이렇게 귀중한 유산을 물려받은 우리에게 비한다면 무엇을 자랑할 수가 있을 것인가.

어머니는 참으로 바빴다. 온갖 일을 혼자서 떠맡고 있는데도, 이웃 사람들은 그녀가 현명하고 또 친절한 여성임을 알고 곤란한 문제에 직면하면 곧 의논하러 오거나 도움을 청하러 오곤 했다. 많은 사람들이 훗날 나에게 어머니가 해준 여러 가지 일을 얘기해주었다. 어디에 살더라도 어머니는 모두의 힘이 되고 도움이 되었다. 가난한 사람도 부자도 여러 가지 고민이나 걱정거리를 어머니에게 호소하고는 도움을 받았던 것이다. 어머니는 어디를 가더라도 빛나는 존재였다.

3. 용감한 어머니와 나의 취직

정착을 하고 난 다음의 커다란 문제는 무엇인가 내가 할 수 있는 직업을 찾는 일이었다. 나는 만 13세가 되었을 뿐이지만, 새로운 대륙에서 가계에 도움이 될 일을 무엇인가 해야 한다고 생각하고는 몹시 초조해 있었다. 이대로 빈곤한 생활을 계속해야 한다고 생각하면 나는 무서운 악몽에 시달려야 했다. 당시 가족은 한 달에 25불, 일년에 300불이 꼭 필요했으므로 이것을 어떻게 해서 마련하는가 하는 일로 머리가 가득 차 있었다. 남에게 의지하지 않고 단 얼마라도 저축하기 위해서는 이 정도의 돈은 꼭 필요했다. 이 무렵엔 생활필수품이 몹시 쌌기 때문에 그나마 다행이었다.

호건 아저씨의 동생은 양친에게 자주 나를 어떻게 할 것이냐고 물었다. 그러던 어느 날, 내 평생에서 가장 괴로운 느낌을 갖게 한 대사건이 일어났다. 나는 절대로 이것을 잊을 수가 없다. 그는 진정한 선의로 나의 어머니에게, 내가 총명한 아이여서 무엇이건 빨리 익히니까 자질구레한 물건들을 사서 바구니에 담아 주고 부두에서 팔러다니게 하면 제법 벌 수 있지 않을까, 하고 말했다. 이것은 그의 친절과 동정일 뿐 그 밖의 아무것도 아니었다. 나는 그때까지 여성이 분노하는 것을 보지 못했다. 어머니는 그때 바느질을 하고 있었는데, 갑자기 벌떡 일어서서 두손을 짝 펼쳐서 그의 얼굴 앞에다 대고 심하게 흔들었다.

"뭐라고요! 내 아들더러 부두의 난폭자들 틈에 끼어서 행상을 하라고요? 그런 짓을 하기 전에 나는 아들을 알리게니 강에 밀어버리겠어요. 자, 나가주세요." 어머니는 그렇게 외치고 문을 가리켰다. 호건 씨는 힘없이 나갔다. 잠시 그녀는 비극의 여왕처럼 그 자리에 우뚝 서있었다. 다음 순간 그녀는 주저앉아서 소리없이 울었다. 그러나 곧 눈물젖은 얼굴을 들어 두 아들을 양팔에 힘껏 안고는, '자기의 흉한 모습에 신경을 써서는 안 된다고 말했다. 세상에는 우리가 할 수 있는 일이 많이 있다. 우리는 쓸모있는 그리고 세인들로부터 존경받는 사람이 되어야 한다. 그러기 위해서는 언제나 올바른 일을 해야 된다.'고 말했다. 어째서 어머니가 그렇게 노했느냐 하면 그것은 내가 일한다는 것 때문이 아니었다. 우리는 게으름은 수치라고 배워왔다. 생각해낸 일이 성실하지 못한 것이어서, 그것이 그녀의 신경을 몹시 건드렸던 것이다. 그런 명예롭지 못한 일을 하기보다는 죽는 편이 낫다고 생각한 것이다. 자식들이 채 나이도 들기 전에 비천한 사람들 틈에 끼인다는 것을 생각조차 할 수 없어서, 두 아들을 안고 죽는 편이 낫다고 말했던 것이다.

그 초기의 괴로운 생활을 돌이켜 보고 나는 이렇게 말할 수 있다. 이 나라에 그렇게 높은 긍지를 가지고 살아온 가족은 없었다고. 명예를 존중하고, 독립심과 자존심이 가정 전체에 가득 차 있었다. 저속하고 비천한 일, 속임수, 단정치 못함, 간계를 논하거나 남의 흉을 보거나 하는 일은 우리들 사이에서는 전혀 볼 수 없었다. 이러한 부모 밑에서 자란 톰과 나는 성실하고 올바른 사회인이 될 수밖에 없었던 것이다. 어머니는 물론 훌륭했지만, 아버지도 역시 자연이 드물게 탄생기킨 고귀한 사람으로서 모두의 사랑을 받는 성인이었다.

이런 일이 있고 오래지 않아 아버지는 옷감짜기를 그만두고, 우리가 살고 있던 알리게니 시티에서 블래스톡이라는 스코틀랜드인이 경영하는 면직(綿織)공장에 들어가게 되었다. 아버지는 이 공장에서 나를 위해서 실감는 일을 구해주었다. 나는 처음으로 1주에 1불20센트를 받는 직업을 갖게 되었던 것이다.

이것은 고된 일이었다. 아버지와 나는 어두울 때에 일어나서 아침을 먹고, 채 날이 밝기도 전에 공장에 도착해서 짧은 점심시간 외에는 어두워질 때까지 계속 일했다. 노동시간이 긴 것도 괴로웠지만, 일 자체에도 아무런 흥미를 느낄 수 없었다. 그러나 어두운 구름에도 밝은 면이 있는 것처럼 나는 자기 세계——가족——를 위하여 무엇인가 공헌하고 있다는 것으로 위안을 삼았다. 그래서 최초의 급료를 받았을 때의 기쁨은 후에 몇백만 불이라는 돈을 만들었지만 거기에 비할 수도 없을 정도로 큰 것이었다. 나는 가계를 돕고 있는 일꾼이었지 이미 부모에게 부양을 받고 있는 것이 아니었다.

그 후 오래지 않아 같은 동네에서 역시 스코틀랜드인으로 보빈실패를 제조하고 있던 존 헤이 씨가 소년이 필요한데 오지 않겠느냐고 나에게 물어왔다. 나는 곧 그 초청에 응해서 1주에 2불을 받게 되었다. 일은 전에 다니던 공장보다도 더욱 고통스러웠다. 나는 소형의 증기기관을 조작하고, 보빈 공장의 지하실에 있는 솥에 불을 때야 했다. 일은 나에게 너무 힘겨웠다. 밤마다 벌떡 일어나서 증기압력계를 조작하는 동작을 되풀이해야 했다. 어떤 때는 증기의 압력이 너무 낮아서 직공이 위층에서 일을 할 수 없다고 야단치는 꿈을 꾸는가 하면, 또 어떤 때는 증기가 너무 올라가서 솥이 파열하는 꿈에 시달리기도 했다.

그러나 나는 이런 일은 나의 명예를 걸고라도 부모에게 알려서는 안 된다고 생각하고 있었다. 그들도 나름대로 걱정거리가 많은데, 그것을 가슴에 숨기고 있는 것이다. 나는 희망을 크게 가지면 매일 무엇인가 좋은 일이 일어나 사정은 달라질 것이라고 낙관하고 있었다. 그것이 어떤 일일지는 전혀 짐작이 가지 않았지만, 그저 충실하게 자기 일을 계속하면 틀림없이 온다고 믿고 있었다.

어느 날 기회가 찾아왔다. 헤이 씨는 청구서를 만들어야 했다. 사무원도 없었고, 그는 글씨가 몹시 서툴렀다. 그는 나에게 글씨를 잘 쓰느냐고 묻고는 쓸 것을 조금 건네주었다. 그는 내가 쓴 것을 보고 매우 기뻐했으며, 그 후로는 나에게 청구서를 만들라고 했다. 나는 또 계산도 능했기 때문에 오래지 않아서 이 일도 맡게 되었다. 물론 헤이 씨는 자기에게 편리하기 때문에 시킨 것이기는 했지만, 동시에 그는 매우 친절한 사람이어서 이 은발의 소년을 고통스러운 기관실에서 구출해주고 싶다고 생각했기 때문이기도 했다. 이것은 좋았지만, 한 가지 곤란한 일이 있었다.

나의 일은 새로 만들어진 실패를 기름 항아리에 담그는 일이었다. 다행히 이것을 위하여 방 하나가 따로 있어서 나는 혼자였다. 그러나 나는 아무리 자신을 타이르면서 그렇게 약해져서는 안 된다고 야단을 쳐도, 가슴이 울렁거리고 구역질이 올라오는 것을 어쩔 수가 없었다. 기름 냄새 때문에 구역질이 일어나는 것은 내가 아무리 버티려고 해도 어떻게 처치할 수 없었다. 나의 영웅인 워레스나 브루스 왕에게 호소해도 도움을 얻지 못했다. 그러나 아침이나 점심을 굶고 나면 저녁에는 식욕이 생기므로, 어쨌든 나는 자신에게 주어진 일을 완전하게 해치웠다. 워레스나 브루스의 제자는 자기의 일을 포기하기 전에 죽어버렸을 것이다. 나는 스승을 욕되게 해서는 안 된다.

헤이 씨네에서의 일은 면직공장의 일보다는 분명히 전진이었다. 가끔 나는 친절한 고용주와 가까이 접할 기회가 있었다. 헤이 씨는 단식부기법을 사용하고 있었으므로 나는 그것을 다룰 수가 있었다. 그러나 큰 회사에서는 모두 복식부기를 쓰고 있다고 듣고 나는 동료들과 의논하여 겨울 동안 야학에 다녀서 새로운 부기법을 배우기로 결심했다. 그래서 우리들 4명의 소년은 피츠버그 시의 윌리엄 선생이라는 분의 강습소에 다녀서 복식부기를 배웠다.

1850년 초엽 어느날 밤, 직장에서 돌아오니까, 시의 전신국 국장인 데이빗 브룩스 씨가 호건 아저씨에게 전보 배달부가 될 만한 소년이 없겠느냐고 묻더라는 말을 들었다. 브룩스 씨와 아저씨는 열렬한 체스 친구로서, 체스를 두면서 이 중대한 문의가 있었던 것이다. 한 마디의 말이나 한 번 쳐다보는 것, 혹은 말투가 개인뿐만 아니라 국가의 운명을 결정하게 될지도 모른다. 어떤 일이건 별것이 아니라면서 무시해버리는 사람은 대단한 사람이다. 누구였는지 기억은 못하지만, '시시한 일은 무시해버리는 편이 낫다.'고 하는 말을 듣고 그는 시시한 일이란 도대체 어떤 것인지 분명하게 해준다면 자기는 언제든지 기꺼이 그렇게 하겠다고 대답했다. 청년들은 소위 시시한 일에 신의 최고의 선물이 있다는 것을 기억해두어야 한다.

아저씨는 나의 이름을 대고 받아들일지 여부를 애기해보겠다고 했다는 것이다. 이 문제에 대하여 곧 가족회의가 열렸다. 물론 나는 몹시 기뻐했다. 새장에 들어 있는 새 중에서 나만큼 자유를 동경하고 있는 새는 한 마리도 없을 것이다. 어머니는 당장에 찬성했지만, 아버지는 아무래도 나의 희망을 이루어줄 것 같지 않았다. 너무 짐이 무겁다고 말하는 것이었다. 나는 아직 어리고 몸도 너무 작다. 일주에 2불 50센트의 급료를 준다는 것을 보면 상대는 더 큰 소년을 원하는 거라고 생각된다. 밤 늦게 시골로 전보를 배달하러 뛰어가야 될지도 모르고, 그런 일이 있으면 위험에 부딪칠 우려도 있다. 결국 현재의 직장에 머무르는 것이 가장 좋다고 하는 것이 아버지의 생각이었다. 그러나 조금 지나서 아버지는 반대를 철회하고, 한번 해보는 것도 좋겠다고 하는 데까지 양보해주었다. 그래서 아버지는 헤이 씨에게 가서 의논을 하고 왔다. 헤이 씨는 새로운 일이 나에게 도움이 되리라고 생각하여, 자기에게는 곤란하지만 그래도 여하튼 해보는 것이 어떤가, 만약 채용이 안 되면 자리는 비워둘 테니까 돌아오게,

하고 친절하게 말해주었다.

이렇게 결정되었으므로 나는 강을 건너 피츠버그 시로 가서 브룩스 씨를 만나기로 했다. 아버지는 나와 함께 가겠다고 했지만 나는 전신국이 있는 제사 가와 우드 거리의 네거리까지만 따라와달라고 얘기했다. 그날은 맑고 빛나는 아침이어서 나는 징조가 좋다고 생각했다. 아버지와 나는 알리게니에서 피츠버그까지 나의 집에서 약 2마일의 거리를 걸었다. 전신국 입구에서 나는 아버지에게 밖에서 기다려달라고 부탁했다. 나는 혼자서 이층인 사무실 겸 전신실로 가서 자신의 운명을 결정하리라고 마음먹었던 것이다. 왜 이렇게 했느냐 하면, 나는 이 무렵에 이미 자신이 아메리카인이라고 생각하기 시작했기 때문이다. 처음에 친구들은 나를 "스코치, 스코치."하고 부르면서 놀려댔으므로 "그래, 나는 스코틀랜드인이다. 그리고 그것을 자랑으로 삼고 있다."하고 대답했다. 나는 말씨나 또는 남에게 인사할 때 스코틀랜드의 사투리를 상당히 고칠 수가 있었다. 그래서 선량하고 또 순수한 스코틀랜드인인 아버지와 함께 가기보다는 나 혼자서 브룩스 씨를 만나는 편이 어떤 면에서 촌스럽지 않게 보이지 않을까, 하고 생각했던 것이다. 소위 소년다운 허영을 부리고 싶었던 것이다. 나는 단벌인 하얀 모시 셔츠를 입고 있었는데, 이것은 일요일을 위해서 소중하게 간직해두는 옷이었다. 당시는 전신국에 근무하게 되고 나서도 몇 주일 동안 모시 셔츠 한 벌밖에 갖고 있지 않았다. 그렇기 때문에 토요일마다 내가 야근 때문에 밤중에 늦게 집으로 돌아가더라도 어머니는 그것을 세탁하여 다림질을 해서, 일요일 아침에 나는 세탁한 깨끗한 복장으로 있을 수가 있었다. 이렇게 해서 멋진 여장부인 어머니는 우리가 새로운 세계에서 생활의 기초를 쌓는 고뇌를 계속하는 동안에 자기가 할 수 있는 모든 일을 해주었던 것이다. 아버지도 장시간의 중노동으로 녹초가 되도록 지치기는 했지만, 그래도 영웅처럼 용감하게 싸우고, 나를 격려하는 것을 잊지 않았다.

이 면접은 성공이었다. 나는 신중하게 처음부터 피츠버그 시를 모른다는 것, 그러나 되도록 빨리 익힐 생각이라는 것, 그리고 이런 것이 장애가 될지도 모르지만 어쨌든 해보고 싶다는 것 등을 조심스럽게 얘기했다. 브룩스 씨는 언제부터 일을 할 수 있느냐고 물었다. 그래서 나는 만약 원하신다면 지금부터 당장 시작할 수가 있다고 대답했다. 이 경우를 회고할 때, 나의 대답은 청년들에게 참고가 되지 않을까 생각한다. 기회를 그 자리에서 포착하지 않는 것은 잘못이다. 이 자리는 나에게 주어졌다. 그러나 무슨 일이 일어날지 모른다. 이를테면 다른 소년이 나타날지도 모른다. 나는 직업을 얻었으므로 가능하면 당장에 그 일을 시작하고 싶다고 말했던 것이다. 브룩스 씨는 곧 또 한 사람의 소년을 불러왔다. 이미 배달부가 한 사람 있고, 나를 새로 채용하게 되었던 것이다. 브룩스 씨는 그에게, 나에게 이에 대해서 설명해주고 함께 데리고 다니면서 일에 익숙해지도록 하라고 분부했다. 나는 곧 아래층으로 내려가서 거리 모퉁이로 달려가 아버지에게 만사가 잘 되었다고 얘기하고, 빨리 집으로 돌아가서 내가 채용되었다는 것을 어머니에게 알려달라고 부탁했다.

이렇게 해서 1850년에 나는 본격적으로 인생의 첫걸음을 내디뎠던 것이다. 일주일에 2불로 어두운 지하실에서 증기솥과 씨름을 하면서, 석탄 먼지로 새까맣게 되어 인생의 향상을 도모할 만한 자극은 손톱만큼도 없던 곳에서 갑자기 천국으로 끌려올라갔던 것이다. 나에게 있어서 이곳은 참으로 천국이었다. 내 주위에는 신문, 펜, 연필, 그리고 햇빛이 있다. 일분이라도 무엇을 배우지 않을 때가 없고, 또 배울 것이 많다는 것, 그리고 자신이 아무것도 모른다는 사실 등을 절실하게 느꼈다. 나는 발을 사다리에 얹어놓고 이제 싫건 좋건 올라가지 않으면 안 된다고 생각하게 되었다.

그러나 한 가지 걱정거리가 있었다. 그것은 전보를 배달해야 할 많은 상사의 주소를 빨리 외지 못하지나 않을까 하는 것이었다. 그래서 나는 우선 거리 한쪽의 간판이나 문패를 수첩에 적고, 다음에는 반대쪽의 것을 적었다. 밤에 많은 상사를 차례로 바르게 소리내어 읽으면서 암기했다. 다음에는 눈을 감고 상점가 아래쪽부터 시작하여 한 집씩 차례로 이름을 외우고, 그리고는 다시 머릿속에서 저쪽으로 건너가 같은 짓을 되풀이했다.

다음 단계는 사람을 아는 일이었다. 만약 상사의 간부나 사원을 알고 있으면 배달부에게는 형편이 매우 좋고, 또 배달하는 시간을 절약할 수 있을지도 모른다. 사무실로 가는 중에 사장을 만날지도 모른다. 거리에서 상대에게 전보를 넘겨줄 수 있다는 것은 소년에게 있어서 대단한 승리라고 생각되었다. 뿐만 아니라 높은 사람(배달하는 소년에게는 누구든지 높게 보이지만)을 거리에서 불러세워 전보를 직접 전하면 그들은 언제나 그 소년을 주목하고 칭찬해줄 것이므로 이것이 또한 몹시 기뻤다.

1850년의 피츠버그는 그 후의 발전에 비해서 대단히 달랐었다. 시가는 아직 1845년 4월 10일의 대화재에서 복구되지 않고 있었다. 이 화재는 시의 번화가를 전부 태워버렸던 것이다. 가옥은 대부분이 목조로서 벽돌 건물은 적었고 내화(耐火)건축 등은 전혀 되어 있지 않았다. 피츠버그와 그 근교의 인구는 전부 해도 4만을 약간 넘을 정도였다. 시내 상점가는 아직 제5가까지는 뻗지 않은 조용한 거리로서, 극장이 하나 있는 것이 눈길을 끌었다. 페데랄 거리와 알리게니 가도 역시 상사가 여기 저기에 드문드문 있고, 그 사이는 넓은 공지였다. 나는 오늘날의 제5가 한가운데에서 스케이트를 탄 것을 기억하고 있다. 우리의 유니온 철공소가 있는 자리는 당시와 그 후 오래도록 캐비지 밭이었다. 내가 자주 전보를 배달한 로빈슨 장군은 오하이오 강의 서쪽에서 태어난 최초의 백인의 아들이었다. 나는 그 후 시내에 동부로부터 전신선을 끌어오고, 오하이오 펜실베이니아 철도회사의 최초의 기관차가 필라델피아에서 운하로 운반되어 알리게니 시 강의 배에서 내려지는 것을 보았다. 철도는 동부로 연결되지 않았다. 여행자는 운하로 알리게니 산맥의 기슭까지 가서 거기서 30마일 정도를 철도로 패러디스버그로 가고, 그곳에서 다시 운하로 콜롬비아로 나간다. 그리고 마지막 80마일을 철도로 필라델피아에 도착하는 것이다. 이 여행은 꼬박 3일이 걸렸다.

전보 배달부로서의 나의 생활은 모든 면에서 참으로 즐거운 것이었다. 그리고 여기가 내 평생의 많은 우정의 기초가 되었던 것이다. 수석 배달부가 승진을 해서 새로운 소년이 들어왔는데, 데이빗 매카고라고 해서 후에 그는 알리게니 계곡 철도회사의 총무주임으로 일하게 되었다. 그는 나의 짝이었는데, 우리 두 사람은 동부에서 오는 전보를 전부 배달해야 했다. 회사에는 또 두 소년이 있었는데 그들은 서부에서 오는 것을 맡고 있었다. 이 무렵 동부와 서부의 전신회사는 둘로 나뉘어져 있었다. 그러나 두 회사는 같은 건물을 쓰고 있었다. 데이빗과 나는 곧 친구가 되었는데, 그 커다란 이유는 그가 스코틀랜드 계통이었기 때문이다. 데이빗은 아메리카 태생이었지만, 그의 아버지는 나의 아버지와 꼭 같아서, 사고방식도 사투리도 완전한 스코틀랜드인이었다.

데이빗이 입사하고 얼마 되지 않아서 한 사람 더 채용하지 않으면 안 되게 되었는데, 이번에는 내가 누군가 적당한 소년을 찾아 보라는 부탁을 받았다. 이것은 손쉬운 일이어서, 나는 친구인 봅피트케일렌을 데리고 왔다. 그는 훗날 나의 뒤를 이어서 펜실베이니아 철도회사의 피츠버그 총무와 감독이 되었다. 봅과 나는 같은 스코틀랜드 태생이었다. 따라서 데이빗, 봅, 앤디 세 사람의 스코틀랜드 소년이 당시로서는 굉장한 급료인 주급 2불 50센트로 동부전신회사의 전보를 모두 배달하고 있었던 것이다.

소년들의 또 한 가지 일은 아침마다 사무실 청소를 하는 것인데, 우리는 차례로 하기로 했다. 그렇기 때문에 우리는 모두 밑에서부터 밟아올라간 것이다. 올리버 형제 상사의 사장 H·W·올리버 씨는 미국의 유수한 제조업자인데, 그도 역시 우리와 마찬가지로 밑바닥에서부터 밟아올라갔던 것이다. 시의 고문 변호사였던 W·C·모란드 씨도 우리들의 동료였다. 성공을 향해서 분투를 계속하는 청년이 인생의 경쟁장에서 경계해야 할 것은 부잣집 아들이나 조카나 사촌이 아니다. 오히려 사무실의 청소부터 시작하는 소년 중에 '다크호스'의 강력한 경쟁상대가 있다는 것을 유념하는 편이 현명하다.

그 무렵의 소년배달부는 즐거움이 많았다. 과일 도매상이 있어서 전보를 빨리 배달해주면 가끔 포켓에 가득히 사과를 주었다. 빵집이나 과자집에 가면 가게에 있는 맛있는 케익을 얻었다. 친절한 사람들을 만나는 일도 많아서 소년은 경의를 가지고 우러러보았던 것이다. 그들은 신속한 배달을 칭찬하기도 했고, 때로는 회답 전보를 부탁받아서 회사로 가지고 돌아오기도 했다. 소년은 남의 주의를 끌 기회가 많은 이런 일은 다시 없다고 할 정도로 좋아했다. 총명한 모든 소년들이 전진하기 위해서는 이와 같이 타인의 인정을 받는 일이 중요하다. 현명한 사람들은 언제나 영리한 소년들을 찾고 있는 법이다.

이러한 생활에서 하나의 커다란 자극은 10센트 여분의 요금을 받는 일로서, 일정한 거리를 넘는 지역에 전보를 배달하면 이것을 징수해도 좋도록 되어 있었다. 이러한 '10센트 전보'는 당연히 모두 눈독을 들였고 그것을 배달하는 권리에 대하여 때로는 싸움이 벌어지는 일도 있었다. 어떤 때에는 누군가가 차례도 아닌데 '10센트 전보'를 가로채버리기도 했다. 이렇게 되면 문제는 상당히 곤란해진다. 이런 문제를 조정하기 위해서 나는 특별 전보의 요금을 공동자금으로 모았다가 매주 주말에 평등하게 나누기로 제안했다. 나는 회계로 지명받았다. 그 후로는 평화와 질서가 유지되었다. 이와 같이 특별요금을 기술적으로 가로채거나 쟁탈전을 벌이지 않게 하기 위하여 공동자금으로 저축하는 것은 실제로 일종의 회사조직이었다. 이것은 나의 금융조직에 대한 최초의 시도였다.

소년들은 이런 배당을 자기 마음대로 쓸 권리가 있다고 생각했기 때문에 대부분은 이웃에 있는 과자집에 외상으로 거래하기로 교섭을 했다. 때로는 수입 이상으로 계산서가 나오기도 했다. 그래서 회계는 과자집에 정식 서식에 따라서 통고를 하여 배가 고프고 식욕이 왕성한 소년들이 지는 외상값의 책임을 질 수가 없다고 알렸다. 외상값의 최대의 범인은 봅 피트케일렌으로, 흔히 단것을 좋아하는 사람은 단 이를 하나 가지고 있다고 말하는데 그의 경우는 이가 전부 달게 되어 있는 모양이다. 어느 날, 내가 그를 나무라니까 봅은, 뱃속에 무엇인가 생물이 있어서 단것을 들여보내지 않으면 창자를 물어뜯어서 어쩔 수가 없어, 하고 몰래 얘기해주었다.

4. 최초의 도서관

지금 생각해보면 즐거운 일도 많이 있었지만, 배달하는 소년들은 혹사당하고 있었다. 하룻밤 걸러서 사무실을 닫을 때까지 근무를 해야 했다. 그런 날에는 집으로 돌아가는 시간이 11시 전일 때는 좀처럼 없었다. 그 밖의 날에는 6시에 일이 끝났다. 그런 형편이었으므로 스스로 공부를 해서 교양을 쌓을 만한 시간은 거의 없었고, 또 가난했기 때문에 책을 살 돈도 없었다. 그러나 하늘의 은혜가 나에게 내려져서 문학의 보고가 나를 위하여

46

열렸던 것이다.

제임스 앤더슨 대령 —— 하느님의 축복이 있으시기를 —— 이 400권의 자기 도서를 소년들을 위하여 개방한다고 발표했다. 청년은 누구라도 토요일에 한 권 빌려갔다가 다음 토요일에 다른 책과 교환해서 가지고 갈 수 있다고 하였다. 대령은 처음에 '일하는 소년'을 위해서라는 조건을 붙였다. 그래서 문제는 손으로 일하지 않는 배달하는 소년이나 사무원 등은 책을 빌릴 수가 있는가 없는가 하는 것이었다. 내가 신문에 짧은 글을 보낸 것은 이것이 처음이었다. 〈피츠버그 디스패치〉지에 우리를 제외시키지 말도록 호소했던 것이다. 우리는 지금 손으로 일하지는 않지만, 우리들 중에는 전에 직공이었던 사람도 있고 실제로 일하고 있는 것이다. 나는 '일하는 소년'이라고 서명했다. 도서 담당자는 여기에 답해서 '일하는 소년이란 손으로 하는 직장을 가진 사람'을 말하는 것이어서 규칙을 어길 수가 없다고 하는 투고를 했다. 나는 다시 여기에 답해서 '직장을 갖지 않은 일하는 소년'이라고 서명했다. 그로부터 하루인가 이틀이 지나서 〈디스패치〉지의 사설란에 작은 기사가 실리고 '직장을 갖지 않은 일하는 소년은 제발 이 사무실을 찾아주시오.'라고 씌어져 있었다. 대령은 소년들의 직장에 따른 분규를 확대해주었다. 이렇게 해서 나의 투고가로서의 최초의 등장은 성공적이었다.

나와 친하게 지내던 친구 톰 밀러는 앤더슨 대령과 가까이 살고 있었으므로 대령에게 나를 소개시켜주었다. 이렇게 해서 나의 감옥 벽에 창문이 뚫리고 지식의 빛이 흘러들어왔던 것이다. 매일의 노고도, 야근의 지루한 시간조차도 내가 언제나 몸에 지니고 다니면서 일하는 사이에 잠시만 틈이 생겨도 몰래 읽은 책 때문에 대단히 가벼워졌다. 게다가 토요일이 되면 새로운 책을 한 권 입수할 수 있다는 것을 생각할 때 장래의 광명을 발견하는 것이었다.

　이렇게 해서 나는 마콜레이의 논문과 역사에 친해질 수 있었다. 또 뱅클로프트의 《합중국의 역사》를 그 어느때보다도 주의력을 집중시켜서 공부했다. 램의 수필은 특히 나를 즐겁게 해주었다. 그의 《셰익스피어 이야기》는 나를 기쁘게 해주었다. 나는 그때까지 이 문호에 대하여 교과서에 인용되어 있는 약간의 문장밖에 알지 못했다. 내가 그의 작품을 진정으로 감상하게 된 것은 이로부터 조금 지나서 오래 된 피츠버그 극장에서였다. 우리들에게 있어서 앤더슨 대령의 도서관은 참으로 귀중한 것이었다. 달리는 아무래도 손에 넣을 수 없는 책이 그의 현명하고 또 관대한 조치로 나의 손이 닿는 곳에 놓여져 있었던 것이다. 내가 문학을 애호하게 된 것은 그의 덕분으로서, 이것은 무엇과도 바꿀 수 없는 귀중한 것이다. 나는 책을 들지 않고는 살아갈 수 없었다. 나의 동료와 나를 저속한 무리와 나쁜 습관으로부터 지켜준 것은 대령이었다. 훗날 행운의 여신이 나에게 미소를 던져주었을 때, 내가 최초의 의무라고 생각한 것은 이 은인을 위하여 기념비를 세우는 일이었다. 비는 공회당과 공공도서관 앞에 서 있다.

　이것은 물론 대령이 우리를 위해서 해주신 일에 대한 아주 작은 감사의 표시에 지나지 않는다. 나는 젊을 때의 경험에 비추어서, 능력이 있고 그것을 신장시키려는 야심이 있는 소년 소녀를 위해서 돈으로 할수 있는 가장 좋은 일은, 사회에 공공도서관을 세우고 그것을 공공의 것으로 육성시키는 것이라고 확신하게 되었다. 나에게는 미국 전역에 많은 도서관을 창설하는 기쁨이 주어졌는데, 나의 생각이 잘못이 아님을 증명해주리라고 생각한다. 이들 도서관에서 한 사람의 소년이 내가 앤더슨 대령의 손때가 묻은 400권의 도서에서 받았던 그 은혜의 반이라도 받게 된다면, 나는 나의 일이 헛일이 아니었다고 생각할 것이다.

　'가지를 구부리면 나무가 기운다.'고 하는 속담이 있다. 책이 비장하고 있는 세계의 보고는 꼭 알맞는 시기에 나를 위하여 개방되었던 것이다. 도서가 근본적으로 훌륭하다고 하는 이유는 무엇이건 거저 제공해주지 않는다는 점이다. 청년은 지식을 스스로 갈구하지 않으면 안 된다. 이것은 진실이다. 그런 면에서도 후에 아버지가 담팜린에 최초의 순회도서관을 창설한 다섯 사람의 직공 중의 한 사람이었다는 것을 알고 나는 몹시 기뻤다. 그들은 시내에 있던 조금 뿐인 책을 모아서 이 일을 시작했던 것이다.

그 도서관은 재미있는 역사를 지니고 있다. 그것은 점점 커져서 한 장소에서 다른 곳으로 일곱번이나 옮겼다. 처음 도서관을 옮길 때에는 5명의 창설자들이 책을 앞치마에 싸들고 두 개의 석탄상자에 담아서 직물공장에서 새로운 방으로 운반해갔다. 아버지는 태어난 고향에서 최초의 도서관 창설자의 한사람이고, 아들인 나는 그곳에 반영구적인 공공도서관을 세웠다는 것은 참으로 기쁜 일이어서 생각할 때마다 나의 마음을 흐뭇하게 했다. 나는 가끔 강연을 할 때 이 문제를 언급하는데, 도서관을 창설한 직물공의 뒤를 이은 것을 나는 무엇과도 바꿀 수 없는 자랑으로 알고 있다. 나는 거의 무의식중에 아버지의 뒤를 이은 것인데, 가끔 이것은 신의 계시가 아니었던가 하고 생각한다.

앞에서 나는 셰익스피어 작품을 애독하게 된 것은 연극의 영향을 받아서였다고 말했다. 전보 배달부였을 당시 피츠버그 극장은 포스터라는 지배인이 운영하고 있었다. 전신회사에서 통신을 무료로 취급해주었으므로 그 대가로서 전신기사들은 무료로 입장할 권리가 주어져 있었다. 이 특권은 배달하는 소년들에게도 어느 정도 주어졌으므로 가끔 오후 늦게 전보가 오면 소년들은 퇴근시간이 될 때까지 배달을 미루기도 했다. 그리고 배달한 다음에 조심스럽게 이층의 입석으로 들어가도 좋으냐고 물어보는데, 언제나 쾌히 승락해주었다. 소년들은 이 특권을 차례로 돌려가면서 크게 즐겼던 것이다.

이렇게 해서 나는 녹색의 장막 뒤에 숨겨져 있는 세계와 친해질 수 있었다. 연극은 대부분이 눈요기감 같은 현란한 것이었다. 문학적인 가치는 제로에 가깝다고 하더라도, 15세의 소년의 눈을 즐겁게 해주도록 교묘하게 짜여져 있었다. 그때까지 나는 그렇게 호화로운 것을 본 일이 없었고, 또 그 후에는 그러한 광경을 목격한 적이 없었다. 나는 그때가지 극장에 들어간 적도 없었고 음악회도 없었으며, 사실 어떠한 오락도 경험한 일이 없었던 것이다. 동료인 다른 소년들도 마찬가지여서, 우리는 후틀라이트에 완전히 매료되어 극장에 갈 기회를 목을 늘여 기다렸던 것이다.

그러나 연극에 관한 나의 감상도 에드윈 애덤스라는 유명한 비극 배우가 피츠버그 극장에서 셰익스피어를 상연하게 되고부터는 달라졌다. 그 후로는 셰익스피어가 아니면 나는 감탄할 수가 없었다. 나는 힘들이지 않고 대사를 암기할 수가 있었다. 그때까지 나는 언어의 내부에 있는 불가사의한 힘을 몰랐다. 리듬과 멜로디는 모두 나의 마음속에 각기 안치되어 하나의 커다란 덩어리가 되어서, 언제든지 내가 부르면 곧 거기에 응답하여 뛰어나와 주었다. 나는 새로운 단어를 잘 쓸 줄 알게 되었다. 특히 〈맥베드〉의 상연을 보고부터는 나의 관심은 더욱더 강해졌다. 〈로우엥글린〉의 가극을 통하여 내가 바그너와 친해지게 된 것은 그로부터 훨씬 뒤의 일이었다. 이것을 들은 것은 뉴욕의 음악협회의 연주회에서였는데, 이것은 나의 눈을 뜨게 해 주었다. 이 천재의 작품을 통하여 셰익스피어의 경우와 마찬가지로 나는 새로운 친구를 발견하고, 또 새로운 사다리를 오르기 시작했던 것이다.

이 시절의 나의 생활에 대하여 한 가지 더 써두고 싶은 일이 있다. 알리게니 시내 사람들이라고 해도 아마 전부 합해도 100명을 넘지 않았을지도 모르지만, 스웨덴보르그협회를 조직했고, 미국에 살고 있던 나의 친척들은 유력한 멤버였다. 아버지는 장로교회에서 탈퇴한 후에 이 협회에서 세운 교회에 다니고 있었으므로 나도 자주 따라갔다. 그러나 나의 어머니는 스웨덴보르그의 가르침에 아무런 관심도 나타내지 않았다. 모든 형태의 종교에 깊은 존경의 뜻을 품고, 신학적인 논쟁은 피해서 종교를 종교로서 인정하고 있던 어머니는 초연한 태도를 취하고 있었다. 그녀의 입장은 공자의 다음과 같은 유명한 격언으로 잘 표현이 되리라고 생각한다.

"인생의 의무에 충실하고, 남의 일을 입 밖에 내지 않는 것이 최고의 지혜이다."

어머니는 자식들에게 교회와 일요학교에 가기를 권했다. 그러나 스웨덴보르그의 저서나 신구약성서의 대부분은 신의 말을 그대로 베낀 것으로 인간의 행위의 최고 권위라는 식으로 생각하지 않았던 것은 분명했다. 그러나 나는 스웨덴보르그의 신비로운 교리에 몹시 끌려서, 열렬한 신도였던 에트겐 아주머니에게 그가 말하는 '정신의 가치'를 잘 이해하고 있다면서 칭찬받은 일이 있다. 이런 나를 매우 귀여워해준 아주머니는 언젠가는 내가 옛날의 수도 예루살렘의 새로운 영광이 될 날을 기대하고 있었던 모양이다. 뿐만이 아니다. 그녀는 내가 '신의 말을 전하는 사람'이 되어 사회에 공헌할 날을 꿈꾸고 있는 모양이었다.

내가 인간이 만들어낸 신학에 깊이 빠지면 빠질수록 아주머니의 염원의 그림자는 점점 엷어졌다. 그러나 아주머니는 자기의 최초의 조카로 스코틀랜드에서 무릎에 올려놓고 어르기도 한 일이 있는 나에 대한 관심과 애정은 깊어서 평생 사라지지 않았다. 나의 사촌인 리앤더 모리슨에게도 아주머니는 스웨덴보르그의 계시에 따라 그의 영혼을 구하려고 생각했던 모양이지만, 그는 밥테스트 교회에 들어가서 아주머니를 몹시 실망시키고 말았다. 이 종파는 부흥운동적인 색채가 너무 나서 아주머니를 쫓아갈 수가 없었던 것이다. 그래서 사촌은 그녀의 애정에서 탈락하고 말았다. 그러나 나는 아직 어느 종파에도 속해 있지 않았으므로 그녀는 아직 구제받을 가능성이 있다고 생각하고 있었다.

스웨덴보르그 협회에 관계하고 있었기 때문에 나의 음악에 대한 취미가 발전하게 되었다. 협회 찬송가의 부록으로서 성서 이야기를 주제로 한 성가의 짤막한 선집이 실려 있었다. 나의 관심은 거의 본능적이라고 해도 좋을 정도로 여기에 끌려서, 나는 본래 그다지 좋은 목소리는 아니었음에도 불구하고 언제나 합창단의 연습에 참석했다. 지휘자는 내가 너무 열심이었으므로 곡조가 틀려도 용서해주었다. 후에 많은 성가를 알게 되었을 때, 내가 소년시절에 그렇게 강하게 매료되었던 많은 곡의 대부분이 헨델이 작곡한 것이라는 사실을 발견하고 기뻤다. 음악에 대하여 전혀 무지한 소년이 최고의 곡을 선택했던 것이다. 이렇게 해서 나의 최초의 음악 교육은 피츠버그의 스웨덴보르그 협회의 조그만 합창단에서 시작되었던 것이다.

그러나 음악에 대한 좋은 기초는, 아버지가 고향에서 스코틀랜드의 멋진 민요를 불러준 그 아름다운 목소리에 의해서 길러진 것이라는 사실을 잊어서는 안 된다. 스코틀랜드의 민요 중에 가사도 곡도 내가 정들지 않은 것은 없었다. 민요는 베토벤이나 바그너의 최고의 곡을 감상하기 위한 가장 훌륭한 기초를 만들어 준다고 말할 수 있다. 아버지는 이제까지 내가 들은 중에서 가장 아름답고 또 애조를 띤 소리로 노래를 불렀는데, 노래나 음악의 취미는 아버지에게서 이어받은 것이리라. 불행히도 나는 아버지의 목소리를 이어받지는 못했다. 공자의 "신의 성스러운 언어인 음악이여, 나는 그대가 부르는 소리를 듣고 달려 온다." 라는 유명한 말이 나와 음악의 관계를 잘 나타내고 있다고 생각한다.

　당시 나의 부모가 얼마나 너그러운 태도를 유지하고 있었는지 한 가지 예를 들어 보겠다. 전보를 배달하는 소년에겐 1년에 한 번 여름에 2주일의 휴가가 있는 외에 휴일은 전혀 없었다. 여름 휴가는 오하이오 주의 동 리버풀에 사는 숙부네 사촌과 강에서 뱃놀이를 하며 놀았다. 나는 스케이트를 몹시 좋아하는데, 전신국에 근무한 첫해에 집 저쪽에 졸졸 흐르는 시냇물이 완전히 언 적이 있었다. 얼음의 상태가 매우 좋았으므로 어느 토요일 밤에 늦게 돌아온 나는 이튿날 아침에 일찍 일어나서 교회에 가기 전에 스케이트를 타러 가도 좋은가 하는 것이 문제가 되었다. 일요일을 안식일로 생각하고 있는 일반적인 스코틀랜드의 가정에 이것은 중대한 문제였다. 어머니의 생각은 처음부터 정해져 있었다. 내가 하고 싶은 대로 언제까지라도 지쳐도 좋고, 그것이 당연하다고 생각하고 있었다. 아버지는 스케이트를 타러 가는 것은 좋지만, 교회에 갈 시간까지는 돌아와주었으면 좋겠다고 했다.

　오늘날에는 미국의 1,000의 가정 중에 999까지는 나의 가족과 같은 결론에 도달할 것이다. 아마 영국 가정의 대부분도 마찬가지겠지만 스코틀랜드는 예외이다. 현재의 일요일은 온갖 의미에서 인간을 위해서 정해진 것이므로 이 날도 박물관이나 미술관을 개방하여 대중의 오락에 편의를 제공하려 하고 있다. 그러나 내가 어렸을 때는 일요일이라고 하면 마치 장례식과 같아서 일주일 동안에 저지른 죄를 참회하기로 되어 있었던 것이다. 나의 부모는 시대에 앞서 있었다. 그들은 스코틀랜드인의 가정에서는 허용되지 않는 당시의 정통적인 사고방식을 초월해 있었던 것이다. 일요일에는 오락을 위해서 산책도 할 수가 없었고, 독서도 성경이나 그 밖에 종교서적을 읽는 것 외에는 엄금되어 있었다.

5. 전신국에서

전신국에 배달부로 1년쯤 근무했을 무렵, 존·P·글라스 대령이 가끔 외출할 때면 나에게 사무실을 지켜달라고 부탁했다. 글라스 씨는 아래층 사무실의 주임으로서 고객을 다루는 일에 종사하고 있었다. 글라스 씨는 마을에서 인기가 좋고 또 정치적인 야심을 가지고 있었으므로 자리를 비우는 경우가 많았고, 또 나가면 오랫동안 돌아오지 않았으므로 나는 곧 이 사람의 일을 익혀서 처리할 수 있게 되었다. 나는 찾아온 손님에게 전신문을 접수하고, 전신실에 온 것을 바로 배달하도록 소년들에게 적당히 할당하는 일에 바빴다. 이것은 나이 어린 소년에게 있어서는 괴로운 일이었다. 게다가 당시에 나는 동료들 사이에서 평이 별로 좋지 않았다. 왜냐하면 그들은 내가 자신의 정상적인 근무에서 면제되어 있는 것이 마음에 들지 않았던 것이다. 또한 나는 돈의 사용방법에 있어서도 동료들에게 나쁜 말을 듣고 있었다. 소년들은 내가 인색하다고 했다. 나는 임시수입인 10센트를 쓰지 않았는데, 그들은 어째서 쓰지 않는지 그 이유를 몰랐다. 1센트라도 나의 손에 들어오는 것은 집에서 필요하므로 나는 저축하지 않으면 안 되었던 것이다. 나의 양친은 현명해서 아무것도 나에게 숨기지 않았다. 매주 아버지와 어머니 그리고 나, 이 세 사람의 수입을 나는 알고 있었다. 아주 모자라는 가구나 의복을 조금씩 사들이는데도 우리는 꼭 의논을 했으며, 아무리 작은 물건이라도 구입을 하면 우리는 함께 기뻐했다. 이렇게 견고하게 뭉쳐진 가족은 없었으리라.

어머니는 50센트 은화 한 개를 생활비 중에서 절약하여, 그것을 낡은 양말에 넣어서 아무도 모르는 곳에 숨겨 두었다. 이렇게 해서 우리는 드디어 200불을 저축할 수 있었고, 나는 쾌히 20파운드를 빌려주신 어머니의 친구 핸더슨 부인에게 보내기 위하여 송금수표를 끊어왔다. 그날 우리는 자축을 했다. 카네기 일가는 빚에서 해방된 것이다. 얼마나 행복한 날이었던가! 부채는 드디어 처리되었다. 그러나 은혜라는 부채는 어떤 일을 해도 다 갚을 수는 없다. 늙은 핸더슨 부인은 요즘도 건강하다. 나는 고향에 돌아갈 때마다 절에 치성을 드리는 듯한 기분으로 그녀를 찾아가서 위로하고 있다. 무슨 일이 있더라도 그녀를 잊는 경우는 없다.

나의 전보배달부로서의 생활에 잊을 수 없는 일이 생겨서 나는 단걸음에 제7천국으로 뛰어오르고 말았다. 그것은 어느 토요일 저녁, 글라스 대령이 우리들을 모두 불러 월급을 지불할 때의 일이었다. 우리가 카운터 앞에 일렬로 늘어서 있으면 글라스 씨가 한 사람씩 차례로 급료를 주게 되어 있었다. 내가 줄의 선두에 서있었기 때문에 글라스 씨가 11불 25센트를 세어 카운터에 놓았을 때 나는 손을 내밀었다. 그런데 놀라운 것은 그는 나를 빠뜨리고 그것을 다음 소년에게 건네주었던 것이다. 나는 그가 무엇인가 착각을 하고 있다고 생각했다. 왜냐하면 언제나 내가 가장 먼저 급료를 받았었기 때문이다. 그런데 그는 차례로 다른 소년들에게 지불하고 있었다. 나는 말할 수 없는 착잡한 기분이 되었다. 무엇인가 몹시 면목을 잃을 만한 일이 다음에 일어날 것이 틀림없다. 도대체 내가 무슨 짓을 한 것일까. 무엇인가를 하지 않은 것일지도 모른다. 이제 너는 필요가 없다고 말할 것이 틀림없다. 나는 가족의 수치가 되는 것이다. 그것이 나의 마음을 가장 아프게 했다. 소년들이 모두 급료를 받고 나간 다음에 글라스 씨는 나를 카운터 안으로 들어오라고 하여, 내가 다른 소년들보다 더 많이 일했으므로 한 달에 13불 50센트를 지불하기로 결정했다고 얘기해 주었다.

나는 현기증이 났다. 방금 들은 것이 정말인지 아닌지 분간할 수 없었다. 글라스 씨는 돈을 세어서 건네주었는데, 나는 감사하다고 말했는지 안 했는지 기억조차 못한다. 아마 말하지 않았을 것이다. 나는 돈을 받아 쥐고는 문으로 돌진했다. 그리고는 집에 도착할 때까지 계속해서 달렸다. 알리게니 강에 걸린 다리의 한쪽에서 저쪽 끝까지 달린다기보다는 날아서 갔다고 표현하는 것이 적절할 것이다. 다리의 인도는 더욱 좁기 때문에 차도로 뛰어갔던 것이다.

나는 가족의 회계 담당인 어머니에게 11불 25센트를 넘겨주고, 나머지 2불 25센트에 대해서는 아무 말도 하지 않았다. 나의 포켓에 숨겨둔 이 돈은 훗날 내가 스스로 모은 몇백만 불의 돈보다도 훨씬 더 가치가 있었던 것이다.

그때 동생인 톰은 아홉 살이었는데, 우리 두 사람은 다락방에 함께 기거하고 있었다. 나는 침대에서 마음을 가라앉힌 후에 귀여운 동생에게 비밀을 털어놓았다. 톰은 어렸지만 그것이 어떤 의의를 지니고 있는지 잘 알고 있엇다. 우리는 장래에 대해서 얘기했다. 나는 장차 둘이 성장하면 실업계에 뛰어들 계획을 설명해주었다. '카네기 형제상사'를 훌륭하게 키우는 것이다. 아버지와 어머니는 사두마차를 탈 수가 있을 것이다. 당시의 나로서는 부자가 된다고 하는 것은 그 정도의 의미밖에 없었지만, 그것은 정력을 다해서 노력할 만한 가치가 있다고 생각되었던 것이다.

거기에 대해서도 생각나는 것은 스코틀랜드의 노부인의 얘기이다. 딸이 런던의 상인에게 시집가서 고향의 어머니에게 '런던에 와서 함께 살도록' 청했다. '남편이 어머니를 마차에 태워드린다'고 덧붙였다. 그러자 어머니는 '런던에 가서 마차를 타보았자 소용없다. 고향의 마을 사람들이 내가 타고 있는 것을 볼 수가 없지 않느냐.'하는 답장을 보냈다. 나의 아버지와 어머니는 피츠버그에서 마차에 타고 있는 것을 사람들에게 보일 뿐만 아니라, 그들의 고향인 담팜린에도 금의환향하는 것이다.

일요일 아침에 아버지와 어머니, 동생 톰이 아침을 먹고 있을 때 나는 숨겨둔 2불 25센트를 꺼내어 그들 앞에 놓았다. 모두 놀라서 여우에게 홀린 듯한 모습이었는데, 곧 알아차렸다. 그리고 아버지의 애정과 자랑이 담긴 눈길과 어머니의 정열에 빛나는 눈은 곧 눈물로 얼룩져서 그들이 얼마나 감격했는가를 설명하고 있었다. 아들의 최초의 승리이고, 또 이 소년이 승진할 가치가 있다는 구체적인 증거를 보았기 때문이다. 그 후의 나의 성공도 그리고 수많은 상도 이때만큼 나를 감격시킨 것은 없다. 그야말로 지상의 천국이었다.

아침마다 전신실을 청소해야 되기 때문에 소년들은 통신기사들이 오기 전에 전신기로 연습할 시간이 있었다. 이것은 나에게 있어서 새로운 기회였다. 나는 곧 키를 조작해서 나와 같은 목적으로 기계를 만지고 있는 다른 국의 소년들과 통신을 하기 시작했다. 무엇인가 새로운 것을 배울 기회가 있으면 그 기회를 놓치지 않고 자신의 지식을 시험해본다는 것은 중요하다.

어느날 아침 피츠버그 국을 자꾸 부르는 것이 들렸다. 누군가 지급통신을 보내려고 한다는 것을 나는 잘 알고 있었다. 나는 응답해서 테이프를 걸었다. 필라멜피아 국에서인데, 피츠버그 국에 지급으로 '사망 통지'를 보내고 싶은데 받아주겠느냐고 물어왔다. 나는 만약 천천히 쳐준다면 내가 해보겠다고 대답했다. 나는 통신을 받아서 곧 그것을 배달했다. 그래도 나는 어쩐지 걱정이 되어서 브룩스 씨가 출근하기를 기다렸다가 곧 내가 한 일을 보고했다. 다행히 그런 철없는 짓을 해서는 안 된다고 야단치는 대신에 나는 수고했다는 칭찬을 받았다. 그러나 방에서 나올 때 그는 잘 주의해서 틀리지 않도록 하라고 말했다. 그 후 오래지 않아 나는 가끔 기사가 방을 비울 때에 불려가서 통신기를 지키게 되었고, 이렇게 해서 나는 전보의 기술을 배울 수가 있었다.

이 무렵에 국에 있던 통신기사는 게으름뱅이여서 걸핏하면 자기 일을 나에게 맡기고 자기는 딴전을 피우고 있었으므로 나는 참으로 운이 좋은 편이었다. 당시는 통신문을 기계에서 흘러나오는 종이 테이프에 받아서 기사가 그것을 베끼는 사람에게 읽어주도록 되어 있었는데, 우리는 서부 국에 있는 어떤 사람이 음을 읽는 것을 배워서 귀로 통신을 받을 수가 있다는 얘기를 들었었다. 그래서 나는 이 새로운 방법을 배우기로 했다.

국의 기사 중에 매클린이라는 사람이 이 방법을 습득하고 있었는데, 자기경험에 비추어서 나를 크게 격려해주었다. 나는 쉽게 이 새로운 방법을 익힐 수 있었다. 어느 날 기사가 없어서 내가 통신을 받고 있었는데, 베껴주는 노인이 애숭이인 주제에 건방지다는 태도로 배달하는 소년을 위하여 전보를 써주지 않았다. 나는 종이 테이프에 받는 것을 중지하고, 종이와 연필을 손에 들고 귀로 들은 통신을 쓰기 시작했다. 나는 지금도 이 노인의 놀라는 모습이 잊혀지지 않는다. 그는 나에게 종이와 연필을 달라고 하여 순순히 사본을 만들어주었다. 그 후 우리는 친해져서 두 사람 사이에 말썽은 일어나지 않았다.

이런 일이 있고 오래지 않아서 피츠버그에서 30마일 떨어진 그린스버그 시의 통신기사인 조셉 테일러가 2주일 동안 휴가를 갖고 싶은데 누군가 대리를 보내달라고 브룩스 씨에게 청해 왔다. 브룩스 씨는 나를 불러서, 할 수 있겠느냐고 물었다. 나는 당장 할 수 있다고 대답했다.

"그럼, 어쨌든 시험삼아 가보는 거다."하고 말했다. 나는 우편마차를 타고 갔는데, 이것은 정말 즐거운 여행이었다. 스코틀랜드계의 유명한 변호사인 데이빗 블루스 씨와 여동생이 같은 마차에 타고 있었다. 이것은 내가 처음으로 집을 떠난 것이고, 또 시골 구경을 하기도 처음이었다. 그린스버그의 호텔에서 식사를 했는데, 밖에서 먹는 것도 처음이었다. 나는 기막히게 맛있는 것을 먹여 주는구나, 하고 감탄했다.

이것은 1852년의 일이었다. 그린스버그 가까이의 골짜기나 언덕은 펜실베니아 철도의 부설을 위해서 메워지거나 깎아내려지고 있었는데, 나는 자주 아침 일찍 일어나서 공사가 진행되는 것을 보러 갔다. 나는 머지 않아 그 대회사의 일원이 되리라고는 꿈에도 생각 못했다.

이 마을에서의 나의 일은 전신국의 사무로서, 전 책임을 지는 것이었다. 나는 몹시 긴장해서, 전력을 다했다. 어떤 날 밤에는 심한 폭풍우 속에 통신이 두절되지 않도록 국에 버티고 있었다. 나는 통신기 가까이에 앉아 있었는데, 너무 가까이 있었으므로 의자에서 퉁겨져 떨어지고 말았다. 심한 번개가 자칫하면 나의 목숨을 빼앗아갈 뻔했던 것이다. 그후로 나는 번개가 칠 때는 매우 조심하게 되었고, 국에서는 모두들 나를 놀려대기도 했다.

그린스버그에서의 나의 일은 대단한 것은 아니었지만, 어쨌든 상사가 만족할 만큼 일을 마치고 피츠버그로 돌아올 수가 있었다. 동료인 소년들이 보기에는 후광이 비친 것처럼 생각되었을 것이다. 그 후 머지 않아 나는 승진하게 되었다. 새로운 통신기사를 채용하게 되자, 브룩스 씨는 본사의 총무부장에게 전보를 쳐서 나를 기사보조로 추천해 주었던 것이다. 당시 켄터키 주의 루이스빌에 있던 리드 부장은 만약 앤디가 직무를 수행할 수 있다면 채용해도 좋다는 회답을 주었다. 그 결과 나는 일약 월급 25불의 통신기사가 되어 배달부의 위치를 벗어날 수 있게 되었다. 나는 17세에 견습을 마치고 전문가의 일을 할 수 있게 되었

다. 이미 소년이 아니고 하루 1불을 받는 어른 틈에 끼인 것이
다.

　전신국 사무실이 젊은이에게는 멋진 훈련장이다. 연필과 종이
를 쥐고 온갖 지식을 습득할 수 있다. 나의 영국과 유럽에 관한
약간의 지식이 크게 도움이 되었다. 지식이라는 것은 어쨌든 쓸
모가 있다. 숨겨두더라도 겉으로 나타난다. 당시 외국의 뉴스는
뉴펀들랜드의 남동쪽 끝에 있는 레이스 곶에서 전송되어 왔다.
또 '항해중인 배의 통신'도 우리 일 중에서 중요한 부분을 차지
하고 있었다. 나는 다른 부문보다도 여기에 깊은 관심을 가지고
있었으므로 저절로 이 일은 내가 맡게 되었다.

　당시의 전신은 빈약해서 폭풍우가 오면 대부분의 경우 퀴즈
문제처럼 되어버린다. 주위에서 나의 추측력은 놀랄 만하다고들
말했는데, 글자가 한두개 빠지면 발신자를 괴롭혀가면서 확인해
보는 것이 아니고, 스스로 그것을 보충하는 것이 나에게는 큰 즐
거움이었다. 외국의 뉴스인 경우에는 이런 방법이 그다지 위험
한 일은 아니었다. 왜냐하면 기사가 자기 멋대로 만드는 것이 아
니라면 약간의 과오는 큰 장애를 초래하지 않기 때문이다. 외국
사정에 대한 나의 지식은 상당히 넓고, 특히 영국 문제는 잘 알
고 있었으므로 최초의 몇 자만 분명하면 나머지는 틀리지 않고
추정할 수 있었던 것이다.

　피츠버그의 신문사에서는 각사의 기자를 1명씩 전신국에 파견
하여 신문의 통신을 베끼도록 되어 있었다. 후에 여러 신문사를
대표해서 한 사람의 기자가 오게 되었는데, 이 사람은 만약 내가
뉴스의 사본을 5부 작성해준다면 1주에 1불을 나에게 주겠다고
말했다. 이것은 나의 최초의 신문 일로서, 보수는 극히 적었지
만 이것으로 나의 월수는 30불이 되었다. 당시의 나에겐 1불이
라도 소중한 돈이어서, 나의 가족도 이 무렵에야 겨우 생활의 기
반이 잡혀서 이미 장래의 백만장자의 기초가 싹트고 있었던 것

이다.

또 한 가지 나에게 커다란 영향을 준 것은 앞에서 말한 소년 배달원 동료 5명이 '웹스터 문학회'에 가입한 일이었다. 인원은 엄선되었고 우리는 잘 단결했다. 이 모임에 들어간 것은 참으로 잘한 일이었다. 그 전에 우리는 토론회를 조직해서 여러 가지 시국문제를 토의하기도 했다. '웹스터'는 당시 시내의 가장 유력한 클럽으로, 우리는 회원이 된 것을 자랑으로 삼고 있었다.

청년에게 있어서 이런 종류의 클럽에 속하는 것만큼 유익한 일은 없으리라고 생각된다. 나는 주로 다음번 토론에서 다룰 문제에 대하여 독서를 했다. 청중 앞에서 침착해질 수 있는 것은 '웹스터회'에서 훈련을 했기 때문이다. 그 무렵 공개 석상에서 얘기를 하는 데 있어서 나는 두 가지 규칙을 가슴에 새겨두고 있었다. 첫째는 편안한 마음으로 얘기하되 설교를 할 것이 아니라 얘기를 할 것. 둘째는 자기 이외의 인물이 되지 말고 미사여구를 쓰지 말고 자연스럽게 얘기한다는 것이었다.

오랜 연습 끝에 나는 전보의 기초를 전부 폐지하고 소리에 의한 통신기사가 될 수 있었다. 이것은 이 무렵에 매우 드문 일이어서, 이 기능을 실제로 보려고 많은 사람이 전신국에 견학을 왔다. 이것이 계기가 되어 대홍수로 스튜벤빌과 호일링 사이의 통신이 전부 두절되었을 때 나는 스튜벤빌에 파견되었다. 이 두 도시는 25마일 떨어져 있는데, 이곳을 지나는 동부와 서부의 통신을 전부 받아서 1시간이나 2시간마다 통신을 배에 실어 강을 내려가서 호일링으로 보내는 것이었다. 돌아오는 배는 동부에서 통신을 싣고 왔는데, 이렇게 해서 만 1주일 동안 피츠버그를 지나는 동부와 서부의 통신을 확보할 수 있었던 것이다. 내가 스튜벤빌에 있는 동안에 아버지가 손수 짠 테이블보를 팔러 호일링과 신시내티로 간다는 것을 알았다. 나는 배가 도착하기를 기다리고 있었는데 저녁 늦게까지 들어오지 않았다. 나는 부두로 갔다. 나는 아버지가 좀더 비싼 선실에 승선하지 않고 삼등객으로 갑판에 앉아서 강을 내려간다는 것을 알고는 몹시 마음이 아팠다. 그렇게 훌륭한 사람이 이런 초라한 여행을 해야 한다는 것에 몹시 화가 났다. 그러나 나는 "그래도 말이에요, 아버지. 어머니와 아버지께서 사륜 마차를 타고 다닐 날도 그렇게 멀지는 않았어요."하고 말하면서 애써 나 자신을 위로했다.

나의 아버지는 부끄러움을 많이 타고 내향적이며 또 신경이 예민한 사람이었으므로 남을 칭찬하는 일은 좀처럼 없었다. 이것은 스코틀랜드의 국민성이기도 하다. 스코틀랜드 사람은 특히 자식들이 응석을 부리게 해서는 안 된다고 생각해서인지 여간해서 칭찬하지 않았다. 그러나 무엇엔가 몹시 감격하면 자제력을 잃는 일이 있었는데, 그때 아버지가 그랬었다. 나의 손을 잡고 그 잊을 수 없는 눈길로 나를 응시하면서 "앤드류, 나는 네가 자랑스럽구나."하고 낮은 소리로 속삭였다.

아버지의 목소리는 떨리고 있었다. 이런 말을 하는 자신을 부끄러워하는 것처럼도 생각되었다. "안녕."하면서 작별하는 아버지 얼굴에 눈물이 흐르고 있는 것을 나는 보았다. "빨리 사무실로 돌아가거라."하시면서 아버지는 배에 올랐다. 아버지의 말은 나의 귓전에 남아서 오랜 세월동안 나의 마음을 따뜻하게 해주었다. 우리 부자는 서로를 잘 이해했다. 스코틀랜드인이란 얼마나 내성적인가. 몹시 감격할수록 말이 적어진다. 신성한 깊이가 있어서 그것을 범할 수는 없다. 침묵은 말보다도 더 많은 의미를 내포하고 있다. 아버지는 가장 사랑할 만한 인물이어서 친구들의 사랑과 존경을 받고 있었다. 어느 종파에도 어느 교리에도 속해 있지 않았지만, 참으로 경건한 사람이었다. 세속적으로는 그다지 대단한 인물이 아니었지만, 천국은 이 사람을 위해서 마련되어 있다고 말해도 좋을 것이다. 친절 그 자체였다. 슬픈 일이지만, 우리는 이제부터 다소 여유가 생겨 생활도 편해지리라고 생각하고 있었는데, 이 서부의 여행에서 돌아온지 얼마 안되 세상을 떠나고 말았다.

피츠버그에 돌아와서 얼마 후 나는 토마스·A·스코트라는 대단히 유능한 사람을 알게 되었다. 만일 천재라는 말을 사용하는 것이 허용된다면 그는 바로 이 말에 해당하는 사람일 것이다. 스코트 씨는 펜실베니아 철도회사의 감독으로 피츠버그에 파견되었다. 그와 그의 상관으로 알튜나에 주재하고 있는 총무인 롬버트 씨와는 끊임없이 전보로 연락을 취할 필요가 있었다. 그래서 스코트 씨는 밤에 자주 전신국에 왔는데, 나는 야근을 하고 있었으므로 몇 번인가 만난 일이 있다. 어느 날, 그의 밑에 있는 조수로 나와 친하게 지내는 사람이 사무실에 찾아와서, 스코트 씨가 사무원 겸 전신기사로 너를 썼으면 하는데 그의 회사에 오지 않겠느냐고 물었다.

나는 곧 "잠깐 기다려주십시오. 나는 가겠습니다. 나는 단순한 사무원으로 지낼 생각은 없기 때문에 여기에서 나가고 싶습니다. 제발 가서 그렇게 말해주십시오."하고 부탁했다.

나는 1853년 2월 1일. 월수 35불로 스코트 씨의 사무원 겸 전신기사로 채용되었다. 월급이 25불에서 35불로 단번에 뛰어 올랐다는 얘기는 들은 일이 없다. 공공의 전신선이 임시로 스코트 씨의 사무실 밖에 있는 지점으로 연장되어서, 펜실베니아 철도회사는 당시 건설 중이었던 회사의 전용선이 완성될 때까지 얼마 동안 일반 대중에의 서비스에 장애가 안 되는 한 통신을 허용받게 되었다.

6. 철도회사 직원이 되다

　전신국의 업무실로부터 나는 넓은 세계로 발을 내디딘 것이다. 이 변화는 결코 손쉬운 것은 아니었다. 내가 18세의 생일을 지내고 얼마 안 되었을 때였는데, 생각해보면 어떻게 해서 한 소년이 이 나이가 되기까지 청결하고 좋은 일밖에 모르고 자랄 수가 있었는지 모르겠다. 나는 그 나이가 될 때까지 한번도 나쁜 말을 입에 담은 기억이 없고, 또 들은 적도 없었다. 나는 상스러운 짓이나 나쁜 일에 대해서는 아무것도 몰랐다. 내가 접한 사람들은 모두 선량한 사람들이었고, 나는 지금까지 그런 사람들 사이에서 자라왔던 것이다. 그러다가 나는 갑자기 몹시 거친 사람들 사이에 뛰어들었다. 일시적이기는 했지만 사무실은 공장의 일부를 이루고 있어서 화물열차의 차장과 제동수(制動手)와 화부들의 대기실이기도 했다. 그들은 모두 스코트 감독과 내가 있는 방에 자유로이 출입할 수 있었다. 이것은 내가 지금까지 살아온 세계와는 전혀 다른 세계였다. 나는 몹시 비참했다. 그리고 나는 필연적으로 거기에서, 태어나서 처음으로 선악의 지식의 나무 열매를 먹지 않으면 안 되었다. 그러나 다행히도 나에게는 아름답고 청순한 가정이 있었고, 그곳에는 야비한 일이나 나쁜 것은 조금도 들어올 틈이 없었다. 게다가 나에게는 친구들과 함께 살고 있는 다른 세계가 있었다. 그들은 모두 우수한 소년들로서, 교양을 쌓아 유능한 시민이 되려고 노력하고 있었다. 이렇게 해서 나는 나의 성격에 맞지 않는 환경을 미워하고 물리쳐서 자신을 연마하려고 애썼다. 그러나 거친 사람들과 접한 경험은 아마 나에게 커다란 도움이 되었는지도 모른다. 왜냐하면 담배

64

를 씹거나 피우는 것이나, 신의 이름을 더럽히는 말을 입에 담거나 천한 말씨를 쓰는 것 등에 경계심을 갖게 해 주었기 때문이다.

내가 말하는 사람들이 타락했다거나 악인이었다는 것은 결코 아니다. 당시에는 나쁜 말을 쓰거나 천한 얘기를 하고, 담배를 피우거나 씹는 것, 또 코담배를 사용하는 것은 오늘날보다 훨씬 심했던 것이다. 철도 공사가 시작된 지 얼마 안되어서 그때까지 강변에서 일하던 사람들이 많이 들어왔다. 그들의 대부분은 건전한 청년들이어서, 훗날 훌륭한 시민으로서 존경받고 또 사회적으로 중요한 지위에 올랐다. 여기에서 내가 덧붙이고 싶은 것은, 그들은 모두 나에게 대단히 친절했다는 것이다. 나는 지금까지 그들의 편지를 가끔 받으며 친교를 계속하고 있다.

스코트 씨가 자기 사무실을 갖게 되었을 때 나도 그 방으로 옮기게 되어 이런 문제는 해결되었다.

그리고 얼마 후에 나는 스코트 씨의 지시로 회사의 급료와 수표를 받으러 알튜나로 파견되었다. 철도는 아직 알리게니 산맥을 넘어서 통과하지 않았으므로 나는 케이블카를 타고 넘어가야 했는데, 이 여행은 참으로 근사했다. 당시 알튜나에는 회사에서 지은 집이 몇 채 있을 뿐이었다. 공장은 건설 중이어서 오늘날과 같은 대도시의 모습은 어디에도 없었다. 나는 그곳에서 철도계의 거물인 롬버트 감독을 처음으로 만났다. 그의 비서는 나의 친구 봅 피트케일렌으로, 내가 추천해서 철도회사에 들어가게 되었던 것이다. 데이빗, 봅, 앤디는 모두 함께 전신국을 그만두고 펜실베니아 철도 회사에 근무했던 것이다.

롬버트 씨는 스코트 씨와는 전혀 성격이 다른 인물이었다. 그는 엄격하고 완고한 사람이었다. 그렇기 때문에 나에게 약간 얘기를 한 다음 "오늘 밤 집에 와서 차라도 마시지."라고 했을 때 봅과 나는 정말 놀라고 말았다. 나는 이 후의를 받고는 두근거리는 가슴으로 시간이 되기를 기다리고 있었다. 이제까지 이런 영광을 받아본 적이 없었다. 롬버트 부인은 참으로 친절했다. 감독은 "이 사람이 스코트 씨 밑에서 일하고 있는 앤디 군이야."하고 부인에게 소개했다. 나는 스코트 씨 밑에 있다는 사실을 인정받은 것이 대단히 자랑스러웠다.

그런데 이 여행 중 큰 사건이 일어나 잘못했으면 나는 내 장래를 완전히 망쳐버릴 뻔했다. 이튿날 아침에 나는 거액의 급료와 수표를 소중하게 조끼 밑에 넣고 피츠버그를 향해서 출발했다. 보따리가 너무 커서 포켓에 들어가지 않았기 때문이다. 그 무렵에 나는 기차 타는 것을 좋아했었다. 나는 기관차를 타고 홀리더그로 나와서, 거기에서 주의 철도가 산을 넘어 접속하게 되어 있으므로 갈아타기로 했다. 길이 몹시·나빠서 심하게 흔들렸다. 그런데 내가 조끼 밑에 손을 넣어 보니까 돈보따리가 없지 않은가. 차가 흔들리는 사이에 떨어뜨리고 말았던 것이다. 나는 당황해서 어떻게 해야할지 몰랐다.

이런 실수는 나의 장래를 파멸시킨다는 것은 의심할 여지가 없었다. 회사의 급료와 수표를 수령하기 위해서 심부름을 왔다가 그것을 흘려버린 것이다. 자기 목숨을 걸고라도 단단히 쥐고 있어야 하는 것을 떨어뜨리고 말다니, 이제 구제받을 길이 없다. 나는 기관사에게 얘기해서, 틀림없이 마지막 몇 마일 안에서 떨어졌으니 차를 역행시켜 줄 것을 부탁했다. 친절한 사람이었으므로 그렇게 해주었다. 나는 눈에 불을 켜고 선로를 보았다. 그때 커다란 계류의 강가에 물과 두세 자 떨어진 곳에 그 보따리가 떨어져 있는 것이 눈에 띄었다. 나는 믿어지지 않았다. 얼른 달려가서 줏어들었다. 무사했다. 피츠버그에 도착할 때까지 보따리를 꽉 쥐고 놓지 않았음은 말할 필요도 없다. 나의 이 실수를 아는 사람은 기관사와 화부 뿐이었다. 나는 이들에게서 절대로 남에게 얘기하지 않겠다는 약속을 받았다.

내가 이 얘기를 남에게 할 수 있었던 것은 몇 년 후였다. 아마 이 보따리가 두 세자만 앞에 떨어졌더라도 떠내려가고 말았을 것이다. 나는 그 실수를 보상하기 위해서 상당히 오랫동안 충실하게 근무해야 했으리라. 그리고 상사의 신임을 얻을 수도 없었을 것이다. 내가 성공하기 위해서는 아무래도 신용이 필요했던 것이다.

이 경험에 비추어 나는 청년들이 한두 가지 중대한 과오를 저질러도 결코 가혹하게 처리하지 않으려 자신을 억제했다. 나는 언제나 그 여행에서 만일 그 중요한 보따리가 강변이 아니고 물 속에 떨어져버렸다면 어떻게 되었을까를 생각했기 때문이다. 나는 50여 년이 지난 지금도 그 장소를 금방 찾을 수 있다. 그리고 그 선로를 기차로 통과할 때는 언제나 강변에 떨어져 있는 갈색 보따리가 생생하게 떠올랐다. 그리고 '괜찮아, 하느님은 네 편을 들어주신 거야. 하지만 또 그래서는 안 돼.'하는 소리를 듣는 것이다.

나는 어릴 때부터 강력한 노예반대론자여서, 아직 투표할 연령에 이르지는 않았지만 1856년 2월 22일에 피츠버그 시에서 열린 공화당 전국대회에 참석했다. 나는 저명한 사람들이 시내를 걸어가는 것을 보았고, 상원의원인 윌슨이나 헤일 등을 존경스러운 눈길로 바라보았다. 이 대회가 있기 조금 전에 나는 철도관계의 젊은이들 100명을 모아서 '주간 뉴욕 트리뷴회'를 조직하여, 노예문제에 대하여 대중의 공론을 집약시키려 노력하고 있던 위대한 호레스 그릴레이 편집장을 후원하기로 했었다. 나는 가끔 편집장 앞으로 투고를 했다.

나의 문장이 자유의 기관지에 활자화되어 실렸을 때, 나는 새로운 인생행로에 접어들었던 것이다. 나는 오랫동안 〈트리뷴〉 지를 소중하게 보관해두었다. 돌이켜보면, 오랜 숙환에서 해방되기 위하여 이렇게 값비싼 대가를 치루어야 했던 것은 참으로 애석한 일이지만, 폐지되어야 했던 것은 노예제도만이 아니었다. 지방의 권력이 강력하기 때문에 연방제는 실권이 미미해서, 이런 상태로는 굳건한 그리고 안정된 중앙정부를 건설하는 것은 불가능에 가깝고 또 된다고 하더라도 오랜 세월이 걸릴 것이다. 남부의 생각은 대체로 원심적이어서 지방분권으로 기울고 있었다. 오늘날 합중국은 구심적이어서 최고재판소의 권력 밑에 중앙집권의 방향으로 움직이고 있다. 최고재판소의 판결은 반은 법률 전문가에 의해서 나머지 반은 정치가에 의해서 성립되고 있는데, 이것은 도리에 맞는 것이다. 각 분야의 통일이 확보된 것이다. 결혼, 이혼, 기업들도 어느 정도까지는 통제를 필요로 한다. 이 사건이 있고 나서 얼마 후 철도회사는 자체의 전신선을 건설하게 되었다. 따라서 통신기사를 양성하지 않으면 안 되었다. 그들은 피츠버그의 본사에서 양성되고 있었다. 전신사업은 놀라우리만큼 신장되고 있어서 시설이 따르지 못할 정도였다. 새로운 전신국이 많이 건설되어야 했다. 나는 배달부 동료였던 데이빗 매카고를 1859년 3월 11일에 전신부 주임을 시켰다. 합중국의 철도회사에서 전신통신원으로서 젊은 여성을 채용한 공적은 데이빗과 나에게 있다고 하겠다. 그것은 어찌되었건, 우리는 각지의 전신실에 여자를 견습생으로 배치하고, 필요에 따라서는 책임을 지도록 했다. 이렇게 해서 양성된 여자 중에 종자매 말래이아 호건이 있었는데, 그녀는 피츠버그 화물역의 전신원이 되어 그곳에서 젊은 사람들을 계속해서 양성했기 때문에 그녀의 사무실은 학교처럼 되었다. 경험으로 미루어 보면 젊은 여성은 남자들보다도 신뢰할 수가 있다. 여성이 진출한 새로운 직장은 많이 있지만, 그 중에서도 여성에게 가장 알맞은 것은 전신사업이라고 생각한다.

스코트 씨는 참으로 멋진 인물이었기 때문에 이런 사람 밑에서 일할 수 있는 것을 행운이라 생각하고 나는 모든 정성을 다해

그를 섬겼다. 그는 훌륭한 인물이었기 때문에 청년 특유의 열정으로 나는 아낌없이 그를 숭배했던 것이다. 나는 이 사람이 언젠가는 펜실베니아 철도회사의 총재가 될 것이라고 생각했는데, 사실 그것이 실현되었다. 나는 그의 밑에 있으면서 내 일 외에 다른 부문에서 활약하기도 했는데, 이것이 승진에 도움이 되었다. 다음과 같은 일이 있었다.

당시의 철도는 단선이었다. 그 무렵엔 아직 전신에 의해서 가차 운행을 지시하는 것이 널리 행해지지 않았지만, 때로는 전신으로 연락을 취해야 하는 경우도 있었다. 감독관 외에는 누구도 지시를 내리는 것이 허용되지 않았는데, 이것은 펜실베니아 철도회사에만 한한 것이 아니고 모든 철도조직이 마찬가지였다고 생각한다. 철도 관리라는 직업이 대우받지 못한 시대여서, 종업원훈련이 아주 미흡했기 때문에 전신으로 지시를 내린다는 것은 위험한 방법이었다. 따라서 고장이나 탈선 등의 사고가 일어날 때마다 기차 운행을 조절하기 위하여 스코트 씨가 밤에 자주 출근을 해야 했다. 그럴 때면 다음 날 아침에 스코트 감독은 사무실에 나오지 않았다.

어느날 아침 나는 동부 관내에 커다란 사고가 일어나 내려가는 급행열차가 늦어지고, 올라오는 객차는 전선에 배치된 신호수의 지시에 따라 서행하고 있는 것을 발견했다. 오르내리는 화물열차는 모두 대피선에 멈추어 있었다. 스코트 씨는 아무리 찾아도 보이지 않았다. 그래서 나는 전책임을 지고 지시를 내려서 사태를 수습하기로 결심했다. 나는 '죽느냐 사느냐 운명의 갈림길이다.' 라고 스스로를 격려했다. 만약 잘못하면 직장에서 쫓겨나고 신임을 잃으며, 법의 심판을 받을지도 모른다. 하지만 잘되면 밤새도록 대기하고 있는 지친 화차의 승무원들을 데려올 수가 있다. 나는 전 조직을 움직일 수가 있다. 틀림없이 나는 할 수 있다. 나는 이제까지 여러 번 스코트 씨의 지시를 전신으로 보낸 경험이 있다. 나는 어떻게 하면 되는가를 잘 알고 있다. 그래서 나는 일을 시작했다. 나는 스코트 씨의 이름으로 지시를 내려서 전선의 열차를 움직이기 시작했다. 기계 앞에 앉아서 열심히 움직임을 주시하며 역에서 역으로 운행을 지켜보고 신중하게 일을 진행시켜서, 스코트 씨가 사무실에 도착했을 때는 만사가 순조롭게 돼가고 있었다. 그는 사고가 일어나 열차가 모두 늦어지고 있다는 소식을 듣고 왔던 것이다. 그가 처음 한 말은 "그래, 어떤 형편인가?"였다. 그는 급히 내 옆으로 와서 연필을 들고 지시를 쓰기 위하여 앉았다. 나는 입을 열지 않으면 안 되었다. 그래서 조심스럽게,

"스코트 씨, 아무리 찾아도 당신이 보이지 않길래 오늘 아침 일찍 당신 이름으로 지시를 내렸습니다."하고 말했다.

"만사가 잘 되어가고 있는가? 동부급행은 지금 어디에 있지?"하고 물었다.

나는 스코트 씨에게 지시한 것을 전부 보여주면서 객차, 화차, 궤도차 등의 위치를 알려주고, 열차가 통과한 각 역으로부터 차장의 통신문 등을 보였다. 일이 순조롭게 진행되고 있었다. 스코트 씨는 순간 내 얼굴을 가만히 보고 있었다. 나는 얼굴을 들 수 없었다. 어떻게 될 것인지 나는 전혀 모른다. 그는 한 마디도 하지 않은 채 또다시 무슨 일이 일어났는지 내가 내린 지시와 보고서를 보고 있다. 그 다음에도 아무 말도 하지 않는다. 그런 다음 스코트 씨는 자기 자리로 갔고, 일단 얘기는 끝이 났다. 그는 내가 한일에 대해서 인정하기를 두려워하고 있었는데, 그렇다고 해서 책망하지도 않았다. 만사가 제대로 되었으면 그것으로 만족한다. 그러나 만약 잘못되었다면 그것은 전부 나의 책임이다. 이 사건은 이것으로 처리되었지만, 그 후 며칠동안 그는 평소보다 일찍 규칙적으로 출근하는 것을 나는 깨달았다.

물론 이 일에 대하여 나는 누구에게도 한마디도 하지 않았다.

승무원들은 스코트 씨가 지시를 내린 것으로 알고 있었다. 나는 만일 또다시 이런 일이 일어날 경우 명백하게 명령을 받았을 때가 아니면 두번 다시 그러한 짓을 하지 않겠다고 결심했다. 나는 자신이 한 일에 대하여 몹시 신경이 쓰여서 우울했다. 그런데 그 일이 일어난 날 스코트 씨는 피츠버그의 화물부 주임인 프란시스커스 씨에게 다음과 같이 얘기했다고 후에 들었다.

"내 밑에 있는 저 은발의 스코틀랜드출신 애숭이가 무슨 짓을 했는지 자네 알고 있나?"

"모르겠는데요."

"명령도 받지 않고 내 이름으로 전선의 열차를 움직였다네."

"그래서 잘 해냈습니까?"하고 프란시스커스 씨는 물었다.

"그래, 만사가 잘 됐지."

그 얘기를 듣고 나는 가슴을 쓸어내렸다. 이런 일이 있고 난 후 사고가 나면 어떻게 해야 하는지를 알게 되었다. 그 후부터는 열차 운행에 관하여 스코트 씨가 직접 지시를 내리는 일은 거의 없었다.

당시 내가 가장 존경하던 인물은 펜 철도회사 사장 존 에드가 톰슨 씨였다. 내가 아는 사람들 중에 그만큼 내성적이고 말이 없는 사람은 없었다. 그란트 장군도 말이 적었지만, 가정에서 친구들과 함께 있을 때는 상당히 활발하게 얘기를 했다. 톰슨 씨는 정기적으로 피츠버그를 방문했는데, 언제나 말없이 주위 사람들을 보지 않는 듯한 모습으로 걷곤 했다. 후에 나는 그의 이러한 태도는 극단적인 수줍음에서 오는 것임을 알았다. 그런데 어느 날 그가 스코트 씨의 사무실에 들어와서 전신기 옆에 있던 나에게 다가와 "앤디군."하고 불렀으므로 나는 참으로 놀랐다. 나중에 나는 내가 열차를 움직이게 한 모험에 대해서 그가 들었다는 것을 알았다. 높은 지위에 있는 사람에게 개인적으로 인정을 받는다는 것은, 이미 인생의 투쟁에서 반쯤은 승리를 거둔 셈이 된다고 말해도 좋을 것이다. 소년들은 누구나 무엇인가 큰 일을 목표로 삼아야 한다. 무엇인가 상사의 눈에 들 만한 일을 해야 한다.

이런 일이 있고 나서 스코트 씨가 한두 주일쯤 여행을 떠나야 할 때에는 롬버트 씨의 허가를 얻어서 나를 철도국의 대리로 삼기로 했다. 그는 대담한 사람이다. 왜냐하면 나는 이제 막 십대가 지났을 뿐이었기 때문이다. 물론 문제없이 허가는 내려졌다. 이렇게 해서 대망하던 기회가 나에게 주어진 것이다.

스코트 씨가 부재중에도 만사가 순조롭게 진행되었다. 그러던 중 보선공사를 하던 차가 사고를 일으켰다. 그 사고는 타고 있던 인부들의 태만에 의한 것이었다. 나는 이런 사고가 일어났다는 사실이 참으로 뜻밖이어서 견딜 수가 없었다. 나는 역의 구내에서 일어나는 모든 일에 전책임을 지고 있었으므로, 책임완수를 하기 위해 직장재판을 했다. 사고에 관계가 있는 자를 조사하고, 즉석에서 그 책임자를 해직시키고 다른 두 명에게 휴직을 명했다. 스코트 씨는 돌아오자마자 곧 이 사고에 대하여 보고를 받고는 조사를 해서 처벌을 내리려고 했다. 나는 자신이 한 일이 조금은 지나쳤다고도 생각하고 있었지만, 일단 끝낸 이상 사건은 이미 해결되었다고 보고했다. 나는 충분히 조사해서 책임자를 처벌했다. 처벌된 사람 중에 스코트 씨에게 탄원해서 한번 더 문제를 고려해달라고 하는 사람도 있었다. 아무리 그들이 간청을 해도 나는 승낙할 수가 없었다. 입 밖에 내서 말하지는 않았지만, 스코트 씨는 나를 잘 이해해 주었고 내가 취한 조치에 대해서도 양해해주었다.

스코트 씨는 틀림없이 내가 지나치게 엄격했다고 생각했을 것이고, 나는 지금에서야 그 점에 대해선 그가 옳았다고 생각한다. 이 사건이 있고 난 뒤 몇 년 후 내가 이 관내의 감독이 되었을 때, 나는 휴직처분을 받았던 사람들에게 특별한 관심을 써 주었다. 이 일이 나의 양심에 걸렸던 것이다. 경험없는 재판관은 너무 긴장해서 지나치게 엄해질 우려가 있다. 경험만이 자비(慈悲)라는 최고의 덕을 가르치는 것이다. 가볍지만 필요에 따라서 적절하게 벌을 가하는 것이 가장 효과적인 법이다. 엄벌은 필요하지가 않다. 적어도 최초의 과오에 대해서는 동정적인 처벌이 효과적이다.

나와 5,6명의 청년들은 사이가 좋아서 언제나 행동을 함께 했는데, 성장해가면서 생명과 죽음의 문제 등에 대하여 얘기를 나누고, 현세와 사후의 일에 대해서도 생각하게 되었다. 우리는 모두 선량하고 정직하며 자존심을 가진 양친에 의하여 길러졌고, 종파는 다르지만 어딘가의 교회에 속해 있었다. 우리는 장로교회의 목사인 맥밀란 씨의 부인을 중심으로 사교클럽을 만들어 목사관에 모였다. 때로는 일요일 예배에도 출석했다. 맥밀란 씨는 엄격한 칼뱅파의 교리를 지키고 있었으므로 인간이 구제받느냐 구제받지 못하느냐는 신의 뜻에 따른다고 굳게 믿고 있었다. 우리 동료 중에는 이런 숙명론에 따라가지 못하는 사람이 많았다. 진리만이 인간을 마음대로 하는 것이다. 진리를 따르는 것이 인간의 의무라는 견해를 가진 사람이 많았다. 신학에 대한 논쟁은 우리들에겐 흥미가 없었다. 다만 청년들의 좋은 지도자인 맥밀란 부인이 우리를 잘 단결시켰다.

이 작은 그룹에 커다란 타격이 있었는데 그것은 존 핍스가 말에서 떨어져 죽은 일이었다. 이 사건은 우리에게 죽음에 대해 깊이 생각하도록 해주었는데, 내 자신에게 이렇게 말했던 것이 생각난다. '존은 고향으로 돌아간 것이나 다름없다. 우리도 머지 않아 그의 뒤를 따를 것이고 천국에서 영원히 함께 살게 될 것이다.'라고. 그 무렵 나는 인생에 대하여 아무런 의문도 가지고 있지 않았다. 나는 나의 희망을 마음에 새기려고 하는 것이 아니라 진실로 굳게 믿고 있었던 것이다. 슬픔에 젖었을 때 이러한 피난

처가 있는 사람은 행운이다. 플라톤이 "희망은 고귀한 것이어서 그 보수는 큰 것이므로 거기에 이끌려서 영원히 걸음을 계속해야 한다."고 말했는데, 꼭 그렇다고 생각한다. 이 세상에 태어난 우리들은 운명에 의하여 함께 일생을 보내게 된 것이므로 다시 저 세상에서 함께 살게 된다는 것은 조금도 이상하지 않다. 삶도 죽음도 이슬처럼 잠깐 동안이어서 즐기고 있는 인간에게 이해를 초월하는 문제이다. 그렇기 때문에 플라톤의 말처럼 영원히 희망을 버리지 말고 미래의 생명을 믿고 위로하면서 나아가야 한다. 물론 우리는 현세에의 의무를 잊지 말고, "하느님의 나라는 그대 속에 있나니."라는 말을 그대로 받아들여야 한다.

내가 직장에서 이런 활동을 계속하고 있는 사이에 가족의 생활은 서서히 윤택해졌다. 월 35불인 나의 급료는 40불이 되었는데, 이것은 스코트 씨가 부탁하기도 전에 올려준 것이다. 매월 직원에게 급료를 지불하는 것은 내 일의 일부가 되었다. 지불은 은행 수표를 사용하고 있었는데, 나는 언제나 20불짜리 금화 2개를 은행에서 인출했다. 나에게 있어서 이 금화는 전세계에서 가장 아름다운 미술품인 것처럼 생각되었다.

가족회의를 한 결과 우리는 집이 두 채 서있는 땅을 사기로 했다. 이것은 당시의 우리에겐 큰 사건이었다. 두 채중 한 채에서 한때 우리가 살았던 일이 있었고, 또 한 채에는 그 무렵까지 호건 아저씨네가 살고 있었는데, 좋은 곳으로 옮겨갔던 것이다. 우리가 미국에 건너왔을 때 에트켄 아주머니의 도움으로 기계공장이었던 작은집의 이층에 정착할 수 있었다. 우리가 새로 입주한 집 한채에는 아주머니가 전에 살았던 일이 있으므로 우리는 은혜를 갚은 의미에서 그녀가 살도록 하기로 결정했다. 후에 우리가 알류나시로 이사한 뒤에는 호건 아주머니에게 우리의 4칸 집으로 옮겨오도록 했다. 아저씨는 그 전에 돌아가셨으므로 아주머니는 전에 살던 집으로 돌아오는 것을 매우 기뻐했다. 우리

74

는 현금으로 100불을 지불했는데, 토지가 딸린 2채의 집은 700불이었다고 기억한다. 당시 우리는 반년마다 이자를 지불하고, 나머지 600불을 되도록 빨리 청산하려고 애썼다. 그러나 그것도 오래 걸리지 않고 우리는 토지와 가옥의 떳떳한 소유자가 될 수 있었다.

그러나 지불이 채 끝나기도 전에 가족은 슬픔의 심연에 빠지게 되었다. 1855년 10월 2일에 아버지가 돌아가셨기 때문이다. 불행중 다행인 것은 남은 우리 세사람은 생활에 쫓기고 있었으므로 어쨌든 힘을 내지 않으면 안 되었다. 슬픔과 의무의 투쟁에서 가족은 각자의 일에 힘을 쏟았다. 아버지의 병과 요양에 든 비용을 저축해서 지불해야 했다. 그 무렵 우리는 아직 저축할 만한 여유가 없었기 때문이다.

미국으로 건너와서 우리 일가는 여러 가지 흐뭇한 호의를 접했는데, 아버지의 죽음에 의하여 다시 우리는 새로운 감격에 눈시울을 적셨다. 스웨덴보르그협회는 작은 집단이기는 했지만 우의가 돈독했고, 중심 인물은 데이빗 매칸드레스 씨였다. 그 분과는 일요일에 교회에 가는 아버지와 어머니에게 인사를 나눌 정도의 사이로 친하게 지내지는 않았다. 그러나 에트켄 아주머니를 잘 알고 있었으므로 그녀를 통하여 어머니에게, 돈이 필요하다면 기꺼이 필요한 액수를 융통해 드릴테니 사양하지 말고 말해달라고 제안해 왔다. 매칸드레스 씨는 부지런한 어머니에 대해서 잘 듣고 있었으므로 어떻게든 힘이 되어주려고 생각했던 것이다.

인간은 남의 원조가 필요하지 않게 되었을 때나 또는 받은 은혜를 곧 갚을 수 있는 입장에 있을 때에 많은 친절한 제안을 받는 것이다. 그러나 순수하게 아무런 사심도 없는 호의는 참으로 고마워서 뼈에 사무칠 정도이다. 여기에 스코틀랜드에서 온 남편을 잃은 가난한 부인이 있다. 장남은 겨우 세상에 나섰을 뿐이고, 차남은 아직 십대의 소년이다. 이 일가에 찾아온 불행이 이 친절한 분의 마음을 아프게 해서 어떻게든 도와주고 싶다고 생각하여 아주머니를 통해서 원조의 손길을 뻗쳐주었던 것이다. 어머니는 호의만을 고맙게 받고 그럭저럭 돈을 빌리지 않고 견디었는데, 그 후 매칸드레스 씨는 우리 가족에게 오래도록 기억되었다. 나는 위기에 직면했을 때 반드시 누군가가 구원의 손길을 뻗쳐 준다는 것을 믿어 의심하지 않는다. 세상에는 친절하고 멋진 사람들이 많이 있다. 단순히 곤란한 사람에게 구원의 손길을 펼뿐만 아니라 도울 가치가 있는 사람을 찾고 있는 것이다. 그렇기 때문에 자립심이 강한 사람에게는 유사시에도 반드시 구원의 손길이 뻗쳐온다는 것을 나는 믿는다.

아버지의 죽음으로 그 전보다도 더욱 온 가족의 책임을 나 혼자서 지게 되었다. 어머니는 구두 꿰매는 일을 계속했다. 동생 톰은 공립학교에 다니고 있었고, 나는 스코트 씨 밑에서 철도회사에 근무하고 있었다. 마침 이 무렵 행운의 여신이 우리에게 찾아왔다. 스코트 씨는 내게 500불을 가지고 있느냐고 물었다. 만일 가지고 있다면 나를 위해서 투자를 해주겠다고 했다. 당시 나는 500센트 —— 5불의 자본밖에 가지고 있지 않았다. 투자하기 위해서는 50불도 어떻게 할 수 없다고 생각되었지만, 존경하는 지도자와 어떤 관계를 갖게 되는 좋은 기회를 놓쳐버릴 내가 아니었다. 그래서 나는 대담하게 어쩌면 마련될지도 모른다고 말했다. 그러자 스코트 씨는 역에 출입하는 사람이 가지고 있는 애덤즈 운송회사의 주식이 10개 있는데, 이것을 입수할 수가 있다고 얘기해주었다. 물론 이날 밤 집에 돌아와서 곧 우리 집 의장에게 보고했다. 그러자 그녀는 하나의 안을 생각해냈다. 언제나 우리의 기대를 배반한 일이 없는 그녀이다. 우리는 그 무렵 이미 500불을 집을 사는 데에 털어넣었다. 이것을 담보로 해서 돈을 빌릴 수 있을지도 모른다는 것이었다.

이튿날 아침 어머니는 배로 동리버풀로 향해서 그날 밤 늦게 도착했다. 그리고 어머니의 동생을 통해서 돈을 입수할 수가 있었다. 외삼촌은 동리버풀시의 보안관으로서, 조그만한 도시에서는 잘 알려져 있었다. 그곳 농부들은 약간씩의 돈을 가지고 와서 외삼촌에게 투자해달라고 부탁했다. 어머니는 땅과 집을 담보로 해서 500불을 가지고 왔으므로, 나는 그것을 스코트 씨에게 넘겼다. 그리고 그는 귀중한 주식을 나에게 전해주었다. 놀랍게도 이것은 신주가 붙어 있었으므로 나는 100불을 지불해야 했다. 그러나 스코트 씨는 친절하게도 언제든지 형편이 닿을 때에 지불하면 된다고 말해주었고, 나는 이 호의를 고맙게 받아들였다.

이것은 나의 최초의 투자였다. 당시는 참으로 모든 일이 순조로워서 매월 많은 배당이 지불되었는데, 애덤즈 운송회사도 그 예에 벗어나지 않고 매월 배당이 있었다. 어느날 아침 나의 책상 위에 커다란 정자로 '앤드류 카네기 귀하'라고 쓴 하얀 봉투가 얹혀 있었다. '귀하'라는 글씨가 나의 친구들을 몹시 기쁘게 했다. 나도 물론이었다. 봉투 모퉁이에는 애덤즈 운송회사의 둥근 도장이 찍혀 있었다. 나는 봉투를 뜯었다. 안에는 뉴욕은행의 10불짜리 수표가 한 장 들어있었다. 평생 그 수표를 잊을 수 없으리라. 훌륭한 글씨로 'J·C·밥콕 회계계'라고 설명되어 있었다. 이것은 내가 자본의 투자에 의해서 얻은 최초의 수입으로, 땀을 흘리지 않고 번돈이었다. 만세! 하고 나는 외쳤다. '황금 알을 낳는 오리를 잡은 것이다.'

나의 동료들은 일요일 오후에 숲에 모여서 친교를 도모하기로 하고 있었다. 나는 이 첫번째 수표를 가지고 가서, 냇가의 나무 그늘에서 쉬고 있을 때에 여럿에게 보여주었다. 그 효과는 대단했다. 누구도 그때까지 주식투자가 있다는 것을 몰랐었기 때문이다. 우리는 돈을 모아서 투자할 기회를 노리기로 결정했다.

그리고 그 후 수년간에 걸쳐 모두의 저금을 모아서 조그마한 투자를 하여 배당을 나누기로 했다.

이 무렵까지 나의 친지의 범위는 별로 확대되지 않았다. 화물부 주임인 프란시스커스 씨 부인은 친절한 분이어서 피츠버그 자택으로 나를 가끔 초대해주었다. 부인은 자주 내가 처음으로 스코트 씨로부터의 전보를 배달하기 위해 3가에 있는 그 집 벨을 눌렀을 때의 일을 얘기했다. 들어와서 쉬었다 가라고 하는데도 수줍음이 많은 나는 망설이다가, 몇번이나 권하지 않으면 들어가지 않았었다. 그러는 동안에 나는 수줍음을 버리고 부인과 친해졌다. 그래도 식사를 대접받는 것은 굳이 사양했다. 나는 상당히 나이가 들 때까지 남의 집에서 식사하는 것을 주저했다. 그러나 스코트 씨는 가끔 나를 호텔로 데리고 가서 식사를 함께 하자고 권했다. 이것은 나에게는 굉장한 사건이었다. 알튜나의 롬버트 씨의 가정을 제외하면 내가 기억하는 한 프란시스커스 씨의 댁은 내가 방문한 최초의 집이었다.

나는 그때까지 한번도 남의 집에서 묵은 일이 없었는데, 펜 철도회사의 고문변호사인 스톡스 씨로부터 그린스버그에 있는 훌륭한 별장에서 주말을 보내자는 초대를 받았다. 이것은 실로 기묘한 일이었다. 왜냐하면 나는 그와 같이 두뇌가 명석하고 교양이 있는 사람의 관심을 끌만한 점을 조금도 가지고 있지 않았기 때문이다. 내가 이런 영광을 얻게 된 것은 내가 〈피츠버그 일보〉에 투고한 글이 게재되었기 때문이다. 십대였을 때부터 나는 자주 신문에 투고를 했었다. 신문의 편집자가 된다는 것은 내 야심 중의 하나였다. 호레스 글리레이와 그가 주관하는 〈트리뷴〉지는 나의 최고의 이상과 승리였다. 훗날 내가 〈트리뷴〉을 사들일 기회가 있었음은 참으로 이상한 인연이었다. 그러나 그때는 이미 진주는 빛을 잃고 있었다. 우리의 공중누각은 인생의 끝머리에 손이 닿는 곳으로 다가오는 일이 흔히 있는데, 그 무렵에는 이미 매력을 잃고 있는 경우가 많다.

　내가 쓴 논문의 내용은 펜 철도회사에 대한 시의 태도에 관해서였다. 그것은 익명이었지만, '일보'의 눈에 잘 뜨이는 곳에 커다랗게 실려 있어서 나는 대단히 놀랐다. 전신계로서 나는 스톡스 씨가 스코트 씨에게 보내는 전보를 다루었는데, 그것은 '일보'의 주필에게 연락해서 이 투고의 임자가 누구인가를 확인하도록 하라는 것이었다. 나는 주필은 누가 쓴 것인지 모르기 때문에 밝혀지지 않으리라고 생각했다. 한데 지금 가령 스코트 씨가 주필을 찾아가서 원고를 보았다고 하자. 스코트 씨는 한눈에 그것이 누구 글씨임을 알 것은 분명하다. 그래서 나는 스코트 씨에게 내가 쓴 것임을 자백했다. 그는 믿어지지 않는다는 듯한 얼굴을 했다. 그는 그날 아침에 그 투고를 읽고 도대체 누가 쓴 것일까 하고 생각했었다고 말했다. 나는 스코트 씨의 믿어지지 않는다는 표정을 놓치지 않았다. 펜은 나의 무기가 되었던 것이다. 주말을 별장에서 보내자는 스톡스 씨의 초대는 그 후 머지않아 나에게 전해져왔다. 그리고 이 방문은 나의 생애에 빛나는 사건의 하나가 되었다. 그 후로 우리는 친한 친구가 되었다.

　스톡스 댁의 훌륭한 방과 가구는 나를 놀라게 했는데, 그 중에서도 나를 사로잡은 것은 도서실의 난롯가에 있던 대리석 선반이었다. 대리석 판에 펼쳐진 책이 조각되어 있고, 다음과 같은 구절이 적혀 있었다.

　'토론할 수 없는 자는 어리석은 자다.
　토론하지 않는 사람은 비굴한 자다.
　토론을 벌일 용기가 없는 자는 노예다.'

　이 숭고한 말에 나는 깊이 감격했다. '언젠가는, 언젠가는 도서실을 갖자. 그리고 이 구절은 나의 책장을 축복할 것이다.'하고 나는 스스로 다짐했다. 오늘날 뉴욕과 스키보에 있는 나의 도서실에 이 구절이 높다랗게 걸려 있다.

그로부터 몇 년 지나서 나는 다시 주말을 스톡스 씨 저택에서 지냈는데, 이것도 역시 중대한 일이었다. 그 무렵에 나는 펜 철도회사의 피츠버그 지역 주임이었다. 남부는 연방에서 탈퇴했다. 나는 미국 국기를 옹호하기에 열중해 있었다. 유력한 민주당원이었던 스톡스씨는 북부가 연방을 유지하기 위해서 무력을 사용할 권리가 있다는 생각에 반대하고 있었다. 그가 강력하게 이것을 주장했기 때문에 나는 자제력을 잃고,

"스톡스 씨, 앞으로 6주일 안에 우리는 당신과 같은 사람들을 교수형에 처해야 합니다."하고 외쳤다.

나는 지금 이 자서전을 쓰면서, 그가 웃으면서 옆방에 있던 부인을 부르던 목소리를 똑똑하게 들을 수 있다.

"낸시, 낸시, 이 젊은 스코틀랜드의 애숭이가 하는 말좀 들어봐요. 6주일안에 나 같은 사내는 모두 교수대로 보내다는 거야."

당시에는 여러 가지 생각하지도 못한 이상한 일이 일어나고 있었다. 스톡스 부처와 주말을 보내고 얼마 후, 바로 스톡스 씨가 의용군 소령에 임명되어 워싱턴에 주재하면서 나에게 여러 가지 일에 대하여 의논하고 있었다. 그 무렵 나는 육군장관의 사무실에 있으면서 정부를 위하여 군용철도와 전신사무를 담당하고 있었다. 스톡스 소령은 연방 유지를 위하여 북부가 무기를 드는 것에 한때는 반대했음에도 불구하고 정의를 따르기로 결심했던 것이다. 대중은 처음에는 헌법에 약속된 권리에 대하여 논쟁을 계속하고 있었다. 그러나 합중국의 성조기가 습격을 받았을 때 사태는 급변했다. 국민의 애국심이 타올랐던 것이다. 합중국과 성조기! 국민의 관심은 여기에 집중되어, 그 밖의 것은 전부 잊혀졌다. 헌법은 국기를 지키기 위해서 있는 것이다. "아메리

카 대륙에는 두 개의 국기를 올릴 장소는 없다."고 하는 외침이 드높이 울렸던 것이다.

7. 펜 철도회사의 주임이 되다

1856년, 스코트 씨는 롬버트 씨의 뒤를 이어서 펜 철도회사의 총무로 승진했다. 그래서 그는 나를 알튜나로 데리고 가기로 결정했는데, 그때 나는 23세였다. 피츠버그와의 오랜 관계를 끊는 것은 참으로 괴로웠다. 그러나 나의 일을 생각하면 그런 감상에 젖어 있을 수는 없었다. 어머니도 대단히 괴로운 모양이었지만, 이 점에서는 나와 의견이 일치했다. 게다가 스코트 씨같은 성실한 사람에 대해서는 '지휘자를 따라라.'고 하는 것이 나의 좌우명이다.

그가 총무로 승진한 데 대하여 각방면에서 상당히 심한 반발이 있었다. 게다가 취임하자 곧 스트라이크가 일어날 기미가 보였다. 그는 몇 주일 전에 피츠버그에서 부인을 잃고 쓸쓸해하고 있었다. 본사가 있는 알튜나는 스코트 씨에게 있어서는 낯선 땅이었기 대문에 아무도 친한 사람이 없었다. 그래서 나만이 잠시동안 마음을 터놓고 얘기할 수 있는 유일한 사람이었다. 우리는 몇주일간 철도호텔에 묵었는데, 스코트 씨의 희망에 따라 커다란 침실에서 함께 생활했다. 그는 언제나 나를 곁에 두고 싶은 모양이었다. 그러다가 그는 집을 구해서 피츠버그에서 아이들을 데려오기로 했다. 스트라이크는 더욱 더 험악해졌다. 어느날 밤 나는 화물열차의 승무원들이 미프린역에서 열차를 포기했다는 보고를 받았다. 그래서 이 역은 폐쇄되어 전선이 불통이 되어버렸다는 것이다. 스코트 씨는 깊이 잠들어 있다. 연일 신경을 쓰고 과로를 해서 녹초가 되었다는 것을 잘 알고 있었으므로 차마 깨울 수 없었다. 그러나 그가 잠이 깨었으므로 나는 나가서 긴급 대책을 강구해도 되겠느냐고 물었다. 잠이 덜 깼는지 뭐라고 우물우물 하면서 승낙하는 것 같았다. 나는 곧 사무실로 가서 스코트 씨의 명령이라고 말하며 종업원들과 애기를 나누고는 다음날 알튜나에서 회견을 갖기로 약속했다. 그리고 직무에 복귀해서 운행을 재개시키는 데에 성공했다.

반항에 기세를 올리고 있었던 것은 승무원만이 아니었다. 공장 패들도 불만을 품은 분자에 가세하여 급격히 조직화해가는 기미를 보이고 있었다. 나는 이런 사실을 기묘한 계기로 탐지할 수 있었다. 어느날 밤 나는 깜깜한 길을 걸어서 숙소로 돌아올 때 누군가 뒤쫓이 오는 것을 깨달았다. 잠시 후에 그 사람은 나에게 다가와서 다음과 같이 얘기했다.

"내가 당신과 함께 있는 것을 사람들이 보면 형편이 나쁩니다만, 전에 당신이 대단히 친절하게 해주셨기 때문에 어떻게 해서든지 은혜에 보답해야 되겠다고 결심한 것입니다. 나는 피츠버그의 사무실로 찾아가서 철공으로 써달라고 부탁했었습니다. 당신은 피츠버그에는 자리가 없지만 어쩌면 알튜나에는 있을지도 모른다. 만약 몇분만 기다릴 수 있다면 전신으로 알아봐주겠다고 하셨습니다. 바쁘신데도 당신은 일손을 멈추고 알아봐주셨습니다. 그리고는 증명서를 조사하여 패스를 주어 이리로 보내주셨습니다. 나는 지금 아주 좋은 일을 맡고 있습니다. 지금은 아내도 자식들도 모두 함께 살고 있습니다. 아마 지금 내가 말하는 것이 당신에게 도움이 될 겁니다."

나는 귀를 기울였다. 공장에서는 지금 종업원들 사이에 서명운동이 벌어지고 있는데, 그들은 오는 월요일부터 스트라이크 태세로 들어가도록 결속을 굳히고 있다고 말했다. 일각의 여유도 없는 사태였다. 다음날 아침 나는 스코트 씨에게 이것을 보고

했고, 그는 곧 포스터를 인쇄하여, 스트라이크를 하겠다는 약속에 서명한 공원은 즉각 해직시키기로 되었으니까 사무실로 급료를 타러 오라고 공장의 곳곳에 게시했다. 그동안 서명한 공원의 명단도 입수되었으므로 그것도 발표했다. 공원들은 기절 초풍을 했고, 계획했던 스트라이크는 중지되었다.

내 일생에 이 철공의 얘기와 같은 사건이 여러 번 있었다. 가난한 사람, 곤란한 사람에게 해준 사소한 일이나 친절한 말 한마디가 생각지도 않았던 커다란 보답을 가져온 것이다. 작은 정이라도 베풀면 결코 허사가 되지는 않는다. 요즘도 나는 완전히 잊어버린 일을 일깨워주는 사람을 가끔 만나게 되는데, 옛날에 내가 무엇인가 조그마한 일을 해주었다는 것이다. 특히 남북전쟁 때 나는 수도 워싱턴에서 정부의 철도운송과 전기통신의 사무를 담당하고 있었으므로 많은 사람과 접할 기회가 있었다. 부상을 했거나 병에 걸린 아들에게 가고 싶다는 부친도 있었고, 전선에서 쓰러진 아들의 유해를 고향으로 가지고 돌아가는 사람들도 있었다. 사소한 일들이기는 했지만, 훗날 여러 사람들이 여러 곳에서 나에게 몹시 잘해주는 것을 진심으로 기쁘게 생각했다. 이런 행동은 받는 사람도 해주는 사람도 모두 전혀 사심이 없다. 가난한 사람일수록 남의 호의를 진심으로 감사하고, 그 감격을 소박한 형태로 나타낸다. 백만장자는 언제든 적당한 사례를 할 수 있지만, 가난한 사람들에게 베푸는 작은 정으로 인해 몇십배나 보답을 받는 경우가 많다.

알튜나에서 스코트 씨와 함께 지낸 2년 동안 가장 중대하다고 생각되는 사건은 회사에 대하여 제기된 소송사건으로, 나는 가장 중요한 증인이었다. 이 사건을 다룬 사람은 내가 전에 초대받아서 주말을 보냈던 스톡스 소령이고, 재판은 그린스버그에서 열렸다. 상대는 나에게 소환장을 내고 체포하려 하고 있음을 알았다. 스톡스 소령은 시간을 벌기 위하여 스토크 씨에게 되도록 빨리 내가 주 밖으로 도망치게 하라고 부탁했다. 이것은 나에게 있어서 다시 없는 좋은 기회였다. 왜냐하면 나의 친우인 밀러와 윌슨이 당시 오하이오 주의 크리스틴에서 철도에 종사하고 있었으므로 나는 그들을 방문할 수가 있다.

오하이오 주로 가는 여행에서 나는 가장 뒤쪽 차량에 타서 선로를 바라보고 있었다. 그러자 농부 복장을 한 사람이 옆으로 다가왔다. 그는 손에 작은 녹색 보따리를 들고 있었다. 제동수가 내가 펜 철도회사와 관계가 있다는 얘기를 했다고 나에게 말했다. 그는 밤에 여행하는 사람들을 위해서 자기가 고안한 열차의 모형을 보아 주었으면 좋겠다고 말했다. 그는 보따리에서 작은 모형을 꺼냈는데, 그것은 침대차의 일부를 나타낸 것이었다.

그는 T·T·우들라프라는 유명한 인물로, 문명사회에 불가결한 침대차를 발명한 사람이었다. 이것이 얼마나 중요한 것인가를 나는 직감했고 만일 내가 알튜나로 와달라고 한다면 올 수 있겠느냐고 물었다. 그리고 돌아가면 곧 스코트 씨와 이 문제에 대하여 의논할 것을 그에게 약속했다. 나는 침대차의 고안을 잊을 수 없어서 하루라도 빨리 돌아가 스코트 씨에게 이 얘기를 해보고 싶어서 초조했다. 그래서 알튜나로 돌아가자 곧 그에게 얘기했다. 그는 내가 시대를 앞질러 간다고 생각한 모양인지, 이 안에 호의를 가져서 특허를 가지고 있는 사람을 전보로 불러도 좋다고 말해주었다. 그는 곧 찾아와서, 되도록 빨리 두 대를 만들어서 시운전을 하도록 하겠다고 약속해주었다. 얼마 후에 우들라프씨는 내가 이 새로운 사업에 참여한다면 이권의 팔분의 일을 제공하겠다고 제안해주었다.

나는 즉석에서 이 제안을 받아들이고, 어떻게 하면 자본을 불입할 수 있을까를 생각했다. 두 대의 차는 인도가 끝나고 나서 월부로 지불하기로 되어 있었다. 자본금의 제일회 불입기가 되었을 때 나의 몫은 217불 50센트였다. 나는 그곳 은행가에게 필요한 금액을 꿔달라고 부탁하기로 했다. 6척 3, 4치의 거구인 로이드 지배인은 나의 설명을 듣고는, 나의 팔을 껴안고, "물론, 꿔드리지. 앤디군, 자네는 확실한 사람이니까."하고 말해주었다. 이렇게 해서 나는 태어나서 처음으로 차용증을 만들었고, 거창스럽게도 그것을 은행가가 실제로 받아들였던 것이다. 침대차는 대성공이었다. 내가 받은 배당은 불입금을 지불하고도 남을 정도였다.

어머니와 동생이 알튜나로 와서 나와 함께 살게 되고부터 우리 집안의 빈틈없이 단란한 생활은 크게 바뀌지 않으면 안 되었다. 가정부를 한사람 고용하는데 대하여 어머니는 여간해서 승낙하지 않았다. 타인을 가족 중에 들인다는 것은 어머니로서는 매우 괴로운 일이었기 때문이다. 그녀에게 두 아들은 무엇과도 바꿀 수 없는 보물이었고, 그녀는 또한 두 아들을 위해서라면 어떤 고생도 사양하지 않았던 것이다. 이것이 그녀의 생활이고, 의지가 강한 여성만이 갖는 경계심 때문에 가정의 일에 타인이 손대는 것을 극단적으로 싫어했다. 자식을 위하여 식사를 마련하고 손수 시중을 들었다. 세탁도 바느질도 모두 자기가 하고, 침대 준비도 방 청소도 모두 손수 했다. 누가 이런 모성의 권리를 그녀의 손에서 빼앗을 것인가. 그러나 아무래도 도와줄 여자가 한 사람 필요했다. 사람이 왔다. 오래 있지 못했다. 차례차례로 바뀌어 갔다. 이러는 동안 가정의 참된 행복이 서서히 잃어져가는 것은 어쩔 수가 없었다. 어머니의 애정이 담긴 보상에 대신할 것은 아무것도 없다. 타인인 요리사가 만든 공들인 식사는 어머니가 만들어 주는 소박한 음식과는 비할 바가 못 된다. 사랑과 헌신의 정은 어머니의 하나 하나의 행동에 담겨져 있었기 때문이다.

어렸을 때의 일을 생각하면 감사해야 할 일이 많은데, 그 중의 하나는 내가 유모나 가정교사의 손에서 자라지 않았다는 사실이다. 가난한 가정의 아이들은 따뜻한 애정과 친밀한 가족의 유대 속에서 자라나기 때문에 유복한 집의 아이들보다 강한 부자간의 정을 기르면서 자랄 수 있다. 감수성이 예민한 어린 시절에 부모의 깊은 애정을 접하면서 타인이 섞이지 않은 분위기에서 쑥쑥 자라가는 것이다. 그런 아이들에게 아버지는 교사이고 친구이며 또 훌륭한 충고자이다. 또 어머니는 유모, 침모, 가정교사, 선생, 친구, 영웅, 성인 등을 모두 뭉쳐서 한덩어리로 만든 소중한 인물이어서, 이런 경험은 유모에게서 길러지는 부잣집 아이는 맛볼 수 없는 귀중한 경험이다.

그런데 자식이 성장했을 때, 사랑하는 어머니를 껴안고 무엇이든 자기가 할 수 있는 일을 시켜서 이제까지의 노고에 보답하고자 하지만 어머니는 여간해서 이런 심정을 이해해주지 않는다. 넓은 사회에 나가서 친구와 교제하고 세상 일에 종사하는 동안 지금까지의 생활 형태를 바꾸는 것이 바람직하다. 소년시절에 즐거웠던 가정의 생활양식도 고쳐야 한다. 집에도 친구들이 찾아올 수 있도록 한다. 특히 지금까지 가정의 잡다한 일에 쫓기던 어머니는 생활을 즐기고 독서로 시간을 보내며, 친구들을 방문하거나 또 그들을 집으로 초대해서 대접한다. 단적으로 말해서 자식의 사회적 지위에 따라 한 집안의 어른으로서 어울리는 생활을 해나간다——이런 생활 개선이 필요하다. 물론 이러한 변화는 나의 어머니에게는 용이한 일이 아니었다. 그러나 결국 그런 필요를 인정해주게 되었는데, 어머니는 아마 비로소 자신의 장남이 사회적으로 성공했다는 것을 깨달았기 때문이리라. 내가 그녀의 어깨에 손을 얹고, "사랑하는 어머니, 나와 동생 톰을 위하여 지금까지 어떤 고생도 마다하지 않으신 어머니는 정말 우리에게 누구보다도 소중한 분입니다. 이번에는 나에게 무엇이든지 시켜 주십시오. 가정을 이끌어나가는 데 협력자가 되는 것이 좋지 않겠습니까. 서로가 무엇이 가장 좋을지, 언제나 그것을 염두에 두고 생각합시다. 어머니는 이제 귀부인처럼 생활하셔야 합니다. 그리고 머지 않아. 자신의 마차로 다니시게 될 겁니다. 그때까지 제발 도와줄 가정부를 고용해 주십시오. 그렇게 하시면 톰과 내 마음이 편해질 겁니다.”하고 강력하게 호소했다.

결국 우리는 어머니를 설득시킬 수 있었다. 어머니는 우리와 자주 외출을 하게 되었고, 이웃 사람들을 방문하게도 되었다. 어머니는 사교에 필요한 침착성과 예의범절을 천성적으로 몸에 지니고 있었으므로 아무것도 새삼스럽게 배울 필요는 없었다. 교양과 지식, 드물게 보는 양식과 연민의 정을 어머니는 다분히 지니고 있었으므로 어떤 장소에서나 참으로 훌륭했다.

스코트 씨네는 질녀인 리베카 스튜어트 양이 살림을 맡고 있었는데, 나는 이 집에 자주 출입했기 때문에 접촉할 기회가 많았다. 그녀로 인하여 알튜나에서의 생활은 즐거웠다. 그녀는 나에게 누님 역할을 해주었고, 특히 스코트 씨가 필라델피아나 다른 곳으로 갔을 때에는 우리는 늘 함께 있으면서 오후면 교외의 숲으로 드라이브를 가기도 했다. 이런 친교는 수년간 계속되었다. 그래서 1906년에 그녀에게서 온 편지를 다시 읽어보고는 정말 그녀에게 신세를 많이 졌다고 새삼스럽게 생각했었다. 그녀는 나와 나이 차이가 많이 나지는 않았지만 언제나 나보다 훨씬 연상으로 보였다. 분명히 나보다 훨씬 어른스러워서 누님이 되어주었고, 나는 이상적인 여성으로 존경하고 있었다. 훗날 우리가 걸어가는 길이 달랐기 때문에 소원해지고 만 것은 몹시 애석하다.

스코트 씨는 알튜나에서 3년쯤 근무했는데, 그 노고에 보답하는 승진의 시기가 왔다. 1859년 그는 회사의 부사장으로 승진했고 사무실은 필라델피아 시로 결정되었다. 나는 어떻게 될 것인가 몹시 불안했다. 스코트 씨는 나를 데리고 가줄 것인가. 아니면 알튜나에 남아서 새로운 상사를 모셔야 하는 것일까. 왠지 견 딜 수 없을 것처럼 생각되었다. 스코트 씨와 헤어져야 한다는 것 도 괴로운데, 새 사람 밑에서 일한다는 것은 불가능한 일이었 다. 나에게 있어서 스코트 씨는 태양과 같은 존재였다. 왜냐하 면 나는 그의 도움 없이는 회사 생활을 제대로 할 수 없다고 생 각되었기 때문이다.

스코트 씨는 필라델피아에서 사장과 만나고 돌아와서는 나를 자기 방으로 불렀다. 그는 필라델피아로 옮기기로 결정되었다고 했다. 이 구역의 주임인 에녹 루이스 씨가 후임자라고 했다. 나 는 다음에 나올 내 자신에 관한 문제에 큰 관심을 가지고 귀를 기울이고 있었다. 그는 끝으로,

"그리고 자네에 대해서인데, 자네 피츠버그 지역을 맡을 수 있겠나?"하고 말했다.

당시의 나는 어떤 일이라도 할 수 있다고 믿는 나이였다. 해서 못할 일은 없다는 자신감이 넘쳤다. 스코트 씨가 제안한 일을 해 낼 수 있을지 어떨지 스코트 씨를 비롯한 다른 많은 사람들이 의 문시하고 있다고는 생각하지도 않았다. 나는 24세의 애송이였던 것이다.

"그래서,"하고 그는 말을 이었다.

"현재의 주임인 보츠 씨는 본사의 운수부장으로 결정되었기 때문에 자네를 그 후임으로 추천할 거야. 사장도 승낙했네. 그 래, 자네는 봉급을 얼마나 받고 싶나?"

"봉급이라니요?"하고 나는 몹시 기분이 나빠져서 대답했다. "뭐라고 하시는 겁니까. 봉급 같은 건 필요없습니다. 나는 그 지 위가 탐나는 겁니다. 당신이 전에 계시던 피츠버그 지역으로 돌 아갈 수 있다는 것만으로도 영광입니다. 봉급 같은 건 내버려두 십시오. 현재 받고 있는 것만으로도 충분합니다."

그때 내 월급은 65불이었다.

“자네도 알고 있겠지만,”하고 스코트 씨는 말했다. “나는 그 곳에서 연봉으로 1500불을 받았었네. 보츠 씨는 현재 1800불을 받고 있네. 자네는 1500불로 시작해서 잘해내면 1800불을 받는 것이 좋겠다고 생각하네. 그 정도면 괜찮겠나?”

“제발 부탁입니다. 돈에 대한 얘기는 말아주십시오.”하고 나는 말했다.

이것은 단순히 고용한다든가 급료라든가 하는 문제는 아니었다. 여하튼 나의 승진은 바로 그 자리에서 결정되었다. 나에게 한 지역의 모든 책임이 부여되고, 지금까지 스코트 씨의 머릿글자인 T·A·S·로 서명했었는데 앞으로는 나의 머릿글자 A·C 를 피츠버그와 알튜나 사이의 모든 지령에 서명하게 되는 것이다. 이것만으로도 나는 영광으로 생각하였다.

피츠버그 지역의 주임으로 나를 임명하는 지시는 1859년 12월 1일에 발표되었다. 가족의 이사 준비는 곧 시작되었다. 전근을 가족들은 크게 환영했다. 알튜나의 우리 집은 넓고 정원이 있는 등 여러 가지 특전이 있었으며, 교외의 생활은 태평스럽게 전원 풍경을 즐길 수도 있었다. 하지만 다시 더럽고 연기투성이인 피츠버그 시의 옛 친구와 동료들 곁으로 돌아간다는 것을 생각하면 별로 대단한 것도 아니었다. 알튜나에 사는 동안에 동생 톰도 전신기술을 익혀서 나의 비서로서 함께 가게 되었다.

내가 임명된 해 겨울은 일찍이 경험하지 못했을 정도로 혹독했다. 당시의 철도선로는 몹시 허름한 방법으로 건설되어서 비품은 부족하고 승객은 증가일로였으므로 서비스는 참으로 나빴다. 레일은 커다란 돌 위에 얹고 주물인 받침으로 버티어져 있었는데, 하룻밤 사이에 그 받침이 47개나 부서진 일도 있었다. 그런 형편이었기 때문에 사고나 탈선이 자주 일어났다. 지역의 주임은 전신으로 열차를 움직이는 것이기 때문에 사고가 일어나면 찾아가서 복구를 서둘러야 했다. 어떤 때는 한 가지 사고를 처리하고 나면 다시 새로운 사고가 일어나서 나는 8일간을 밤낮으로 계속해서 밖에 나가 있었다. 아마도 나는 가장 동정심이 없는 주임이었을 것이다. 큰 책임감 때문에 그것만 열심히 생각하고 있었기 때문이기도 했지만, 나 자신이 지칠줄을 몰랐던 것이다. 따라서 부하들을 너무나 가혹하게 부려먹으면서도 인간의 내구력에는 한계가 있다는 데에는 생각이 미치지 않았던 것이다. 나는 언제나 내가 원하는 시간에 잘 수가 있었다. 일하는 틈틈이 2, 30분이라도 지저분한 화차 속에 누워서 잘 수 있었다. 그것으로 휴식은 충분했던 것이다.

남북전쟁은 펜실베니아 철도가 감당할 수 없을 정도의 서비스를 요구했다. 그래서 나는 결국 야근부대를 조직하게 되었다. 그러나 야간의 열차 발송담당을 임명해서 그에게 책임을 맡기려고 하는 계획은 여간해서 상부의 허가를 얻을 수가 없었다. 결국 정식허가를 끝까지 얻지 못하여 나는 나의 책임하에 일을 추진시키지 않으면 안 되었다. 여하튼 미국에서 야간열차 발송담당을 임명한 것은 내가 처음이었다.

1860년 피츠버그로 돌아온 나는 뱅콕 가에 집을 한 채 빌렸는데, 현재는 제8가로 불리고 있다. 나는 이곳에서 일년남짓 살았다. 당시의 피츠버그를 사실대로 설명한다면 독자들은 대단히 과장한다고 생각할 것이다. 매연이 공중에 가득 차서 뭐든지 물들여버렸다. 계단의 난간에 손을 짚으면 손이 금방 새까맣게 된다. 얼굴이나 손을 씻은 지 1시간도 지나기 전에 새까매졌다. 그을음이 머리카락 속으로 들어가서 피부를 자극하여 상하게 했기 때문에 알튜나고원의 맑은 공기 속에서 살다 내려온 우리는 얼마동안 몹시 불유쾌했다. 그렇기 때문에 우리는 오래지 않아 어떻게 해서든지 시골로 이사갈 것을 진지하게 생각하기 시작했다. 다행히 회사의 화물계를 맡은 사람이 자기가 사는 홈우드근처에 집이 한 채 있다고 알려주었다. 우리는 곧 그곳으로 옮겼고, 전신기를 한 대 가지고 갔으므로 집에서 지역을 지휘하면서 일을 계속할 수 있게 되었다.

이래서 우리는 새로운 생활을 할 수 있게 되었다. 뜰도 넓고, 어디를 가도 시골길이 많이 있었다. 주택은 모두 한집에 적어도 2정보, 많으면 8정보의 땅을 가지고 있었다. 홈우드의 주택지역은 수백정보의 숲과 개천이 있어서 커다란 공원 같았다. 우리도 넓은 뜰과 땅을 가지고 있었다. 어머니는 이곳에서 일생중 가장 즐거운 생활을 할 수 있었다. 꽃에 둘러싸여서 닭을 치고 시골 풍경을 만끽할 수가 있었다. 꽃에 대한 그녀의 정열은 이상할 정도였다. 꽃을 꺾지 못하는 것이다. 실제로 어느 날 잡초를 한포기 뽑았다가, 어머니에게 야단맞은 기억이 있다. 나는 어머니에게 이런 정신을 이어받아서 가끔 상의 단추구멍에 꽃을 한 송이 꽂을까 생각하다가도 꺾기가 싫어서 그대로 외출하는 일이 많았다.

교외로 옮기고 나서 새로운 친지가 많이 생겼다. 이 지방의 유복한 가족이 이곳에 많이 살고 있었으므로 귀족적인 주택가라고도 할 만했다. 커다란 저택에서 무엇인가를 개최할 때에는 반드시 철도회사의 젊은 주임을 초대해 주었다. 젊은 사람들은 음악을 좋아해서 저녁 식사 후에는 자주 음악회가 열렸다. 나는 그때까지 전혀 몰랐던 것을 파티에서 많이 들을 수 있었다. 나는 반드시 무엇인가 새로운 것을 배우려고 유의했다. 나는 배우는 기쁨에 매일 새로운 삶의 보람을 느끼고 있었다.

이렇게 해서 나는 벤자민과 존이라는 반데볼트 형제와 처음으로 만났던 것이다. 훗날 내가 먼 여행을 떠나게 되었을 때 존은 자주 나와 동행해 주었다. 나는 '다정한 반데'를 '세계 일주의 벗'이라고 불렀다. 나를 처음으로 이곳에 소개해준 화물계인 스튜어트 씨와 그의 아내는 시간이 지남에 따라 점점 친해져서 우리는 평생의 친구가 되었다. 후에 반데와 스튜어트 씨는 나와 새로운 사업을 시작해서 공동경영자가 되었다. 그 중에서도 내가 특히 고맙게 생각한 것은 서부 펜실베니아의 유력자로 알려진 윌킨스 판사와 사귄 일이었다. 판사는 이미 여든에 가까운 노령이었지만 기운이 아주 좋고 무엇이든지 잘 알고 있었다. 그의 부인은 합중국의 부통령을 지낸 일이 있는 조지·W·델레스 씨의 따님으로서, 참으로 매력있는 여성이었다. 딸이 둘 있는데 한 사람은 결혼을 했지만 모두 이 커다란 저택 안에 살고 있었다.

내가 특별히 기뻤던 것은 어느 가정에서나 기꺼이 나를 초대해주었다는 사실이다. 음악회, 가장무도회, 연극 등이 가정에서 열릴 때는 윌킨스 양이 언제나 주도했고, 연극에서는 주인공 역할을 했는데, 나도 이럴 때는 참여해서 교양을 익히려고 노력했다. 판사는 역사적인 인물로서, 나를 상대로 얘기할 때는 "잭슨 대통령이 어느 때 나에게 이렇게 말했다."라든가 "나는 웰링톤 공에게 이렇게 얘기했다."하고 말하였다. 판사가 젊었을 때 잭슨의 임명으로 러시아 주재 미국공사를 지낸 일이 있다. 러시아 황제와의 회견에 대해서도 얘기해주었다. 이렇게 해서 나는 최근의 미국 역사를 가까이 접할 수가 있었다. 이 가정에는 내가 모르는 새로운 분위기가 있었기 때문에 나는 자신의 교양을 높이려고 열심히 애썼다.

윌킨스 집안과 내가 의견을 달리한 것은 정치 문제에 대해서뿐이었다. 윌킨스가는 민주당에 속해 있었고 남부출신이었기 때문에 나라가 둘로 갈라졌을때 그들의 동정은 남부쪽에 있었음은 물론이었다. 어느 날 내가 응접실로 들어갔을 때 가족들끼리 심하게 논쟁을 하고 있었다.

"당신은 어떻게 생각하죠?"하고 윌킨스 부인이 나에게 물었다. "손자인 델레스에게서 편지가 왔는데, 웨스트 포인트 사관학교의 교장이 흑인 옆에 앉으라고 명령했다는 거예요. 이런 얘기 들어본 일 있어요? 창피한 일이에요. 웨스트 포인트에 흑인의 입학이 허용되다니. 언어도단이에요."

"글쎄요, 부인."하고 나는 말했다.

"그보다도 더 나쁜 일이 있습니다. 내가 들은 바에 의하면 어떤 흑인은 천국에 가는 것도 허용되었던 모양입니다."

방 안은 조용해졌다. 그때 윌킨스 부인이 천천히 입을 열어서 "그건 다른 문제죠, 카네기 씨."하고 말했다.

일생에 내가 받은 가장 귀중한 선물은 이 무렵에 다음과 같은 경위로 나에게 보내졌다. 윌킨스 부인은 무릎덮개를 짜고 있었는데, 여러 사람이 누구에게 줄 것이냐고 물어도 그녀는 대답하지 않았다. 몇 개월 동안 부인은 묵묵히 뜨개질을 했고 그것은 크리스마스 직전에 완성되었다. 그녀는 그것을 얌전하게 싸서 정성스러운 말을 적어, 딸에게 발송하라고 부탁했던 것이다. 그 무렵에 나는 뉴욕에 있었으므로 뉴욕에서 받았다. 그 얼마나 멋진 부인의 선물이었던가. 나는 이 무릎덮개를 여러 사람에게 보여주었지만 별로 사용하지는 않았다. 그것은 나에게는 신성한 것이며 가보였다.

피츠버그에 사는 동안 라일라 애디슨 양을 만날 기회가 주어진 것을 항상 감사하고 있다. 그녀는 의사의 딸로서 뛰어난 재능의 소유자였다. 선생은 내가 라일라 양을 만나기 조금 전에 돌아가셨는데, 나는 가족과 친해져서 이 지우(知遇)를 진심으로 감사하고 있다. 영국의 문호 토마스 카알라일이 애디슨 부인의 가정교사였던 적이있다. 그녀는 에딘버러 태생이었다. 딸들은 외국에서 교육을 받아, 프랑스어, 스페인어, 이탈리아어를 영어와 마찬가지로 유창하게 구사했다. 이 집안과 친교를 맺음에 따라 나는 태어나서 처음으로 많은 교육을 받은 사람들과 나와 같은 사람 사이에는 도저히 뛰어넘을 수 없는 장벽이 있음을 통감했다. 그러나 우리들 사이에는 '같은 스코틀랜드인의 피가 흐르고 있다.'고 고쳐 생각해서 자위를 했다.

애디슨 양은 나에게 이상적인 친구였다. 왜냐하면 그녀는 다듬지 않은 다이아몬드라고 할만해서 진짜 다이아몬드인지 아닌지 모를 나를 어쨌든 갈고 닦는 역할을 맡아 주었다. 그녀는 나의 가장 좋은 벗이었다. 왜냐하면 가장 혹독한 비판을 서슴지 않고 해주었기 때문이다. 나는 자신의 말씨에 세심한 주의를 기울이게 되었고, 굶주린듯이 영국의 고전을 읽기 시작했다. 나는 또한 다정한 목소리와 어떤 경우에도 예의 바르게 정중한 태도를 견지하는 것이 좋다는 사실을 배웠다. 다시 말하면 예절바르게 행동한다는 것이다. 그때까지 나는 복장 등에 별로 신경을 쓰지 않았고, 게다가 그것을 자랑으로 아는 경향이 있었다. 낡은 구두를 신고 칼라는 커다란 것을 달았으며, 옷차림은 거칠다고 할까 서부적이라고나 할까, 어쨌든 남자답다는 식으로 생각하고 있었다. 조금이라도 멋을 부리면 몹시 경멸을 받았던 것이다. 철도회사의 종업원 중에 고운 가죽장갑을 낀 사람을 한번 본 일이 있다. 남자다움을 자랑으로 알고 있던 우리들 사이에서 이 사람은 모두의 웃음거리가 되었다. 그러나 나는 애디슨 집안과 친해지고부터 복장의 중요성에 대해서 많은 자각을 하게 되었다.

8. 남북전쟁 시절

1861년에 남북전쟁이 시작되어서 나는 곧 스코트 씨의 부름을 받고 워싱턴으로 갔다. 그는 육군 차관에 임명되어 수송부를 담당하고 있었다. 나는 그의 보좌관으로서 군용철도와 전신통신의 전책임을 맡고 또 철도부대를 조직하라는 명령을 받았다. 전쟁 초기에 이것은 무엇보다도 우선이었고 가장 중요한 부문으로 간주되고 있었다.

북군 최초의 부대가 볼티모어를 통과할 때 습격을 받아서, 철도는 볼티모어와 아나폴리스의 접속점이 끊겼기 때문에 워싱턴과의 연락이 두절되고 말았다. 그래서 나는 필라델피아에서 부하들을 데리고 기차로 아나폴리스로 가서, 그곳에서 지선으로 접속역으로 나와 워싱턴 행의 본선을 타지 않으면 안 되었다. 우리의 첫 임무는 이 지선을 수리해서 화물열차가 통과할 수 있도록 하는 것이었는데, 그때문에 며칠이 걸렸다. 바틀러 장군과 많은 부대가 우리가 수리한 선로를 통해서 워싱턴으로 갈 수 있었다.

나는 수도로 향하는 최초의 기관차를 타고 신중하게 전진했다. 워싱턴에 들어가기 전에 나는 전선이 나무막대기로 땅에 매어져 있는 것을 발견했다. 나는 기관차에서 뛰어내려 달려가서 그것을 벗겼다. 그런데 전선을 맬 때 한쪽으로 세게 당겨져 있었던 것을 몰랐기 때문에 막대기를 벗겨낼 때 높이 튀어올라서 나의 얼굴을 심하게 때렸다. 나는 넘어졌고 볼에서는 많은 피가 흘렀다. 어쨌든 응급치료를 해서 워싱턴으로 들어가기는 했는데, 며칠 전에 볼티모어 시내에서 두세 명의 군인이 상처를 입은 외에는 조국을 위하여 피를 흘리며 싸운 최초의 사람들 속에 나를 넣는다고 해도 조금도 불합리하지는 않으리라고 생각한다. 나를 위해 많은 일을 해준 나라를 위하여 무엇인가 도움이 될 수 있는 영광에 깊이 감격하여, 사실 밤잠도 제대로 자지 않고 남쪽과의 연락을 확보하도록 일했던 것이다. 나는 그 후 오래지 않아 본부를 버지니아 주의 알렉산드리아 시로 옮겼고, 그 불행한 블루 런의 격전이 벌어졌을 때 거기에 주재하고 있었다. 우리는 입수된 정보를 믿을 수가 없었지만, 곧 패배한 병사들을 데려오기 위하여 모든 기관차와 차량을 동원해서 전선으로 급히 가지 않으면 안 되었다. 가장 가까운 지점은 버크 역이었다. 나는 그곳으로 찾아가서 부상을 당한 의용군 병사들을 계속 들어오는 열차에 태웠다. 적군이 우리들 가까이까지 쳐들어왔다고 했기 때문에 결국 버크 역을 포기하고 전신통신원과 나는 마지막 열차를 타고 알렉산드리아로 향했다. 그런데 도착해보니까 민중의 당황과 공포는 어디에나 가득히 널려 있었다. 철도종사원 중에도 도망쳐버린 자가 있었다. 그러나 이튿날 아침 식당에 나타난 사람이 많아서 다른 부서에 비하여 매우 성적이 좋다고 칭찬을 받았다. 몇 명의 차장과 기관사가 보트를 타고 포트맥 강을 건너서 도망쳤지만, 대부분의 종사원은 적의 포성이 밤새도록 울리는 속에서도 자기 자리를 잘 지켜 주었다. 전신계는 한 명의 결원도 없이 이튿날 아침에 모두 나왔다.

이 사건 후 얼마 있다가 나는 워싱턴으로 돌아가서 스코트 대령과 함께 육군성 안에 나의 본부를 두었다. 나는 철도와 전신을 책임지고 있었으므로 링컨 대통령, 시워드 씨, 카메론 장관 등을 만날 기회가 있었다. 또 때로는 이런 분들과 개인적으로 직접 접할 기회가 있어서 대단히 흥미로웠다. 링컨 대통령은 가끔 내 사무실에 와서 전보가 들어오기를 기다리면서 내 책상 옆에 앉아 있었다. 또 가끔은 그저 정보가 들어오지나 않을까 걱정이 되어서 기다리고 있었다.

이 위대한 사람의 초상화나 사진은 모두 비슷한데 사실 얼굴 생김새가 몹시 특징이 있어서 누가 그리더라도 똑같이 그릴 수가 있었다. 가만히 있는 얼굴은 참으로 못생겼지만, 무엇인가 감동하거나 재미있는 애기를 하고있을 때에는 눈이 지성의 빛을 발해서 얼굴 전체가 빛나는데, 나는 이렇게 아름다운 얼굴을 아직 어디에서도 본 일이 없다. 태도도 자연스러웠기 때문에 언제나 훌륭했다. 누구에게나 친절하고 동정적인 말을 하는데, 사무실의 급사에게까지도 똑같이 행동했다. 그의 타인에 대한 태도에는 차별이 없었다. 누구에게나 마찬가지여서 시워드장관에게 애기하는 것 같은 어조로 급사에게 말을 걸었다. 그의 매력은 조금도 거드름을 피우지 않는다는 데에 있다. 무엇을 말하건 중요한 것은 내용이 아니고, 말하는 모양에 있어서, 모두 여기에 끌리는 것이었다. 나는 가끔 링컨 대통령이 한 말을 자세하게 기록해두지 않았던 것을 후회하게 되는데, 그는 아주 일반적인 일을 극히 독창적인 표현으로 얘기했다. 링컨 대통령같이 자신을 타인의 입장에 놓고 친근한 정을 나타내는 위대한 인물을 나는 지금까지 한번도 본 일이 없다. 헤이 장관은 "링컨 씨의 시종이 될 수는 없다. 누구든지 친구로 만들어버리니까."하고 말할 정도였다. 그는 가장 완전한 민주주의자여서 말과 행동으로 인간은 평등하다는 사실을 나타내고 있었다.

그 무렵 수도 워싱턴은 혼란의 소용돌이 속에 있어서 그 극심한 상태를 이해하려면 직접 눈으로 보지 않고는 이해할 수 없을 것이다. 그곳에 대한 첫 인상은 필설로 다할 수가 없다. 내가 처음으로 총사령관인 스코트 장군을 보았을 때 그는 두 사람의 부축을 받아 사무실에서 인도를 건너 마차를 타는 중이었다. 허약한 노인으로, 몸만이 아니라 머리도 마비되어 있었다. 이 고귀한 과거의 유물에게 공화국의 군대를 편성하는 대임이 맡겨져 있는 것이다. 그의 밑에서 병참부의 전책임을 맡고 있는 테일러 장군도 스코트 장군과 꼭 같다고 할 정도였다. 우리의 일은 이런 인물과 또 다른 더욱 부적합한 사람들과 의논해서 통신을 개설하고 군대와 보급품을 수송해야 하는 것이다. 그들은 모두 일할 나이가 훨씬 지난 노쇠한 군인들이었다. 신속하게 행동으로 옮기지 않으면 안 될 문제에 직면했으면서도 아무런 방법도 강구하지 않은 채 며칠씩 보내버린다. 중요한 부서의 우두머리로 젊고 행동적인 장교는 한 사람도 없었다. 적어도 내 기억엔 그런 인물은 없었다. 오랜 세월의 평화가 군대를 화석화 시켜버렸던 것이다.

해군도 역시 마찬가지여서 결과는 육군과 같은 꼴이 되었는데, 나는 직접적인 관계가 없었기 때문에 남들에게 들었을 뿐이다. 처음에 해군은 그다지 중요하지 않았다. 육군에만 의존하고 있었던 것이다. 연전 연패로 인해서 각 부문의 책임자가 바뀌지 않으면 안 된다는 것이 명백해졌지만, 이것도 일조일석에 되는 것은 아니다. 정부에 주어진 중대한 임무를 효과적으로 수행하기 위한 새로운 작전계획이 수립되지 않은 채 우물쭈물하고 있었으므로 국민이 분통을 터뜨리는 것은 당연했다. 그러나 이렇게 심한 혼란 속에서도 질서와 규율이 생겨 군의 각부가 재기하게 된 것은 커다란 경이였다.

우리의 일에 관한 한 하나의 큰 특전이 있었다. 카멜론 장관은 대령으로 승진한 스코트 씨에게 전권을 맡기면서, 육군 장관의 지휘하에 있는 장교들의 아둔한 행동을 기다릴 것 없이 필요하다고 생각되는 일은 소신껏 수행해도 좋다고 했다. 우리는 이 권한을 거리끼지 않고 행사했다. 전쟁 초기부터 정부의 철도와 전신이 중요한 일을 할 수 있었던 것은 카멜론 장관의 전폭적인 지지에 의한 것으로, 그 공적은 당연히 그에게 돌아가야 하리라고 생각한다. 당시 그는 문제의 요점을 장군들이나 각 주의 지사들보다 훨씬 잘 포착했다. 그러나 대중의 지지가 없었기 때문에 링컨은 부득이 경질하게 되었다. 하지만 실정은 잘 알고 있던 사람들은 카멜론만큼 육군을 잘 통제했더라면 그후의 실패의 대부분은 면할 수 있었을 것이라고 말했다.

90세가 지난 카멜론은 우리가 스코틀랜드에 있을 때에 찾아왔던 일이 있었다. 추억담이 꽃을 피우는 동안에 우리는 우연히 공직에 앉기 위해서 입후보하는 사람은 스스로 운동을 하지 않으면 안 된다는 문제를 얘기하게 되었다. 직책이 적임자를 찾는다는 얘기는 대부분의 경우 합당하지 않다. 그 일례로 그는 링컨이 두번째 대통령 선거에 출마하는데 있어서의 다음과 같은 추억담을 얘기했다.

어느 날 카멜론이 펜실베니아 주의 해리스버그 근처에 있는 별장에 있었을 때, 링컨 대통령이 만나고 싶어 한다는 전보를 받았다. 그래서 그가 워싱턴에 가니까 링컨은 이렇게 말했다.

"카멜론 씨, 내 친구들은 내가 출마하는 것이 국가에 대한 의무이고, 또, 합중국을 구할 사람은 나밖에 아무도 없다는 둥 야단스럽게 말하고 있습니다. 그래서 나도 그말이 조금 믿게 되었습니다. 어떻게 생각합니까? 그렇다면 어떤 수단을 써야 되겠습니까?"

"그렇습니까?"하고 나는 대답했다. "28년 전에 잭슨 대통령이 당신이 하신 것처럼 나를 불러서 똑같은 얘기를 했습니다. 나는 뉴올리언스에 있었는데, 그곳으로 편지가 와서 열흘간의 여행 끝에 나는 워싱턴에 도착했습니다. 나는 잭슨 대통령에게 가장 좋은 방법은, 어딘가 하나의 주 의회에 폭풍우가 몰아치고 있는데 선장이 배를 버려서는 안 된다고 결의하는 일입니다. 하나의 주가 하면 다른 주도 거기에 따를 것입니다. 잭슨이 이 안에 찬성했기 때문에 나는 고향인 해리스버그로 돌아가서 결의안을 내어 통과시켰습니다. 내가 말했던 것처럼 다른 주도 모두 같은 결의를 했습니다. 그리고 아시는 바와 같이 그는 두번째 선거에서 이겼습니다."

"그렇습니까? 지금도 가능할까요?"하고 링컨은 말했다.

"됩니다. 하지만 내가 당신과 친하다는 것을 모두가 알고 있기 때문에 내가 하는 건 좋지 않습니다. 그러나 원하신다면 내 친구에게 시키지요."

"그럼, 만사를 맡기겠습니다."

"나는 친구인 포스터를 불러서 잭슨 결의를 보여주었습니다. 새로운 상황에 알맞도록 어구를 조금 바꾸어서 주의회에 통과시켰습니다. 그 결과 잭슨 때와 마찬가지로 잘 되었습니다. 다음번에 내가 워싱턴에 갔을 때, 대통령의 공식리셉션에 참석했습니다. 내가 손님으로 가득 찬 동쪽 방으로 들어가니까 키가 큰 대통령은 군중 속에서 나를 곧 발견하고는 염소 다리처럼 보이는 가느다란 팔을 들어서 '오늘도 또 둘, 카멜론, 또 둘!'하고 소리쳤습니다. 그날 두 개의 주가 링컨을 지지하기로 결의했다는 뜻입니다."

이 사건은 정치생활이 어떤 것인가를 말해주는 것 외에, 한 사람이 합중국의 두사람의 대통령에게 불려가서 28년이라는 시간적인 간격은 있지만 긴급한 경우에 같은 수단방법을 써서 출마시키고 당선시켰다는 사실을 말한다. 속담에 '무슨 일이건 배후에는 책략이 있다.'는 말을 생각나게 하는 것이다.

워싱턴에 있는 동안 나는 그랜트 장군을 만날 기회가 없었다. 그가 서부전선에 있었기 때문인데, 동부로 이동하기 위해서 필요한 의논을 하러 워싱턴에 왔을 때 피츠버그를 통과했다. 그래서 나는 기차 안에서 장군을 면회했다. 당시는 식당차가 없었으므로 나는 피츠버그의 식사 장소로 안내했다. 나는 지금까지 높은 지위에 있는 사람치고 그만큼 풍채가 좋지 못한 사람을 만난 일이 없다. 누구라도 첫눈에 훌륭한 인물이라고 생각하지는 않을 것이다. 육군 장관인 스탠튼 씨가 서부전선을 위문했을 때 그랜트 장군과 그의 부하가 기차 안으로 들어왔다. 장관은 한사람 한사람을 자세히 보면서 분명히 그랜트 장군이 있으리라고 생각했는데 그럴듯한 인물이 없었고 "그랜트 장군을 아직 만난 적이 없는데, 여기에는 오지 않았군."하고 장관은 자기 옆에 서있던 사람에게 말했다. 그런데 바로 그 사람이 장군이었다.

전쟁 중에는 '작전'이라는 말이 끊임없이 입에 오르내리고, 장군들의 작전계획이 논해진다. 그러나 그것은 극비로 되어 있었는데, 그랜트 장군은 공공연하게 나에게 얘기해주었다. 물론 그는 내가 육군성에 있었기 때문에 스탠튼 장관도 잘 알고, 전황에 대해서도 어느 정도 안다는 것을 알고 있었다. 그렇지만 장군이 다음과 같은 말을 나에게 했을 때는 정말 놀랐다.

"대통령과 장관이 나에게 동부로 와서 지휘해달라고 말했기 때문에 승낙한 것이지. 난 지금부터 서부로 돌아가서 수배를 하려는 참이오."

"그럴 것으로 상상하고 있었습니다."

하고 나는 말했다.

"셔먼을 후임으로 할 생각이지."

"국민들은 놀라겠지요. 토마스 장군이 각하의 후임이 되어야 한다고 모두들 생각하고 있으니까요."하고 나는 말했다.

"그래, 그건 잘 알고 있지. 그러나 나는 두사람을 잘 아는데, 토마스 자신도 셔먼에게 전부를 맡겨야 한다고 주장할 거야. 조금도 말썽은 없겠지. 사실 말이지, 서부전선은 너무 멀리까지 가버렸기 때문에 다음 행동은 동부전선을 그쪽으로 다소 접근시켜가는 일이야."하고 그는 말했다.

그는 그대로 했다. 그 후 나는 그랜트 장군과 친밀하게 교제하게 되었는데, 그만큼 무슨 일에 있어서나 잘난체하거나 거드름을 피우지 않는 사람을 나는 본 일이 없다. 링컨조차도 그만큼 솔직하지는 않았다. 그랜트는 말수가 적고 동작이 뜬 사람이었고, 링컨은 활발해서 동적이었다. 나는 장군이 어려운 말을 쓰거나 과장해서 말하는 것을 본 일이 없다. 그가 우유부단했다고 하는 평은 잘못이다. 때에 따라서는 많이 얘기하고, 또 때로는 스스로 먼저 얘기를 꺼냈는데, 그 또한 매력이 있는 말투였다. 간결하고 조리에 맞으며 초점을 요약해서 얘기하고, 또 사물의 관찰이 아주 명쾌했다. 아무 할말이 없으면 절대로 입을 열지 않았다. 전쟁 중에 부하를 칭찬하는 데에도 인색하지 않아서 언제나 이것을 화제로 삼고 있었다. 마치 부친이 자기 자식들을 자랑하고 있는 듯한 어조로 얘기했다.

전쟁이 서부에서 마음대로 되지 않았을 무렵에 그랜트 장군이 자주 술에 취해 있다는 소문이 퍼졌었다. 그의 참모였던 롤린즈는 용기를 내어 그에게 충고했다. 그랜트 장군은 이 충고를 우정으로 받아들였다.

"그런가? 나는 전혀 몰랐었네. 지금 듣고 놀랐는데."하고 장군은 말했다.

"제가 말씀드린 그대로입니다. 부하 장교들 사이에서 대단한 얘깃거리가 되고 있습니다."

"어째서 자네는 좀더 일찍 나한테 얘기하지 않았지? 이제 술을 한방울도 마시지 않기로 하지."

장군은 이 약속을 굳게 지켰다. 그로부터 몇 년이 지나서 나는 자주 그랜트 부부와 뉴욕에서 식사를 했는데, 그는 자리에 앉으면 바로 술잔을 엎어놓았다. 이 굳은 의지가 그를 성공시켰다고 해도 좋으리라. 대체로 금주를 한다는 것은 여간해서 지켜지지 않는 법이다. 내 동료 한 사람은 3년간 금주를 했지만 다시 옛날 원수의 포로가 되고 말았다.

대통령에 당선된 그랜트는 정부 관리를 임명하거나 정책을 시행할 때 금전상의 거래를 해서 돈을 내는 사람에게 좋은 직책을 주었다는 비난을 받았다. 그러나 그의 친구들은 장군이 너무나 가난해서, 공식적인 만찬을 개최할 수가 없다는 성명을 내지 않으면 안 되었던 것을 잘 알고 있었다. 한번 만찬회를 열면 800불이 들었다. 재선된 후에 대통령의 연봉이 2만 5천불에서 5만불로 증액되었기 때문에 조금은 저축을 할 수 있게 되었다. 그러나 장군은 군복이나 훈장을 거들떠보지 않았던 것처럼 금전에 대해서도 전혀 무관심했다.

그러나 내가 유럽에 갔을 때, 그랜트 장군에 대한 나쁜 소문이 퍼져 있었다. 미국에서는 이런 일에 대해서는 아무도 신경을 쓰지 않는데, 외국에 가니까 그렇지가 않았다. 사실 무근인 소문도 상당히 신중하게 생각해야 할 문제이다. 민주국가에서의 정치적 부패는 언제나 문제가 되는데, 군주제도에 있어서도 오직은 많이 있다. 그러나 여기에서는 돈이 아니라 작위가 잘못을 저지르도록 한다. 요는 대중의 양식만이 정치의 부패를 방지하는 유일한 방법이다.

1861년에 내가 워싱턴으로 불려갔을 때 전쟁은 머지 않아 끝날 것으로 생각되고 있었다. 그러나 곧 몇 년 더 걸린다는 것이 밝혀졌다. 지속적으로 일을 할 담당자를 임명해서 업무를 맡기지 않으면 안 되었다. 펜 철도회사는 스코트 씨를 본사 업무에서 떼어놓을 수가 없었다. 스코트 씨는 정부가 회사에 중한 임무를 맡기고 있기 때문에 내가 피츠버그에 주재할 필요가 있다고 강력하게 주장했다. 그래서 우리는 워싱턴의 사무실을 다른 사람에게 맡기고 다시 본래의 직책으로 돌아갔다.

워싱턴에서 돌아온 지 얼마 후, 나는 과로 때문에 태어나서 처음으로 큰 병에 걸렸다. 나는 몹시 쇠약해져서, 억지로 버티려고 했지만 어쩔 수 없어 휴가를 갖기로 했다. 버지니아 주의 철도 선로를 지휘하고 있었을 때 일사병에 걸렸다. 그 후 몸의 상태가 나빴지만 그럭저럭 속여 왔었는데 그 후로 더욱 약해져서 태양의 직사광선을 피하지 않으면 안 되었다. 더운 날에는 녹초가 되어버렸다.

회사에서는 유급휴가를 주었으므로 나는 오랫동안 원하던 스코틀랜드를 방문할 기회가 생겼다. 어머니와, 친구 밀러와 나는 1862년 6월 28일에 에트나호로 스코틀랜드로 출발했다. 내가 27세 때이다. 리버풀에 상륙하자 우리는 곧 담팜린으로 직행했다. 고향에의 여행만큼 나를 감격시킨 것은 없다. 마치 꿈만 같았다. 한 마일씩 스코틀랜드에 가까워질수록 나의 흥분은 고조되었다. 어머니도 몹시 감격한 모양이었다. 정다운 노란색 금작화가 처음으로 눈에 띄었을 때, 어머니는 "앗, 저기에 금작화가, 금작화가 있다. !"하고 소리쳤다.

어머니는 하염없이 눈물을 흘렸다. 그래서 나는 익살을 떨어 그녀를 위로하려고 했지만, 소용이 없었다. 나 자신도 대지에 몸을 내던져서 입맞춤을 하고 싶은 기분에 휩싸여 있었다.

이런 기분으로 우리는 고향 마을에 도착했다. 보이는 것은 모두가 정든 것뿐이었다. 그런데 그렇게 눈에 익었던 것이 몹시 작게 보였으므로 어리둥절했다. 드디어 라워다 아저씨네 집에 도착했다. 토드와 내가 아저씨에게 많은 것을 배웠던 그리운 방에 들어갔을 때, "모두 여기에 계시는군요. 내가 옛날에 보았던 그대롭니다. 그런데 모두가 장난감을 가지고 놀고 있군요."하고 말했다.

내가 어렸을 때 아저씨 가게가 있는 하이 거리가 대단히 큰길이라고 생각되어 뉴욕의 거리와 비교한 일이 있다. 마을에 있는 언덕은 우리가 일요일에 자주 놀러갔던 곳이다. 마을의 크기나 건물의 높이 —— 모두가 작아져버렸다. 이것은 난쟁이의 마을이다. 내가 태어난 집 처마에 손이 닿지 않는가. 해변까지는 불과 3마일의 거리밖에 안 되지만 걸어서 간다는건 대단한 일이었다. 내가 자주 조개를 잡던 해변의 바위는 모두 사라져버려서 해변은 평평해지고 말았다. 추억이 많은 모교와 놀이터 등 모든 것이 몹시도 작게 보인다. 큰 저택이라고 생각하며 쳐다보았던 것도 작고 조잡한 것으로 보였다. 후에 일본을 방문했을 때 집들이 모두 장난감처럼 보였는데, 처음으로 고향에 돌아갔을 때의 인상과 같았다.

모두가 작은 모형으로 보였다. 그러나 하나만이 옛날과 조금도 달라지지 않은 것이 있었다. 그것은 옛사원으로, 종소리도 변함이 없었다. 나는 이것을 얼마나 고맙게 생각했었던가. 그리고 며칠이 지나는 동안에 모두 본래의 크기로 돌아가서 나는 마음의 안정을 되찾았던 것이다.

친척은 모두 참으로 친절했다. 가장 연상인 샬로트 아주머니

는 우리가 돌아온 것을 더없이 기뻐하면서,

"그렇고 말고, 너는 언젠가 다시 이 마을로 돌아와서 하이 거리에 가게를 차리는 거다."하고 말했다.

하이 거리에 가게를 내는 것이 그녀에게는 입신출세의 최고로 생각되었던 것이다. 나의 종형들은 이 거리에서 상점을 경영하고 있었다. 아주머니는 외국에서 돌아온 자기 조카에게 이런 출세를 예기하고 있었던 것이다. 가게를 내려면 상인의 귀족이 차지하고 있는 하이 거리이지 내가 태어난 무디 거리에서는 안 된다는 생각이었다.

아주머니는 자주 어린 나를 돌봐주었는데, 내가 울보여서 걸핏하면 큰소리로 울어댔다고 말했다. 그리고 밥을 먹일 때는 숟가락을 두 개 준비했다고 했다. 왜냐하면 숟가락으로 음식을 입에 떠넣고 빼내려고 하면 울어대서 다른 숟가락을 입에 넣어야 했기 때문이라고 말했다.

나는 어릴 때부터 많은 격언이나 속담을 배웠는데, 그것을 크게 이용했다. 어느 날 3마일 떨어진 해변에 갔는데, 돌아올 때는 아버지에게 업혔다. 아버지는 험한 언덕길을 오를 때 너무 무겁다면서 끙끙댔다. 아마 내가 내려서 걸어갈 것으로 생각했으리라. 그런데 나는, "저어, 아버지, 인내와 불굴의 노력은 인간을 만드는 것입니다. 참으세요."하고 말했다.

아버지는 배꼽을 잡고 웃으면서 나를 업고 집으로 돌아왔었다.

나의 추억과 꿈은 끝이 없어서 나는 몹시 흥분하여 잠을 설쳤는데, 덕분에 감기가 들고 말았다. 그 결과로 열이 높아서 6주일이나 아저씨 집에 누워 있었다. 한때는 위험하다고까지 했다. 스코틀랜드의 치료는 스코틀랜드의 신학처럼 참으로 지독한 것이었다. 피를 빼는 것이 하나의 치료법으로서 겨우 회복되기 시작했지만 빈혈을 일으켜서 오랫동안 일어설 수가 없었다. 이 병으로 나는 일찍 미국으로 돌아가기로 했다. 다행히 긴 항해 중에 요양을 잘했기 때문에 귀국하자마자 곧 일을 시작할 수 있었다.

내 지역으로 돌아왔을 때 나는 대단한 환영을 받았는데, 이것은 잊을 수 없는 추억이 되었다. 동부선의 종업원들은 예포를 쏘면서 나를 맞았고, 내가 탄 기차가 지나가면 모두 일제히 박수를 쳐주었다. 이것은 나의 부하가 나에게 나타낸 첫 애정 표현이었는데 그들의 환영은 나의 뼈에 사무쳤다. 나는 그들의 일을 늘 마음에 두고 있었는데, 그들에게 전해졌기 때문에 보답해 주는 것이라고 생각하니 기뻤다. 일하는 사람들은 온정에 보답할 줄 안다. 만약 우리가 그들의 일을 생각해주고 마음을 써준다면 그들은 거기에 충분히 보답해 줄 것이다. 가는 정이 있으면 오는 정도 있다.

9. 철교를 만들다

남북전쟁 중에 무쇠 값이 껑충 뛰어서 1톤에 130불까지 올랐다. 그런 값에도 수송 관계로 입수하기 곤란했다. 미국의 철도는 새로운 레일이 모자랐기 때문에 위기에 처해 있었다. 그래서 나는 1864년에 피츠버그에 레일을 만드는 회사를 조직하기로 했다. 협력자와 자본을 구하는 데 별 어려움 없이 스피리얼 철공소와 용광로가 창설되었다.

마찬가지로 기관차의 수요도 많았으므로 토마스·N·밀러와 나는 1866년에 피츠버그 기관차 제작소를 세웠는데, 이 공장에서 만들어진 기관차는 미국 전역에서 아주 평판이 좋았다. 이 회사의 액면가 100불의 주식이 1906년에는 3천불에 팔렸다는 것은 마치 옛날 이야기 같다. 매년 고액을 배당해서 회사는 대성공이었는데, 우리의 '최고의 물건 이외에는 아무것도 만들지 않는다.'는 표어가 주효했던 것이다. 내가 알튜나에 있을 때 펜 철도회사 공장에서 조그만 무쇠 다리를 만드는 것을 본 일이 있다. 나는 철도 시설 때문에 목조 다리는 이미 소용이 없음을 보았던 것이다. 그 무렵 펜 철도회사의 중요한 다리가 하나 불타버렸으므로 이 선로는 8일간 불통이 되었다. 쇠가 아니면 안 된다. 나는 철교를 고안한 사람들 둘과 펜 철도회사의 교량 담당자를 피츠버그로 불러서 철교 만드는 회사를 조직할 것을 제안했다. 이것은 이런 계열에선 최초의 회사였다. 나는 친구인 스코트 씨에게도 권유해서 창립자 5명이 1250불씩 출자하기로 했다. 나는 은행에서 돈을 꾸었다. 돌이켜보면 이것은 정말 작은 금액이기는 했지만, '작은 도토리에서 커다란 떡갈나무가 난다.'는 속담대로 되었던 것이다.

회사는 1862년에 조직되고 이듬해에 또 하나의 철공소를 접수해서 키스톤 교량제작소라고 명명했다. 펜실베니아 주의 별명이 키스톤 주인데, 여기에서 따온 것이다. 이곳에서 만들어진 다리는 미국에서뿐만 아니라 세계 도처에서 쓰이게 되었다. 주철제 다리였는데, 대단히 견고하게 만들어졌으므로 지금도 그 무렵에 만든 다리가 사용되고 있는 것을 볼 수가 있다.

그 무렵 스튜벤빌 지점에서 오아이오 강에 다리를 놓자는 애기가 나와서, 우리는 300피트의 철교를 놓을 수 있는지의 문의를 받았다. 지금은 우스운 얘기지만, 당시로서는 큰 문제여서 그런 것은 불가능하다고 하는 사람이 많았다. 나는 동료들을 설득해서 계약을 맺었다. 공사가 시작되어 철도회사의 사장 주에트 씨가 현장을 시찰하러 왔다. 커다란 무쇠 말뚝이 많이 쌓여 있는 것을 보고, 사장은 나를 돌아보면서 이렇게 말했다.

"이렇게 무거운 무쇠를 똑바로 세우기도 어려운데, 그 위를 기차가 통과해서 오하이오 강을 건넌다는 것은 터무니 없는 애기예요."

그러나 사장은 생각을 고쳐야 했다. 교통량이 많아짐에 따라 보강을 해야 했지만, 어쨌든 이 철교는 최근까지 사용되고 있다. 우리는 이 최초의 중대한 공사로 많은 이윤을 얻을 생각이었지만, 공사가 완성되기 전에 인플레이션으로 이익은 거의 없었다. 그러나 펜 철도회사의 사장은 실정을 듣고 우리의 손실을 보상하기 위하여 여분의 금액을 지출해주었다.

키스톤 회사의 중역들은 최고의 기술자들이었다. 파이퍼 대령은 굉장한 기계공이었는데, 이 사람의 결점은 말에 너무 열중하는 것이었다. 기분이 언짢은 때 말 얘기만 꺼내면 금방 기운이 났다. 피곤해지면 우리는 말의 본고장인 켄터키 주에 가서 쉬도록 했다. 어느 날 대령은 얼굴이 반쯤 시커멓게 멍이 들고 옷은 찢어지고 모자도 쓰지 않은 채 사무실로 왔다. 그러나 손에는 말채찍을 꽉 쥐고 있었다. 켄터키에서 온 어린 말을 훈련시키다가 고삐가 끊어져서 팽개쳐진 것이라고 설명했다.

파이퍼 대령은 멋진 사람이었지만 좋고 싫은 것이 너무 뚜렷했다. 그러나 나에게 호의를 가져서 내가 하는 일은 무엇이든지 잘했다고 말해주었다. 내가 뉴욕으로 옮긴 후에는 내 동생을 대단히 귀여워해서, 동생 톰이 없으면 밤이나 낮이나 비울 수 없다고 할 정도였다. 일에 열심이었고, 또 경쟁심이 강했기 때문에 우리 회사가 동업자들 사이에서 1위를 차지하지 않으면 직성이 풀리지 않는 성격을 갖고 있었다.

이 무렵에 처음으로 사업요람이 출판되었는데 여기에 회사의 순위가 실려 있었다. 대령이 자기네 회사가 어떻게 취급되어 있는지 호기심이 생겨서 조사해보니까 키스톤 회사는 B급에 들어 있는 것이 아닌가. 사업이 부진하다는 것이다. 그는 굉장히 화를 내면서 당장 명예훼손으로 고소하겠다고 야단이었다. 이 조사는 주로 은행을 상대로 행한 것으로, 키스톤은 어디에도 대출을 신청하지 않았기 때문에 사업부진이라는 낙인이 찍힌 것이다. 대령은 늘 빚은 안 된다고 주장했었기 때문에 이것을 설명해서 겨우 납득시킬 수 있었다.

어느 날 나는 볼일이 있어서 유럽에 가야 했다. 불경기여서 기업들은 몹시 사업이 부진하여 매일 많은 회사가 도산하고 있었던 때이다. 대령은 나를 붙들고는,

"내가 어음에 서명만 하지 않으면 자네가 없는 사이에 집달리에게 불려가지는 않겠지. 안 그런가?"하고 말했다.

"그래요, 그러지는 못하지요."하고 나는 대답했다.

"알았네. 자네가 돌아올 때까지 우리는 여기에 있겠네."하고 말했다.

키스톤 교량제작소는 나에게 최고의 소망이었다. 교량 사업에 종사한 회사는 하나도 남지 않았다고 할 정도로 실패했다. 그들이 놓은 다리의 대부분은 허물어졌고, 미국 최대의 철도 사고의 대부분도 이 원인에 의한 것이었다. 바람에 무너진 것도 있는데, 키스톤 회사의 다리는 바람을 가장 세게 받는 곳에서도 끄떡없었다. 운이 좋았기 때문이 아니다. 우리는 가장 좋은 자재를 충분하고도 남도록 썼기 때문이다. 우리는 작업을 엄격하게 검사해서 가장 안전한 것을 만들거나, 그렇지 않으면 손을 대지 않는다는 방침을 엄수하고 있었다. 우리는 역량이 모자란다든가 과학적으로 타당하지 않은 설계를 해서 다리를 건설해달라고 부탁받으면 분명하게 거절했다. 어떤 작업이든지 키스톤교량제작소의 도장이 찍힌 것이면 책임을 지고 보장했던 것이다. 합중국 주 중에 우리가 손대지 않은 곳은 거의 없다. 영국의 문호 토마스 카알라일의 부친이 안낭 강에 다리를 놓은 것을 아들은 '정직한 다리'라고 하면서 자랑했는데, 우리도 우리의 일에 그런 긍지를 가지고 있었다. 이런 영업방침이 성공의 진짜 비결이라고 해도 좋다. 물론 인정을 받기까지는 상당한 세월이 걸릴지도 모

르지만, 그 다음부터는 순풍에 돛을 달고 달리는 것이나 같다. 제작회사는 검사관을 귀찮아하는 대신에 환영해야 한다. 최고의 수준에 도달하는 것은 그다지 어려운 일이 아니다. 인간은 그러한 노력으로 배우고 단련되는 것이다. 나는 오랜 세월을 살아오면서 옳고 정직한 일을 하지 않는 회사가 성공한 예를 본 일이 없다. 그리고 당시는 가장 치열한 경쟁 속에서 무엇이건 가격만으로 일이 결정된다고 생각하기 쉬웠는데, 사업상으로 성공하는 근본 원칙은 더욱 중대한 작업의 질에 있다고 나는 굳게 믿고 있었다. 위로는 사장으로부터 아래로는 최하급의 공원에 이르기까지 일에 종사하고 있는 한사람 한사람이 질에 온 정력을 집중시키고 있다는 것은 사업을 하는 데 있어서 가장 중대한 일이다. 따라서 이런 문제와 관련하여 청결하고 훌륭한 공장과 가구, 정돈된 자재 창고와 환경은 사람들이 일반적으로 생각하는 것보다 훨씬 중요한 것이다.

피츠버그에서 은행협회 총회가 열렸을 때, 많은 저명한 은행들이 에드가 톰슨 공작소를 방문했다. 이것은 내가 경영하는 공장의 하나였는데, 시찰이 끝난 후 한 은행가가 지배인에게, "이 공작소는 관리상태가 아주 좋다."고 말했다. 나는 이 얘기를 듣고 매우 기뻤다. 그는 성공의 비결이 무엇인가를 명쾌하게 표현했기 때문이다.

어느 때인가 대회사의 사장이 나에게, 검사관이 처음 검사하러 왔을 때 자기 부하가 그 사람을 쫓아버렸더니 그 후로 다시는 오지 않는다고 자랑했었다. 이 말을 듣고 '이 회사는 경쟁에서 이기지 못한다. 불경기가 되면 반드시 쓰러진다.'하고 생각했다. 그리고 내가 생각했던대로 되었다. 제작회사의 가장 확실한 기반은 질에 있는 법이어서 가격은 거의 말초적인 문제이다.

나는 키스톤 제작소 사업에 대해서는 오랜 세월에 걸쳐 개인적으로 특별한 주의를 기울여 왔다. 그리고 중요한 계약은 직접

나서서 거래선과 만나도록 하고 있었다. 그 일례로 1886년에 나는 회사의 기술자 워터 케트를 데리고 아이오와 주의 데뷰크를 방문한 일이 있다. 당시에 가장 중요한 철교를 건설할 계획이 있어서 우리는 경쟁을 하고 있었다. 데뷰크 지역에서 그 넓은 미시시피 강에 다리를 놓는다는 것으로, 이렇게 긴 철교는 지금까지 시도된 적이 없었던 것이다. 따라서 이것은 큰 사업이었다. 강은 얼어 있었으므로 우리는 사두마차로 건넜다.

이 여행은 성공이라는 것이 얼마나 사소한 일로 인해서 자기 것이 되는가를 입증했다. 우리는 최저 입찰자는 아니었다. 우리의 경쟁상대는 시카고 시의 교량회사로, 중역회의에서는 이 회사와 계약을 맺기로 결정되어 있었다. 나는 남아서 중역 몇 사람과 얘기를 하고 있었다. 그들은 주철과 연철(練鐵)의 장단점에 대해서 전혀 무지였다. 우리 회사는 언제나 철교 상층부분에 연철을 쓰고 있었는데, 경쟁 상대는 주철을 사용하고 있었다. 나는 이것을 화제로 삼았다. 강을 왕래하는 기선이 철교 기둥에 부딪쳤다고 하자. 연철이었다면 구부러질 뿐이지만 주철이라면 뚝 부러져서 다리는 무너져버릴 것이다. 중역 한사람이 다행히 이것을 훌륭하게 입증해주었다. 왜냐하면 이 사람은 이삼일 전 깜깜한 밤에 마차를 타고 가다가 가로등의 기둥에 부딪쳤는데, 주철이었기 때문에 산산조각이 났던 것이다. 만약 하느님이 나를 이끌어 주셨다고 말한다면 누가 야단을 칠까.

"그래서 여러분." 하고 나는 말했다. "재고하실 점이 있습니다. 돈을 조금 더 들여서 연철의 부서지지 않는 다리를 놓는다면 기선이 아무리 충돌해도 안전할 것입니다. 우리는 지금까지 싼 다리를 건설한 일이 없고, 앞으로도 절대로 만들지 않을 것입니다. 우리 것은 절대로 부서지지 않습니다."

조용해졌다. 다리를 놓을 회사 사장은 애리슨이라는 유명한 상원의원이었는데, 나에게 잠깐 자리를 비켜주지 않겠느냐고 말했다. 나는 다른 방으로 물러갔다. 그리고 곧 다시 불려갔다. 중역들은 나에게 계약을 하자고 했다. 내가 입찰했던 것보다 약간 낮은 가격이었지만 몇천불 차이였기 때문에 그 제안을 받아들이기로 했다. 꼭 알맞는 시기에 산산이 부서진 가로등의 기둥이 우리에게 기록적으로 유리한 계약을 맺을 기회를 만들어준 것이다. 더구나 그 이상으로 우리는 모든 경쟁상대를 물리치고 데뷰크 철교의 건설을 맡았다는 평판을 얻었던 것이다. 또 이것을 계기로 하여 나는 미국 최고의 가장 중요한 정계의 인물로 알려진 애리슨 상원의원과 친교를 맺을 수가 있었다.

이 이야기의 교훈은 말할 것도 없다. 계약을 따내고 싶다면 그것이 맺어질 때 그 자리에 있어야 한다는 것이다. 부서진 가로등의 기둥이라든가 혹은 무엇인가 생각하지도 못했던 일이 튀어나와서, 목적을 이룰 수 있을지도 모른다. 또 한 가지, 가능하면 계약서를 포켓에 넣고 돌아올 수 있을 때까지 그 지방에 머물러 있을 일이다. 이제 돌아가도 좋다. 서류는 만들어지는대로 보내겠다고 했지만, 우리는 데뷰크에 체재하고 있었다. 데뷰크의 경치가 너무 좋아서 좀더 머물면서 구경을 하고 싶다는 구실을 붙였던 것이다. 스튜벤빌 철교가 완성된 후에 볼티모어 오하이오 철도회사가 파커스버그와 호일링 두 곳에서 오하이오 강에 철교를 놓아야 할 필요가 생겼다. 그렇게 하지 않으면 그들의 강적인 펜실베니아 철도 회사에 뒤지기 때문이었다. 나룻배 시대는 이미 종말에 가까웠다. 이 두 개의 철교 건설을 계기로 나는 볼티모어 오하이오 회사의 사장 갈레트 씨를 알게 되었다.

우리는 이 두 개의 다리와 축대 공사를 꼭 맡고 싶었지만, 갈레트 씨는 한정된 기간에 이렇게 큰 사업을 전부 혼자서 맡는 것은 무리라고 주장하면서 물러서지 않았다. 그는 축대와 짧은 난간만은 자기 공장에서 하고 싶은데 우리의 특허를 사용하도록 해주지 않겠느냐고 물었다. 나는 볼티모어 오하이오 회사가 사용해주신다면 대단한 명예로 생각한다고 대답했다. 이 대회사가 우리를 인정해준다는 것은 특허권 사용료의 열 배나 가치가 있다. 나는 무엇이건 원하신다면 우리가 가지고 있는 것을 모두 사용해도 상관없다고 생각했다.

이것은 철도왕이라고 불리던 갈레트 씨에게 대단히 좋은 인상을 주었다. 그는 나를 자기 개인 사무실로 불러들여서 여러 가지 일에 대하여 솔직하게 자기 의견을 얘기해주었다. 그는 특히 펜 철도회사의 톰슨 사장 및 스코트 부사장과 자기가 싸웠던 일에 대해서 얘기했는데, 그는 이 두 사람이 나의 친구라는 것을 잘 알고 있었다. 나는 이곳에 올 때 필라델피아를 통과했는데, 스코트씨가 어디에 가느냐고 묻기에 다음과 같이 대답했다고 갈레트 씨에게 얘기했다.

"나는 오하이오 강에 놓을 커다란 다리의 계약을 맺으러 당신을 방문하는 길이라고 말했습니다. 그러자 스코트 씨는, 내가 별로 헛걸음을 하는 그런 짓은 하지 않는데, 이번에는 틀림없이 헛고생만 하고 말 것이다. 갈레트 씨가 나한데 이 일을 시키리라고는 생각할 수도 없다. 왜냐하면 나는 원래 펜 철도회사에 근무했었고, 또 늘 이 회사에 호의를 가지고 있기 때문이다. 라고 했습니다. 하지만 나는 갈레트 씨의 다리를 만들게 됐습니다."하고 나는 말했다.

갈레트 씨는 곧 회사의 이익을 위해서라면 개인적인 관계야 어떻건 최상의 것이 언제든지 이기는 것이라고 말했다. 그의 기술자들은 내 설계가 가장 우수하다고 말했다. 그는 내가 펜 회사의 종업원이었던 것을 잘 알고 있지만, 자기의 의무로서 이 일을 나에게 맡겨야 한다고 생각했다고 말했다.

이 절충이 완전히 납득이 가는 것은 아니었다. 왜냐하면 우리는 이 공사의 가장 곤란한 부분을 맡도록 되어 있었기 때문이다. 그리고 갈레트 씨는 우리의 설계와 특허에 의해서 작고 이윤이 많은 부분을 자기 공장에서 만들겠다는 것이다. 나는 공사를 이렇게 분할하는 것은 그들의 기초공사가 끝나더라도 우리가 바로 교량공사를 시작할 수 없으리라고 생각하기 때문이 아니냐고 물어 보았다. 그는 그렇다고 대답했다. 나는 그 점은 조금도 걱정할 필요가 없다고 말했다. 그리고 만약 나에게 공사 전체를 맡겨준다면 기초공사가 완료되었을 때 바로 일을 시작할 수 있도록 하겠다, 이에 대해서 보증금을 적립해도 좋다고 제의했다.

"보증금을 내겠습니다. 기한 내에 되지 않을 때에는 약속한 금액을 몰수해도 좋습니다. 보증금을 얼마나 적립할까요?"하고 나는 물었다.

"그렇지, 10만불 정도로 하지."하고 그는 말했다.

"알았습니다. 공사를 맡겠습니다. 우리 회사는 내가 10만불을 손해보도록 하지는 않겠지요. 그것은 당신도 잘 알고 있을 겁니다."

"그렇겠지요. 10만불을 걸면 자네 회사는 밤낮으로 공사를 강행할 테니까 철교는 기일 안에 완성되겠지."하고 그는 말했다.

이렇게 해서 볼티모어 오하이오 회사와의 방대한 계약은 맺어졌다. 물론 내가 이 보증금을 날려버리지 않았음은 말할 필요도 없으리라. 내 동료들은 갈레트 씨보다 공사의 상황을 자세하게 알고 있었다. 오하이오 강은 무시할 수 없다. 갈레트 씨의 기초공사가 완료되기 훨씬 전에 윗부분은 전부 만들어져서 강가에 운반되어, 아직 만들어지지 않은 교각을 지루한듯이 바라보고 있었던 것이다.

그로부터 얼마 후 갈레트 씨는 자기 철도회사에서 강철 레일의 제조에 차수하려고 영국의 발명가인 헨리 베세머의 제강법 특허를 사용할 권리를 입수하려 하고 있었다. 볼티모어 오하이오 철도회사는 우리의 좋은 거래처였기 때문에 우리는 필사적으로 강철레일을 만들기 위한 압연(壓涎)공장을 세우는 것을 중지시키려고 노력했다. 이것은 볼티모어 오하이오 회사에서 영리적으로 운영하기는 곤란한 일이어서, 회사에서만 쓰는 약간의 레일을 만들기보다는 다른 회사에서 만든 것을 사들이는 편이 훨씬 싸게 먹힌다. 나는 갈레트 씨를 설득하기 위해서 찾아갔다. 그는 그 무렵에 외국무역에 큰 관심을 가지고 있어서, 외국배가 볼티모어 항구에 많이 들어오는 것을 기뻐하고 있었다. 그는 부하를 몇 사람 데리고 나를 부두로 안내하여 철도를 연장시켜서 외국에서 들어오는 화물을 배에서 바로 화차로 실어 발송하도록 하겠다고 말했다. 그리고는 나를 돌아보면서 이렇게 말했다.

"카네기 씨, 이제 어째서 우리가 무엇이든지 직접 만들어야 하는지 —— 강철레일조차도 말이오 —— 잘 알았으리라고 생각합니다. 우리 조직은 방대합니다. 우리가 쓰는 중요한 자재는 무엇이든지 작은 회사에서 보급해주기를 기다리고 있을 수는 없습니다. 우리는 하나의 왕국이니까요."

"글쎄요."하고 나는 대답했다. "갈레트 씨, 말씀대로 확실히 모두 굉장합니다. 그러나 실은 당신이 말하는 '방대한 조직'은 나를 놀라게 하지 못합니다. 나는 당신네 회사의 작년 연보를 읽었는데, 다른 사람들의 생산품을 운반하는 것만으로 1400만불의 수입이 있었다는 것을 알았습니다. 내가 경영하고 있는 사업은 산에서 자원을 캐다가 직접 여러 가지 물건을 생산하여 그것을 판매해서 당신 회사보다 몇 배의 수익을 올리고 있습니다. 사실 카네기 형제회사에 비하면 당신네 회사는 극히 작습니다."

내가 철도에 종사하고 있었다는 것이 이 경우에 크게 도움이 되었다. 그 후로 볼티모어 오하이오 철도회사가 우리와 경쟁을 하려는 일은 두 번 다시 없었다. 갈레트 씨와 나는 끝까지 친교를 이어갔다. 그는 자기가 기르던 스카치 콜리종의 개 한마리를 나에게 준 일도 있다.

10. 제철소(製鐵所)

키스톤 제작소는 처음부터 내가 크게 힘을 기울였던 사업이어서 이것이 다른 많은 사업의 모체가 되었다. 그러나 제작소가 창설되고 오래지 않아서 주철보다 연철이 더 우수하다는 사실이 명백해졌다. 그렇기 때문에 품질을 갖추고 또 당시에는 입수할 수 없는 형태를 만들기 위해서 우리는 제철사업에 손댈 결심을 했다. 동생 톰과 나는 토마스·N·밀러, 헨리 핍스, 그리고 앤드류 크로만과 함께 작은 제철소에 눈을 돌리기 시작했다. 우선 최초로 밀러가 크로만과 공동으로 사업을 시작했고, 1861년 11월에 핍스에게 800불을 꿔주어서 참여시켰다.

밀러는 제철사업의 개척자임을 여기에 밝혀둔다. 우리는 그에게 신세진 바가 많았는데, 그는 참으로 온후하고 사랑할 만한 사람이어서 세월이 지남에 따라 더할 나위 없이 좋은 친구가 되었던 것이다. 젊을때 신학을 몹시 싫어했던 그는 가끔 성격이 폭발하기도 했지만, 그도 나이가 많아짐에 따라 온화해져서 요즈음에는 그런 일도 없어졌다. 밀러는 진정한 종교와 신학을 별도라고 생각해서, 후자를 혐오했던 것이다. 우리는 나이가 들수록 사색적이 되었는데, 그것은 분명히 바람직한 일이다.

앤드류 크로만은 알리게니 시티에서 작은 대장간을 하고 있었다. 펜 철도회사의 주임으로 있을 때 나는 그가 가장 좋은 차축(車軸)을 만든다는 것을 발견했다. 그는 우수한 기계공으로서, 할만한 가치가 있는 일은 최선을 다해서 하지 않으면 의미가 없다고 했다. 그의 독일인 기질은 어중간한 것을 용서하지 못했다. 그가 만든 것은 몹시 비쌌지만, 써보면 몇년이고 안심하고 사용할 수 있는 것 뿐이었다. 이 무렵에는 아직 자재를 분석할 줄도 모르고 또 과학적으로 가공하는 일도 없어서 차축의 수명이 어느 정도인지 전혀 몰랐기 때문에 부서질 때가지 쓰고 있었다. 이 독일인은 천재적인 발명가였다. 철재를 자르는 톱을 발명하고, 철교를 건설하기 위해서 필요한 연결장치를 고안했다. 또 그가 연구해낸 많은 것들을 우리 제작소에서 만들었다. 핍스가와 우리 가족은 오랜 세월 동안 친하게 지내왔는데, 처음에 내 친구였던 것은 형 존이었다. 헨리는 나보다 훨씬 연하였지만, 총명하고 재주가 많은 그를 나는 일찍부터 주목하고 있었다. 어느 날 그는 존에게 25센트를 꿔달라고 부탁했다. 존은 동생의 일이니까 어딘가 중요한 일에 쓰리라고 생각해서 말없이 번쩍이는 25센트 은화를 주었다. 다음날 아침〈피츠버그 디스패치〉지의 광고란에 '근면한 소년이 직장을 구함.'이라는 한 행이 실려 있었다.

근면하고 뜻이 있는 헨리는 은화를 여기에 쓴 것이다. 이것은 아마 그가 태어나서 처음으로 만져본 대금이고 또 한꺼번에 이렇게 많은 돈을 쓴 최초의 경험이었을 것이다. 유명한 딜워스 비드웰 회사에서 곧 회답이 왔다. '근면한 소년'에게 찾아오라는 것이었다. 헨리는 급사로 채용되었다. 당시의 관습에 따라 그는 아침일찍 가서 사무실을 청소했다. 이렇게 해서 실업계에 진출한 헨리는 곧 회사에 없어서는 안 될 인물이 되었다. 그는 밀러씨의 눈에 띄어서 크로만의 공장에 관계하게 되었다. 이것이 계기가 되어 시내에 조그마한 제철소를 세우게 되었다. 그와 내 동생 톰은 급우로서 어렸을 때부터의 친구였기 때문에 사업상으로 언제나 제휴해서, 동생이 1886년에 죽을 때까지 두 사람은 떨어질 수 없는 관계가 되었다.

일개 급사 소년은 오늘날 합중국의 큰 부자가 되었는데, 그는 자기의 정재(淨財)를 어떻게 유용하게 쓸 것인가를 잘 알고 있었다. 몇 년전에 그는 알리게니와 피츠버그의 공원에 훌륭한 식물원을 기증했다. 이 식물원은 '일요일에도 열 것'을 조건으로 붙였는데, 이 사실은 그가 그 시대 사람으로서 얼마나 뛰어났던가를 잘 말해주고 있다. 이 기증 조건 때문에 당시에 많은 논란이 있었다. 교회의 목사들은 교단에서 그를 맹렬히 비난했고, 신도들은 하나님의 말을 모독하는 처사라는 결의문을 채택했다. 그러나 대중은 이러한 편협된 태도에 반대하여 일어섰고, 시 의회는 만장일치로 이 선물을 받아들이기로 결의했다. 목사들의 비난에 핍스 씨는 다음과 같이 응수했는데, 나는 그의 건전한 양식에 크게 공명했다.

"여러분처럼 일주일에 하루만 일하고 나머지 6일은 자기 멋대로 자연의 아름다움을 만끽할 수 있는 사람들은 그게 좋겠지요. 여러분에게는 이것이 문제가 되지 않습니다. 그러나 6일간 바쁘게 일하다가 단 하루 자유를 얻어서, 그날 아름다운 자연을 접하여 무엇인가 배우려고 하는 근로 대중에게 주어진 기회를 빼앗은 것은 부끄러운 일이 아닙니까?"

그 목사들은 최근에 피츠버그에서 열린 연차대회에서, 교회에서 악기음악을 사용하는 데 대하여 싸우고 있었다. 그러나 그들이 교회에서 오르간을 사용하는 것이 옳은지의 여부로 논쟁을 거듭하고 있는 사이에 지식인들은 일요일에 미술관, 식물원, 도서관을 개방했다. 교회가 좀더 시대의 요구에 부응하려고 애쓰지 않는다면 대중의 지지를 잃어서 가까운 장래에 휴업을 하게 될 것이다.

밀러 씨는 그 후 얼마 되지 않아 사업상의 일로 크로만과 핍스와 의견이 맞지 않아서 불행하게도 공동경영에서 축출되고 말았다. 밀러가 부당하게 취급당했다고 생각되어 나는 그와 새로운 사업 건설에 착수했다. 이것이 1864년에 성립된 사이크롭스 제철소이다. 사업이 궤도에 오르자 곧 신구의 사업을 합병하는 것

118

이 가능하고 또 바람직하다는 것이 분명했으므로 1867년에 두 회사를 합쳐서 유니온 철공소를 만들었다.

밀러 씨가 전의 동업자였던 핍스나 크로만과 다시 함께 일하기를 싫어하리라 생각했으므로 이 두 사람이 유니온 철공소에 직접 관계하지 않도록 도모했다. 밀러 씨와 내 동생과 내가 취체역이 되어 경영권을 맡기로 했다. 그러나 밀러 씨는 완강하게 자기 권리를 나더러 매입하라고 고집을 부렸다. 나는 이미 지나간 일은 흘려버리자고 설득했지만, 그는 전혀 들어주지 않았으므로 나는 하는 수 없이 그의 주장대로 했다. 그는 아일랜드인인데, 아일랜드 사람은 한번 감정이 틀어지면 도저히 되돌려지지 않는다. 후에 밀러 씨는 나의 열성적인 설득에 귀기울이지 않았던 것을 후회했다. 만약 그때 양보를 했더라면 창설자로서 당연히 받아야 할 방대한 이익을 자기 것으로 만들 수 있었던 것이다. 자신과 부하들을 위하여 백만 왕국을 세울 수가 있었는데.

당시 우리는 아직 산업계의 신참이었는데, 사이크롭스 제철소를 위하여 3정보의 부지를 사들였더니 그렇게 넓은 땅을 무엇에 쓸 것이냐고 모두들 어이없어했다. 몇년간 부지의 일부를 다른 회사에 빌려주었다. 그러나 오래지 않아 이렇게 좁은 곳에서는 제철사업을 할 수 없다는 것이 밝혀졌다. 크로만이 철골(鐵骨) 제작에 성공하여 오랫동안 우리 회사는 이것을 독점적으로 만들었다. 우리는 새로운 시도에 끊임없이 도전했고, 다른 회사가 손대지 않는 일로 해서 계속 성공을 거두었다. 동시에 질적으로 최고인 것을 만들고, 그렇지 않으면 전혀 손을 대지 않는다는 원칙을 고수했다. 언제든지 거래선의 요구에 따르려고 노력했는데, 그 때문에 때로는 많은 돈을 써서 손해를 보는 일도 가끔 있었다. 문제가 생기면 의심스러운 점을 언제나 상대에게 유리하게 해석한다는 방침을 취했다. 이것이 시종일관된 방침이었으므로 우리는 한번도 소송문제를 일으킨 일이 없다.

제철사업에 종사하면서 나는 여러 가지 제조과정에서 한가지 작업에 어느 정도의 경비가 드는지 하는 소위 원가계산에 대하여 아무것도 모르고 있었음을 알고 몹시 놀랐다. 피츠버그의 주요한 생산업자들을 조사해보니까 아무도 이 점에 대해서 모르고 있었다. 사업은 일괄적으로 통합된 것이라고 생각해서 연말에 재고품을 조사하여 장부와 맞으면 그뿐이었다. 경영자는 사업의 결과에 대해서는 전혀 무지한 것이다. 사업이 부진하다고 몹시 비관하고 있었는데, 연말이 되어서야 수익이 있었음을 발견하는 사람이 있는가 하면 그 반대인 사람도 있다. 마치 두더지가 어두운 땅속을 기어가는 것이나 같아서, 나는 이래서는 안 된다고 생각했다. 그래서 나는 생산의 각 과정에서 어느 정도의 경비가 드는지 세밀하게 조사하고 그것을 검토하는 체계를 고안하여 회사의 전 조직에 적용시키기로 했다. 특히 한사람 한사람의 공원이 무엇을 하고 있는가, 누가 자재를 절약하고 누가 낭비하고 있는가, 누가 좋은 성적을 올리고 있는가, 등을 면밀하게 조사하기로 했다.

그런데 이 방법을 적용하기까지 상상 이상으로 여러 가지 곤란을 겪어야 했다. 회사 지배인은 모두 새로운 제도에 반대했는데 그것은 당연했다. 정확한 방법을 알아내기까지는 몇 년이 걸렸다. 결국은 많은 사무원의 도움을 얻고 또 공장 안 각처에 커다란 저울을 배치함으로서 단순히 각 부문이 어떤 일을 하고 있는가 하는 것만이 아니라 용광로에서 일하는 많은 공원 한사람 한사람이 무엇을 하고 있는지 알 수 있었고, 그것은 근거로 하여 비교 검토할 수 있게 되었다. 산업계에서 성공하는 큰 원인의 하나는 종업원을 잘 훈련시키는 일과, 완벽하다고 할만한 예산체계을 형성하여 그것을 엄격하게 시행하는 일로써, 이렇게 하면 종업원에게 금전과 자재에 대한 책임을 직접 체험하도록 할 수 있다. 부하 직원에게 5불짜리 지폐를 건네주고 그것을 어떻게 쓸 것인가 자세하게 일러주는 경영자가 공장에서는 공원에게 매일 몇톤의 귀중한 자재를 맡겨둔 채 그것이 어떤 모양으로 가공되는지 완성된 것을 정밀하게 달아서 관리하지 않는다는 것은 도대체 어찌된 일일까.

시멘스가 발명한 가스 용광로는 강철과 무쇠를 만들기 위해 영국의 제조업자 사이에서 간혹 사용되고 있었는데, 대단히 비싸게 먹힌다는 것이었다. 이 신형 용광로를 우리가 쓰기 시작했을 때 피츠버그의 업자들은 공연히 어리석은 낭비를 한다고 비판했다. 그러나 대량의 원료를 녹이는 데 새로운 용광로를 사용하면 경우에 따라서는 폐기물을 반감시킬 수도 있다. 따라서 경비는 두 배가 들더라도 사용하는 편이 득일지도 모른다. 그러나 몇년 동안 아무도 우리를 따라 주지 않았다. 그래서 오랫동안 이윤은 극히 조금밖에 오르지 않았고 원료절약에 의하여 겨우 유지하고 있었다.

우리가 창안해낸 원가계산 제도를 통해서 대량의 쇠를 용해시키는 데에 많은 낭비가 있음을 발견했다. 이 개선에서 우리는 사무원 중에서 유능한 인물을 찾아낼 수 있었다. 윌리엄 본트리거라는 크로만의 먼 친척으로 독일에서 온 사람이었다. 어느 날 그는 장기간에 걸쳐서 면밀하게 조사한 결과의 보고서를 제출했는데, 그것은 참으로 굉장한 것이어서 처음에는 믿어지지 않을 정도였다. 그는 부탁받지도 않았는데 우리에게 알리지도 않고 밤에 조사해서 보고서를 작성했던 것이다. 그것은 독창적인 것이었다. 물론 윌리엄은 곧 공장의 주임으로 승진했고, 훗날 그는 취체역으로 발탁되었다. 이 독일에서 온 가난한 소년은 죽기 전에 백만장자가 되었는데, 그는 이런 행운에 합당한 인물이었다.

펜실베니아의 유정(油井)이 주목받기 시작한 것은 1862년 경이었다. 내 친구 윌리엄 콜맨은 유전 발견에 대단한 흥미를 가지고 있었기 때문에 나에게 꼭 이 지방을 구경하러 가자고 권유했다. 또한 이 사람의 딸이 훗날 나의 제수(弟嫂)가 되었다. 그의 권유를 받아들여서 나는 콜맨 씨와 동행했는데, 참으로 유쾌한 여행이었다. 유전에는 많은 사람이 밀려왔으므로 쉴 곳이 없었다. 그러나 이런 일로 물러설 사람이라면 처음부터 나서지 않는 것이 좋으리라. 몇시간 안에 움막을 세워서 일상생활에 불편함이 없도록 했다. 그들의 대부분은 평균 이상의 지능의 소유자로서, 상당한 액수의 돈을 저축하여 무엇인가 새로운 모험에 나서서 행운을 잡으려 하고 있었던 것이다.

나의 인상에 강하게 남은 것은 어디에 가든 모두 명랑해서 사이좋게 떠들어대고 있는 모습이었다. 마치 대규모의 피크닉 같았다. 배를 움켜쥐고 웃을 만한 일 뿐이어서 모두 들떠 있었다. 행운은 손이 닿는 곳에 있다. 호경기는 약속되어 있다. 유정의 망루에는 높다랗게 매어져 있는 깃발이 펄럭이고, 깃발에는 재미있는 표어가 가득 씌어 있었다. 강쪽을 보니까 두 남자가 유정을 파기 위해서 열심히 수차의 페달을 밟고 있었다. 높게 건 깃발에는 '지옥이나 중국까지'라는 글이 씌어 있었다. 어디까지라도 파내려갈 각오인 것 같았다.

미국인의 적응력이 이 지역에서 이때만큼 잘 나타난 일은 없다. 심한 혼란도 곧 정돈되어 질서가 회복되었다. 얼마 후에 우리가 재차 방문했을때 우리는 음악대에 의한 환영을 받았는데, 강을 따라서 생긴 새로운 마을 주민이 조직한 것이었다. 지금 여기에 1000명의 미국인이 모였다고 하자. 그들은 곧 스스로 조직을 만들어서 학교와 교회를 세우고 신문을 발행하며 브라스밴드를 만드는 것이다. 바꾸어 말하면 자기네 손으로 그들은 문명이 가져다준 모든 시설을 갖추어서 자기 나라의 진보 발전을 꾀하는 것이다. 가령 같은 수의 영국인을 같은 환경에 놓았다고 하자. 그들은 먼저 자기들 중에서 누가 세습적으로 가장 높은 지위를 차지하고 있었던가를 알아본다. 그리고 그 사람의 조부가 사회적으로 높은 지위에 있었다고 해서 그를 지도자로 추대하기로 한다. 미국인들 사이에는 한 가지의 약속이 있다. 도구는 그것을 가장 효과적으로 사용할 수 있는 사람에게 준다──그것뿐이다.

현재 오일 크리크의 거리는 수천의 인구로 번영하고 있지만, 전에는 지저분한 마을에 지나지 않았다. 유정에서 나오는 석유를 바닥이 평평한 배에 퍼담아서 운반하는데, 배가 새기 때문에 피츠버그에 도착할 때면 삼분의 일은 없어져버린다. 석유가 아주 귀했던 시절에는 인디언이 병에 담아서 한병에 1불씩 팔고 다녔다. 류머티즘에 잘 든다고 해서 대단한 인기였는데, 대량으로 솟아나게 되고부터는 잊혀지고 말았다. 인간은 어리석다.

가장 유망하다고 꼽힌 유전은 스토리농장이었다. 값이 4만불이라고 해서 그것을 사들였다. 이 투자는 그때까지의 어느 경우보다도 잘했다는 것이 곧 판명되었다. 첫해에 100만불의 순이익을 올렸고, 그 후 이 유전은 500만불로 평가되었다.

이 수입은 나에게 매우 유리했다. 우리는 피츠버그에 새로운 공장을 세우기 위하여 자금을 모았지만 그래도 부족해서 대출을 신청해야 했는데, 젊은 우리에게 있어서 지극히 타당한 조치였다고 생각한다.

이 석유 분야에의 모험 때문에 나는 몇번 현장에 찾아갔었는데, 1864년에 오하이오 주에서 유전이 발견되었다고 해서 보러 가기로 했다. 이 지대의 석유는 다른 곳과 달라서 좋은 윤활유가 된다는 것이었다. 나는 콜맨 씨와 리치 씨를 데리고 떠났는데, 이 여행에서 참으로 이상한 경험을 했다. 우리는 기차로 가서 댁 클리크의 개천을 따라 아무도 살지 않는 습지 깊숙이 들어갔다. 그 안쪽에 대유전이 있다는 것이다. 우리는 출발하기 전에 그것을 산다는 계약을 맺었었다.

내가 경험이라고 한 것은 돌아오는 길에 만난 것이었다. 갈 때에는 날씨가 쾌청해서 길도 그다지 나쁘지 않았는데, 우리가 유전에 있는 동안에 비가 왔다. 길은 푹푹 빠지는 진구렁으로 변해서 우리 마차는 벌벌 떨면서 나아가고 있었다. 그러는 동안에 빗발이 더욱 세차지고 해도 저물어서 여기에서 하룻밤을 지내게 되었다. 콜맨 씨는 마차 한쪽에서 잠들었고 리치 씨는 반대쪽에 누웠다. 그 무렵 내 몸무게는 45킬로그램밖에 나가지 않았기 때문에 뚱뚱한 두 사람 사이에 끼여서 샌드위치 같은 꼴로 누워 있었다. 마차는 가끔 생각난 것처럼 5, 60센티 쯤 전진했는데, 그러다가 완전히 진흙 속에 빠지고 말았다. 이렇게 우리는 하룻밤을 보냈다.

다음 날 저녁 때 우리는 비참한 모습으로 작은 시골 마을에 도착했다. 마을에는 작은 목조의 교회가 있었는데, 불이 켜져 있었고 종이 울리고 있었다. 마을 여관에 겨우 당도했을 때 교회의 간부가 찾아와서 마을 사람들이 우리를 기다리고 있었으므로 벌써 청중이 모였다고 말했다. 자세히 들어보니까 누구인가 이름이 알려진 강연자를 기다리고 있는데, 그 사람도 우리 같은 사정으로 늦어진 모양이다. 내가 그 사람으로 오인되었던 것이다. 그래서 교회에 함께 가달라고 했다. 친구들도 재밌겠다고 가보자고 했지만, 나는 더욱 피곤했기 때문에 거절했다. 이렇게 해서 나는 평생에 단 한번 있었던 설교할 기회를 놓쳐버렸던 것이다.

각 방면의 투자사업이 확장됨에 따라 시간과 노력이 필요해서 나는 철도회사를 사직하고 사업에 온 정력을 쏟기로 했다. 톰슨 사장은 그 전에 알튜나로 옮겨서 총무차장으로 추천해 주셨지만 나는 사양했다. 나는 이미 철도사업에서 완전히 물러나 재산을 만들기에 전심하기로 결정했다. 철도회사에서 지급하는 봉급으로는 그런 것을 바랄 수 없었고, 할바에 공명정대하게 하고 싶었다. 밤에 자리에 누웠을 때 나의 마음속에 있는 심판관에게 내가 한 일이 옳았던가 하는 판결을 받지 않으면 안 된다.

내가 톰슨 사장에게 이런 내용을 써서 사직을 원했을 때 그는 간절한 회답을 주셨다. 그리고 나의 행운을 빌어주셨다. 나는 1865년 3월 28일에 사직을 하고, 철도 종업원 일동으로부터 금시계를 선물받았다. 이 선물과 톰슨 사장의 편지를 나는 소중하게 보관하고 있다.

그 후로 나는 다시 봉급생활로 돌아가지 않았다. 남의 지휘 아래 있을 때에는 필연적으로 좁은 세계에 묶여 지내게 된다. 대회사의 사장이 되었다고 해도 인간이 스스로의 주인이 되기란 지극히 어렵다. 물론 자기가 주식을 독점하고 있다면 문제는 다르다. 가장 유능한 사장조차도 사업에 대해서는 아무것도 모르는 중역이나 이사진. 그리고 주주에 의해서 묶여 있는 것이다.

1867년에 핍스 씨와 J·W·반데볼트 씨와 나는 다시 유럽을 방문하여 영국과 스코틀랜드를 구석구석 돌아다니고 대륙에까지 건너갔다. 반데는 내가 가장 친하게 지내던 사람이다. 석유열로 재계가 들끓어서 주가는 로켓처럼 급등하고 있었다. 어느 일요일에 잔디밭에서 뒹굴면서 나는,

"반데, 만일 자네가 3000불을 벌었다고 하세. 그것을 나와 함께 유럽여행에 쓸 생각이 들겠나?"하고 물었다.

"그런 걸 묻는 것은 오리가 헤엄칠 줄을 아느냐라든가, 아일랜드인이 감자를 먹느냐고 묻는 것이나 같군."하는 것이 그의 대답이었다.

반데가 저축하고 있던 몇백불을 석유주식에 투자해서 곧 3000불의 돈이 생겼다. 이렇게 해서 우리는 여행을 떠났다. 우리는 나의 협력자인 헨리 핍스 씨에게 동행하자고 권했는데, 이 무렵에 그는 이미 훌륭한 자본가가 되어 있었다. 우리는 유럽 제국의 수도를 예방하고, 젊은이의 불타는 열정으로 탑에도 기어오르고 산 꼭대기에서 밤을 새기도 했으며, 짐은 배낭에 넣어서 짊어지

고 다녔다. 베스바이에서 화산의 정상에서 우리의 여행은 끝났
는데, 그곳에서 언젠가는 세계일주 여행에 나서자고 맹세했다.

이 유럽 여행은 유익했다. 나는 그때까지 회화나 조각에 대하
여 아무것도 몰랐는데, 그 후로는 유명한 화가의 작품을 감상할
수 있게 되었다. 명작을 보고도 바로 충분하게 감상할 수 없을지
도 모른다. 그러나 미국에 돌아온 후로 그때까지는 스스로 아름
답다고 생각했던 것도 새로운 기준에 의하여 비판하게 되었다.
위대한 작품이 인상에 강하게 남아 있기 때문에 그렇지 못한 것
은 매력이 없어졌다.

유럽 여행은 또한 음악 분야에서도 커다란 도움이 되었다. 마
침 런던의 크리스털 팰리스에서 헨델 기념제가 열리고 있어서
찾아갔었는데, 이때만큼 음악의 위대함과 능력을 절실하게 느꼈
던 적은 없다. 그 후 대륙의 사원이나 오페라에서 음악을 들을
기회가 있었으므로 나는 음악을 깊이 감상할 수 있게 되었다. 로
마에서는 법왕의 합창단을 크리스마스와 부활절 사이에는 교회
에서 아름다운 음악을 들을 수 있었는데, 이것도 큰 수확이었
다.

이 여행은 사업적인 면에서도 매우 유익했다. 우리는 가끔 거
대한 공화국에서 벗어나 자기네 나라가 어떤 기세로 뛰어다니고
있는가를 생각해볼 필요가 있었다. 산업에 종사하는 우리로서는
미국인의 요구에 응하기 위해서 아무리 기를 써도 모자랄 것처
럼 생각되어 뛰어다니고 있는데, 외국에 가보면 모두가 정지된
상태에 있다.

이 여행에서의 또하나의 큰 수확은 나의 종제(從弟)인 조지
라워다에게 신세진 것이었다. 그 덕분에 공장 작업에 새로운 연
구가 이루어졌는데, 이것은 미국에서 처음으로 시도된 것이다.
조지는 콜맨 씨를 영국의 위건으로 안내하여 탄광에서 나오는
석탄 찌꺼기를 세척해서 코르스로 만드는 작업을 설명해 주었

다. 콜맨 씨는 전부터 탄광에서 나오는 석탄 찌꺼기를 버릴 것이 아니라 어떻게 하면 이용할 수 있을까를 생각했던 것이다. 종제 인 조지는 공학을 전공한 기사로 글래스고 대학에서 교육을 받 았다.

나는 콜맨 씨의 의견에 따라서 자본금을 모으고, 주요한 석탄 회사와 10개월간 계약을 맺고, 또 펜 철도회사에 수송을 위탁해 서 이 새로운 사업에 착수했다. 조지는 피츠버그로 와서 이 작업 의 모든 책임을 지게 되었다. 그때까지 전혀 쓸모가 없어서 강에 버려졌던 찌꺼기가 이렇게 해서 중요한 역할을 하게 되고, 나의 친척이 여기에 공헌했다는 것이 기뻤다. 무에서 유를 창출한다 는 것 자체가 굉장한 일인데, 신대륙에서 이 사업에 처음으로 손 댄 것이 내 회사였다는 사실은 특기할 만한 것이리라.

나는 사촌 중에서 또 한 사람 소중한 협력자를 발견했다. 로버 트 모리슨이라는 담팜린 출신이었다. 어느 날 공장을 둘러보고 있는데, 계장이 당신 친척이 여기에서 아주 우수한 기계공으로 일하고 있는데 아느냐고 물었다. 나는 모른다고 대답하고, 일하 는 곳에 가면 만나보고 싶다고 말했다. 나는 그를 만났다. 이름 을 물으니까,

"모리슨 로버트의 아들입니다."하고 대답했다. 사촌 허브의 아들인 것이다.

"그런가, 어떻게 해서 여기에 왔나?"하고 나는 말투를 고쳐 서 물었다.

"생활을 개선할 수 있으리라고 생각했기 때문입니다."

"가족?"

"아내입니다."

"어째서 자네 친척을 먼저 찾아오지 않았나? 여기에 소개해 줄 수 있었을텐데."

"네, 나는 일할 기회만 있다면 누구의 도움을 받지 않아도 좋

다고 생각했기 때문입니다."하고 그는 대답했다. 이것이 진정한 모리슨의 기질이었다.

그는 누구에게도 의지하지 않고 완전히 독립해서 인생을 살아가도록 배워온 것이다. 그로부터 오래지 않아서 나는 그가 새로 설립된 우리 제작소의 주임으로 임명되었다는 말을 들었다. 그 후 계속해서 승진하여 그는 백만장자가 되었지만 여전히 건전한 사고방식으로 생활하고 있다.

나는 항상 제철업이 확장되어서 철강산업에 새로운 발전이 이룩되어야 한다고 주장해왔다. 당시는 아직 요람기였기 때문이다. 장래의 발전에 관한 모든 위험 요소가 일소된 것은 미국 정부가 외국에서의 수입에 관세를 물리는 결의를 채택했기 때문이다. 남북전쟁은 미국인들에게 외국에 의존하지 말고 자급자족하는 나라가 되어야 한다는 결의를 굳히도록 만들었다. 그때까지 미국은 강철을 모두 외국, 특히 영국에서 수입하고 있었다. 국민은 국내 공급을 요구했고, 의회는 강철레일에 28퍼센트의 관세를 부과하기로 결정했다. 당시 레일은 1톤에 100불이었기 때문에 관세는 28불이 된다. 다른 철강제품에 대해서도 거의 같은 비율이었다. 이 보호조치는 합중국의 산업 발전에 커다란 역할을 했다. 이것은 남북전쟁 전에는 정당의 문제여서 남부는 자유무역을 주장했고 관세는 북부만을 위한 것이라고 보고 있었다. 그러나 전후에는 관세는 정당의 관심사가 아니라 국가의 정책으로서 공화당도 민주당도 지지했던 것이다. 국내의 자원을 개발하는 것은 국민의 의무가 되었다. 그 후 철강업이 급속하게 발전하여 미국이 우위를 차지하게 되자 나는 서서히 관세를 내리기 위해 노력하여, 1톤에 28불이었던 것이 현재는 그 사분의 일인 7불로 인하되었다. 내가 자서전을 쓰고 있는 이때 미국이 철강제품의 관세는 전폐시켜버려도 조금도 곤란하지 않다. 유럽의 생산고는 수요를 충족시킬 수 없을 정도이므로, 국내의 업자들이 조금씩 수입을 하더라도 까딱도 안 할 것이다.

11. 본사를 뉴욕에 두다

우리 사업은 계속해서 확장되었다. 나는 자주 동부 특히 뉴욕을 방문해야 했다. 런던이 영국에서 중요한 것처럼 미국에서도 뉴욕이 모든 것의 중심이었다. 미국의 중요한 기업은 본사를 모두 뉴욕에 두고 있었다. 큰 상사는 대표자를 그곳에 상주시키지 않으면 굉장히 불편했다. 내 동생과 핍스 씨가 피츠버그의 사업을 잘 해주고 있었다. 나는 여러 개 있는 회사의 종합적인 정책을 지휘하고, 중대한 계약의 교섭을 맡았다.

동생은 내가 가장 존경하는 협력자이기도 하고 또 친구이기도 한 콜맨 씨의 딸 루시와 축복 속에 결혼했다. 나는 가족이 살고 있던 홈우드의 집을 동생에게 양도하고, 또다시 오랜 친구들과 헤어져 피츠버그를 떠나 뉴욕에서 살게 되었다. 이것은 1867년의 일이다. 이 이전은 나도 상당히 괴로웠지만 어머니는 더욱 괴로워했다. 그러나 어머니는 아직 건강했고, 두 사람이 함께 지내기만 한다면 어디에 있더라도 행복할 수 있었다. 그렇지만 오랜 세월 정들었던 집을 떠난다는건 어머니에게는 견딜 수 없는 일이었다. 우리는 뉴욕에 아무도 아는 사람이 없었다. 그래서 처음에는 센트니콜라스 호텔에 거처했는데, 당시는 이곳이 사교의 중심이었다.

얼마동안 우리에게 유일한 위안이 되었던 것은 피츠버그의 친구들이 뉴욕에 들르면 꼭 찾아주는 것이었다. 그리고 피츠버그 신문은 우리 생활에 빠뜨릴 수 없는 것이었다. 나는 가끔 찾아갔었고 어머니도 자주 동행했으므로 우리와 피츠버그와의 관계는 상당히 긴밀했다. 그러나 시간이 지남에 따라 새로운 친구가 생기고 새로운 흥미도 생겨서 자연히 뉴욕을 우리 집으로 생각하게 되었다. 센트 니콜라스의 경영자가 산에 윈저 호텔을 개업했으므로 우리는 그곳으로 옮겨서, 1887년까지 그곳에서 살게 되었다. 경영자 호크 씨는 우리의 친구가 되었고, 그의 조카는 지금까지 계속 사귀고 있다.

뉴욕에는 교양 면에서 여러 가지 특전이 있었는데 우리는 그 영향을 많이 받았다. 그 중에서도 내가 가장 높이 평가한 것은 코틀란드 퍼머 부처가 조직한 19세기 클럽이었다. 클럽은 월 1회 퍼머 씨 댁에서 열렸는데 여러 가지 현실적인 문제를 채택해서 토론을 벌였다. 그리고 곧 많은 유능한 남녀들이 모여들었다. 나를 이 클럽에 추천해주신 분은 보터 부인으로, 그녀의 남편은 대학 교수였다. 그녀는 멋진 여성으로, 그녀의 응접실은 살롱 같았고 많은 지식인이 모여들었다. 나는 어느날 보터 댁의 만찬에 초대되어 거기에서 처음으로 몇 사람의 저명 인사를 만날 수 있었다. 그 중의 한 사람은 내 평생의 친구가 되었고 또 현명한 충고자로서 나를 위해 애써 주었는데, 그는 앤드류·D·화이트 씨로서 그 무렵에는 코넬 대학의 학장이었다. 그는 후에 러시아와 독일에 대사로 파견되었고, 또 헤이그 회담에 미국의 수석대표가 되었다.

나는 오랫동안 피츠버그에 살았기 때문에 생산자 기질을 몸에 익히게 되었는데, 그것은 투기적인 사고방식과는 정반대이다. 나는 전신국의 통신원으로서 사업을 배웠던 것인데, 피츠버그 사람들이나 상사에서 뉴욕 주식시장과 거래하던 사람들의 거동을 큰 관심을 가지고 주목하고 있었다. 나에게 그들의 거래는 일종의 도박으로밖에 보이지 않았다. 그 무렵 피츠버그에는 아직 주식시장이 없었으므로 증권회사나 개인의 거래는 모두 전보로 이루어졌던 것인데, 피츠버그는 무어라 해도 공업도시였다.

　나는 뉴욕에서는 사정이 전혀 반대인 것을 알고 크게 놀랐다. 실업계 사람 중에서 다소라도 주식에 투자하지 않는 사람은 없다고 할 정도였다. 사람들은 내가 철도업무에 관계하고 있었다는 사실을 알고 어디에 가더라도 철도회사에 대한 의견을 말해 달라고 했다. 투자하기 위한 자금을 꿔 줄테니까 그것을 잘 운영해주었으면 좋겠다는 제안도 있었다. 아마 내가 회사의 내막을 잘 알고 있으니까 자기네 자금도 잘 운영해주리라고 생각했기 때문이리라. 파티에 초대해서 그런 의논을 해오는 경우도 있었다. 사실 투기계의 모든 분야가 가장 매혹적인 형태로 내 앞에 전개되었던 것이다.

　이런 유혹을 나는 전부 물리쳤다. 내가 뉴욕으로 옮기고 얼마 후의 어느날 아침에 윈저 호텔에서 들은 제안은 그 중에서도 가장 대단한 것이었다. 제이 굴드라고 하면 나는 새도 떨어뜨릴 만한 세력가였는데, 만약 내가 경영에 나서기만 하면 펜 철도회사를 사들여서 나에게 맡기겠다는 것이다. 나는 그 호의에 대해 감사를 표한 다음, 스코트 씨와 나는 사업상으로는 헤어졌지만 절대로 그를 배반할 수는 없다고 말했다. 그 후에 스코트 씨는 뉴욕의 주주들이 나를 밀어서 회사를 빼앗으려 하고 있다는 얘기를 들었다고 나에게 말했다. 나는 굴드의 얘기를 입밖에 낸일이 없었기 때문에 그가 어떻게 그것을 알게 되었는지 지금도 모른다. 그러나 나는 스코트 씨에게 내가 사장이 된다면 그것은 내가 소유하는 철도회사여야지 남의 회사에는 절대로 손대지 않는다고 분명하게 약속했다.

　나는 평생에 딱 한번밖에는 투기로 주식을 사고 판 일이 없다. 단 한번 펜 철도회사의 주식을 조금 산 일이 있다. 은행에서 저리(低利)로 대주겠다고 해서 나는 돈을 지불하지 않았다. 그러나 이것은 내가 신참이었을 시절이고, 그 후로는 직접 돈을 지불하지 않는 주식을 사거나 또는 가지고 있지도 않은 것을 팔거나 하는 짓은 하지 않았다. 물론 사업상의 거래에서 증권이나 주식을 인수한 것도 많고, 그 중에는 뉴욕의 주식시장에 올라 있는 것도 있었다. 그런 연유로 아침에 신문을 집어들면 먼저 주식란에 눈길이 가는 자신을 발견했다. 그래서 나는 피츠버그 공장에 직접적인 관계가 없는 방계 회사를 정리하고, 또한 주식회사에서 매매되는 것은 일체 갖지 않기로 결심했다. 이렇게 해서 사업상으로 가끔 들어오는 약간의 주식 외에는 평생 이 원칙을 지켜왔다.

　생산직에 종사하는 사람이나 전문직에 있는 사람에게 나는 이런 생각을 권하고 싶다. 특히 사업을 경영하는 사람들에게 이런 마음가짐은 중요하다. 긴 안목으로 볼 때 정확한 판단보다 나은 것은 없다. 주식시장의 어지러움에 헷갈려 있는 사람은 건전한 판단력을 잃게 된다. 술에 취한 것 같은 상태가 되므로 있지도 않은 것을 믿어버리고, 있다고 생각한 것이 전혀 없는 경우도 허다하다. 상대적으로 사물을 볼 수가 없고, 또 장래에 대한 예견도 일그러져버린다. 흙무덤이 산으로 보이고 산이 흙무덤으로 보인다. 이성적인 판단에 의존해야 할 결론에 아무런 근거도 없이 단번에 빠져버린다. 거래에 정신을 빼앗겨서 냉정하게 생각할 수 없다. 투기란 기생충과 같아서 그 자체에는 아무런 가치도 없다.

　뉴욕에 거처를 정하고 나서 내가 손을 댄 최초의 중요한 일은 케오쿠크 지점에서 미시시피 강을 건너는 철교를 놓는 대사업이었다. 펜 철도회사 사장 톰슨 씨와 내가 기초부터 전부 하청맡았고, 대금으로 주식을 인수했다. 이 공사는 모든 점에서 성공이었지만 재정적으로는 별로 신통하지가 못했다. 왜냐하면 미국에 불황이 닥쳐서 관계하던 철도회사가 파산했기 때문이다. 게다가 경쟁 회사가 발링톤 지점에 철교를 놓아서 새로운 철도가 미시시피 강을 건너 케오쿠크까지 부설되었기 때문이다. 우리가 기대했던 막대한 이익은 실현되지 않았다. 그래서 톰슨 씨와 나는 손해는 보지 않았지만, 이익이 거의 없었다. 케오쿠크 철교는 평이 좋았으므로 센트 루이스 시에서 미시시피 강을 건너는 다리의 계획이 나에게 돌아왔다. 이것에 의해서 나는 처음으로 대규모의 금융거래에 관여하게 되었다. 어느 날 맥퍼슨이라는 사람이 내 사무실로 와서, 신설되는 다리를 위하여 자금을 구하는 중이라고 말했다. 그는 이 계획을 위하여 내가 동부의 철도회사에 참여하도록 권유해주지 않겠느냐고 물었다. 계획안을 면밀하게 검토하고 난 후 나는 키스톤 교량제작소가 이 다리의 건설을 청부맡도록 계약을 맺기로 했다. 나는 이 다리를 건립하는 회사의 일번 저당채권 400만불을 인수하고, 교섭을 하기 위하여 1868년 3월에 런던을 향해 출발했다.

항해중에 나는 설립취지서를 작정하여, 런던에 도착하자마자 그것을 인쇄하도록 했다. 전에 귀향했을 때 유명한 은행가인 주니어스·S·몰간과 친해져 있었으므로 나는 그를 방문하여 교섭을 개시했다. 나는 취지서를 한 통 두고 돌아왔다. 그리고 다음 날 찾아갔을 때 몰간 씨가 이 계획에 호의를 가지고 있음을 발견하고는 대단히 기뻤다. 그는 채권의 일부를 인수하고, 훗날 나머지도 고려하겠다고 말했다. 그러나 그의 고문변호사들을 불러서 채권을 보이고 용어를 몇 군데 고쳤으면 좋겠다고 했다. 몰간 씨는 내가 스코틀랜드에 가기로 약속되어 있음을 알고 있었다. 그는 예정대로 가는 것이 좋다, 센트 루이스 본사에는 편지로 이쪽에서 제안한 변경에 동의하는지 여부를 확인하면 된다. 3주일 후에 자네가 돌아오면 계약을 완결시키면 되니까 시간을 충분히 있다, 하고 말해주었다. 그러나 나는 모처럼 잡은 물고기를 오래 둔다는 따위는 생각해보지도 않았다. 그래서 이튿날 아침까지 제안한 변경에 동의한다는 전보를 입수하겠다고 몰간 씨에게 말했다. 대서양의 해저전신은 몇 년 전부터 개통되어 있었지만,

그날 내가 보내는 것은 장문인데다가 개인통신이었기 때문에 전에 발송된 적이 있었는지도 의심스러웠다. 채권의 행을 세어서 몇 행의 몇 번째 글자를 변경, 삭제 혹은 첨가를 요한다고 명기하는 것은 용이했다. 나는 발송하기 전에 전문을 몰간 씨에게 보였다. 그는,

"자아, 젊은 분, 만약 당신이 이 일에 성공한다면 커다란 동그라미를 드리지요."하고 말했다.

나는 몰간 씨 방에 책상을 하나 빌려 사용하고 있었는데, 다음날 아침에 방에 들어가니까 내 책상 위에 노란 봉투가 하나 얹혀 있었다. 그것은 회신인데, '어젯밤 이사회에서 변경 전부를 승인했다'고 씌어 있었다.

"몰간 씨, 당신의 고문변호사들이 희망하시는 대로 채권이 변경되었으니까 이제 얘기를 진행시킬 수 있겠습니다."하고 나는 말했다. 계약은 곧 성립되었다.

내가 사무실에 있을 때 〈타임즈〉지의 경제부장으로 있던 샌프손 씨가 들어왔다. 나는 그와 회견했는데, 이 사람이 잘 써주면 채권의 값이 주식시장에서 오른다는 것을 잘 알고 있었다. 에리 철도회사가 서투른 짓을 했기 때문에 당시 영국에서는 미국의 공채나 주식이 평이 나빠서 몹시 얻어맞고 있었다. 나는 이 잡지를 통해서 공격당한다는 것을 잘 알고 있었다. 그래서 나는 선수를 쳐서, 센트 루이스 교량회사는 미국 정부로부터 설립허가를 받았다는 것을 샌프손 씨에게 알렸다. 따라서 소송을 하는 경우에는 합중국의 최고재판소에 제소할 수 있고, 미국의 최고재판소는 영국에서와 마찬가지로 국가 최고의 사법기관임을 지적했다. 샌프손 씨는 이 점을 크게 다루어주겠다고 말했다. 내가 이 다리는 대륙 횡단의 유료 관문이 된다고 설명했을 때 그는 크게 기뻐했다. 그 후의 얘기는 순조롭게 진행되었다. 그러자 몰간 씨는 나의 어깨를 두드리면서, "고맙소, 젊은 분, 오늘 아침에

당신은 채권의 값을 5퍼센트는 올려주었소."하고 말했다. 그가 보기에 나는 애숭이였던 것이다.

이 교섭이 성공하여 센트 루이스 교각를 건설할 비용이 생겼다. 나도 많은 이익을 얻었다. 이것은 내가 유럽의 은행가와 금융 절충을 한 최초의 경험이었다. 며칠 후에 어느 만찬회 석상에서 몰간 씨는 전보 교섭의 경위를 얘기하고는 "그 청년은 장차 반드시 성공할 것이다."하고 말했다고 부르만 씨는 나에게 전해 주었다.

몰간 씨와의 계약이 완결된 후에 나는 고향인 담팜린을 방문했다. 그때 나는 시내 몇 군대에 공중목욕탕을 기증했는데, 이것은 나의 최초의 선물로서 기록에 남겨둔다. 이보다 훨씬 전에 라워다 아저씨의 권유에 따라 반낵번 고전장(古戰場)을 한눈에 내려다보는 스탤링 언덕에 워레스 기념비를 세우기 위해 기부를 한 일이 있다. 물론 사소한 금액이었지만, 나는 전신국에 근무하면서 월수 30불로 가계의 전 책임을 지고 있었으므로 생활이 넉넉하지는 않았다. 어머니도 불평을 하지는 않았다. 아니 자기 아들이 기부자 명단에 올라 있는 것을 오히려 자랑스럽게 생각했고, 나 자신도 이제야 제몫을 하게 된 것처럼 느꼈던 것이다.

1867년에 유럽 대륙을 방문했을 때 나는 보고 들은 것에 깊은 흥미를 느끼고 있었지만, 결코 미국에 남기고 온 사업을 잊지는 않았다. 편지를 통하여 빈번하게 연락을 취하고 있었다. 남북전쟁 때문에 철도에 의한 태평양 연안과의 연락이 긴급한 문제로 등장하게 되어서, 의회는 대륙횡단철도를 놓는 법안을 통과시켰다. 오마하에서 첫 기공식이 행해져서, 철도가 샌프란시스코까지 연장되는 날도 머지 않았다고 생각되었다.

로마에 있던 어느 날 대륙횡단철도가 생각했던 것보다 일찍 실현될지도 모른다고 생각했다. 정부가 영토를 긴밀하게 연결시키기로 결의한 이상 그것을 실천에 옮기는 데에 시기를 잃지는 않을 것이다. 나는 스코트 씨에게 캘리포니아 선에 침대차를 설치할 권리를 얻어야 한다고 써서 보냈다. 그의 답장에,

'자네는 늘 시기의 앞머리를 잡는 것을 잊지 않는군.'이라고 씌어 있었다.

스코트 씨의 주장에도 불구하고 미국으로 돌아가자 곧 나는 이 생각을 추진시켰다. 내가 관심을 가지고 있던 침대차는 급속히 발전해서 수요에 응할 만큼의 차를 제조할 수 없을 정도였다. 그래서 현재의 프루만 회사가 창설되기에 이른 것이다. 중앙운수회사는 전구역에 손을 뻗칠 수는 없었다. 그래서 프루만 씨는 세계 최대의 철도 연락의 기점인 시카고에 새로운 회사를 설립하기로 했다. 그는 태평양철도가 세계 제일의 침대차 선로가 될 것으로 보고 내가 일찍부터 생각하고 있었던 것을 실행에 옮기려고 했던 것이다. 나는 강적을 만난 셈이다. 내가 프루만 씨를 만남으로써 이 사건은 크게 발전하게 되었는데, 다시 한 번 인생의 도상에서는 실로 사소한 일에서 커다란 결과가 생겨난다는 사실을 입증할 것이다.

유니온 패시픽 철도회사의 사장 두란트 씨가 시카고를 지나갈 때 프루만 씨가 그를 방문하여 방으로 안내되었다. 테이블 위에 스코트 씨 앞으로 보내는 전보용지가 얹혀 있었는데, '귀하의 침대차 건 승낙함.'이라고 씌어 있었다. 프루만 씨는 얼떨결에 그것을 읽었는데, 정말 무의식중에 그랬던 것이다. 두란트 사장이 방으로 들어오자 나는 이것을 설명하고, "내가 한 가지 제안을 할 때까지 이 건에 대한 결정을 연기해두시도록 부탁드립니다."하고 말했다.

두란트 씨는 연기를 약속했다. 그 후 머지 않아 뉴욕에서 유니온 패시픽 회사의 중역회의가 열렸는데, 프루만 씨와 내가 참석했다. 두 사람이 모두 중요시하고 있는 특권을 손에 넣으려고 서로 칼을 갈고 있었던 것이다. 어느 날 저녁 우리는 센트 니콜라

스 호텔의 계단에서 마주쳤다. 전에도 몇 번 만난 일이 있지만 아직 친하게 얘기를 나눌 만큼은 아니었다. 그러나 계단을 오르면서, "안녕하십니까, 프루만 씨. 여기서 만나뵙는군요. 사실 우리는 두 사람 다 큰 바보짓을 하고 있군요."하고 말했다. 그는 능청스럽게 "어째서지요?"하고 물었다.

나는 사정을 설명했다. 사실 우리는 서로 심한 경쟁을 함으로써 모처럼의 수확물을 놓치고 있는 것이다.

"당신은 도대체 어떻게 하는 것이 좋다는 말씀입니까?"하고 그가 물었다.

"합동을 하는 거지요. 유니온 패시픽에 당신과 내가 공동안을 제출해서 회사를 조직하는 겁니다."하고 나는 말했다.

"회사의 이름을 뭐라고 할 겁니까?"

"프루만 궁전차(宮殿車)회사."하고 나는 대답했다.

이 얘기는 적중했다. 나에게도 이것은 지극히 유리한 얘기였다.

"내 방으로 오십시오. 의논합시다."하고 침대차의 거물은 말했다.

나는 그의 방으로 갔고, 결국 공동으로 계약을 따낼 수가 있었다. 훗날 이 회사는 푸르만 본사와 합병했는데, 1873년 대공황을 당하여 내 철강회사를 지키기 위해 프루만 회사의 주식을 처분해야 될 때까지 나는 대주주였다.

프루만이란 인물과 그 경력은 처음부터 끝까지 미국식이라고 할 만했다. 여기에서 그에 대하여 한마디 하는 것도 낭비는 아니라고 생각한다. 프루만 씨는 처음에 풋내기 목수였다. 시카고 시는 지대가 낮아서 땅을 돋우어야 할 곳이 많았으므로 그는 땅을 돋우거나 가옥의 이동을 청부맡는 일에 손을 댔다. 물론 그는 이 일에 성공했고, 오래지 않아 이 방면에서 일류의 사업자가 되었다. 큰 호텔을 1피트쯤 올리는데, 경영에 아무런 지장 없이 수

백명의 투숙객을 그대로 둔 채 해치우는 것은 프루만 씨가 아니면 안된다고까지 하게 되었다. 그는 사물의 움직임을 명확하게 보는 재주를 지닌 희귀한 인물로, 말하자면 세상의 주류 속에서 헤엄치고, 가장 빠른 여울에 언제나 있었다. 그는 나와 마찬가지로 아메리카 대륙에 침대차가 없어서는 안 될 것을 간파했다. 그래서 그는 시카고에서 침대차 몇 대를 만들어 여기에 들어오는 철도 선로에 그것을 넣기로 계약을 맺었다.

　동부 회사는 이 수완가와 경쟁할 수는 없었다. 나는 곧 그것을 간파했다. 나의 회사와 발명자인 우들래프가 특허권을 가지고 있었기 때문에 우리가 프루만 씨를 상대하여 특허권 침해로 소송을 제기하면 몇 년 후에는 손해배상을 받을 수 있었으리라. 그러나 그런 일로 시간을 허비하고 있는 사이에 프루만 회사는 유유히 미국 전토에 조직망을 확장시킬 수 있다. 그런 정세를 알고 있었으므로 나는 프루만 씨와 제휴할 것을 강조했다. 프루만 씨와 내 회사의 중역들과 잘 조화되지 않았으므로 중요한 교섭은 내가 전부 맡았다. 얼마 후에 우리가 경영하던 중앙운수회사가 프루만 회사와 합병했기 때문에 프루만 씨는 서부만이 아니고 동부까지도 손을 뻗칠 수 있게 되었다. 그래서 그의 회사는 어떤 경쟁자에게도 지지 않을 만큼 성장했다. 프루만 씨는 내가 알고 있는 한 유례가 없는 유능한 사업가였다. 나는 그에게서 얻은 바가 많은데, 특히 내가 커다란 교훈을 받은 한 가지 일화가 있다.

　프루만 씨도 다른 사람과 마찬가지로 고생도 했고 실의의 체험도 많아서 모든 일이 뜻대로 된 것은 아니었다. 인간이란 모두 그런 것이다. 침대차를 다른 회사에서 운영하면서 또한 철도회사가 그 권리를 존중하도록 만드는 것은 용이한 일이 아니었다. 그가 아니었다면 사실 불가능한 일이었다. 물론 철도회사가 직접 침대차를 운행하려고 하는 것은 당연한 일이다. 어느날 그는 나에게 이런 얘기를 했다. 서부에 한 사람의 노인이 있었는데,

이 사람은 불행한 일생을 보냈고, 짊어질 수 있는 모든 질병을 한몸에 지니고 있다고 해도 될 정도였다. 이웃 사람들이 그를 동정해서 말하면 그는,

"그렇습니다. 말씀대로입니다. 내 일생은 정말 고난의 길이었습니다. 그러나 이상한 일이 한 가지 있습니다. 그 중에 십중 팔구는 실제로 없었던 일이지요."하고 대답했다.

사실 그렇다. 인간의 고뇌의 대부분은 상상 속에 있을 뿐이어서 웃어넘길 수 있는 것이 많다. 강에 도착하기 전에는 다리를 건널 필요가 없고, 악마와 만나기 전에는 안녕하시냐고 인사할 필요도 없다. 미리 하는 기우는 어리석기 짝이 없는 것이다. 머리를 얻어맞기 전까지는 모든 것이 잘 되어가는 것이고, 또 맞았다고 해도 십중 팔구는 예상했던 것만큼 아프지 않을지도 모른다. 현명한 사람은 철저한 낙천가이다.

이렇게 여러 가지 절충에 성공한 나는 뉴욕 업계에서 인정받게 되었다. 그리고 다음번 큰 일은 1871년의 유니온 패시픽 철도 회사와의 교섭이었다. 중역 한 사람이 나를 찾아와서, 회사의 위기를 넘기기 위해서는 어떻게 해서든지 60만불의 자금이 필요하다고 말했다. 나를 잘 아는 사람이고 또 유니온·패시픽 회사에 관계하고 있었는데, 만약 필요한 자금을 낸다면 펜실베니아 철도회사가 이 중요한 서부선을 사실상 지배하는 권리를 쥘 수 있다고 말했다. 그때 중역과 함께 프루만 씨가 왔었던 것으로 생각되는데, 어쩌면 이 얘기는 이미 프루만 씨로부터 들은 것인지도 모른다.

나는 이 문제를 맡았다. 나는 만약 유니온 패시픽이 펜 철도회사가 기명하는 몇사람을 중역진에 넣는다면 펜 철도회사는 유니온 패시픽의 원조에 나설지도 모른다고 생각했다. 그래서 나는 필라델피아로 가서 톰슨 사장에게 사정 얘기를 했다. 나는 뉴욕에서 필요한 자금을 조달하겠는데, 펜 철도회사가 후원한다면

회사는 유니온 패시픽의 지배권을 장악할 수 있다는 것도 강조했다. 톰슨 씨는 자기 돈에 대해서는 지극히 대담했지만, 회사 일이라면 몹시 신중하고 보수적이었다. 그러나 목적물은 크다. 그리고 만약 60만불을 회수하지 못한다 하더라도 회사는 담보로 같은 액수의 유니온 패시픽의 주식을 가지고 있으므로 그런 위험은 없었다.

톰슨 씨와의 회담은 필라델피아의 그의 집에서 행해졌는데, 내가 돌아오려고 하자 톰슨 씨는 나의 어깨에 손을 얹고, "앤디, 이 일에 관해서 나는 자네를 신용하고 있기 때문이라는 것을 잊지 말아주게. 자네의 신용이 걸린 거야. 주식을 손에 넣어서 펜 철도회사가 1불이라도 손해를 보는 일이 있어서는 안 되네."하고 말했다.

나는 모든 책임을 지고 일에 부딪쳤고 결과는 대성공이었다. 유니온 패시픽 회사는 톰슨 씨에게 사장이 되어 달라고 간절하게 부탁했지만 그는 승낙하지 않았다. 그대신 펜 철도회사의 부사장이었던 토마스·A·스코트 씨를 추천했다. 그렇게 해서 1871년에 스코트 씨와 프루만 씨와 내가 유니온 패시픽 철도회사 중역에 선임된 것이다. 담보로 인수한 유니온 패시픽의 300만 주를 금고에 보관했다. 예상했던대로 펜 철도회사와의 새로운 제휴는 유니온 패시픽 회사의 주식을 견실하게 만들어서 주가는 급격하게 올랐다. 당시 나는 오마하에서 미주리 강에 다리를 놓는데 그 공채를 런던에서 매출하는 교섭을 진행시키고 있었으므로, 내가 없는 사이에 어떤 긴급한 사태가 일어날지도 모른다고 생각하여 공동출자자인 스코트 씨에게 금고 열쇠를 맡기고 떠났다. 그런데 스코트 씨가 주식을 팔아버렸던 것이다. 주식을 팔고 모처럼 얻은 사장의 지위를 그냥 날려버릴 짓을 스코트 씨가 하리라고는 전혀 생각하지도 못했다.

귀국한 나는 유니온 패시픽 회사의 신뢰할 만한 중역의 한 사

140

람이 아니라 투기를 목적으로 주식을 이용했다는 오명이 씌워져 있는 것을 알았다. 대기업에 참여할 기회는 이렇게 해서 잃어버렸다. 프루만 씨도 이 일에 대해서 전혀 몰랐으므로 나와 마찬가지로 대단히 노했다. 그는 이 거래에서 생긴 금액을 전부 유니온 패시픽에 재투자했다. 나도 같은 방법으로 나에게 씌워진 오명을 씻으려고 했지만, 그렇게 하면 나의 최초의 은인이고 또 친구인 스코트 씨에게 맞서는 것이 되고 은혜를 잊은 것이 된다. 나는 주식을 도로 사들이지는 않았다.

스코트 씨와 나는 곧 유니온 패시픽 회사의 중역 자리에서 헌 짚신짝처럼 쫓겨나고 말았는데, 당연한 일이었다. 이것은 젊은 나에게는 참으로 쓰디쓴 경험이었다. 그리고 이것이 계기가 되어 소년시절부터 친절하고 또 애정이 풍부했던 토마스 스코트 씨와 결별하게 되었는데, 이것은 정말 애석한 일이었다. 톰슨 사장은 이런 중대한 문제를 스코트 씨와 나에게 맡겨둔 자기에게 책임이 있다고 하면서 매우 분해했는데, 내가 이 거래에 아무런 관계도 없었다는 것을 나중에는 인정해 주었다.

오마하 철교 건설을 위한 공채 250만불의 교섭은 대성공이었다. 국내에서는 유니온 패시픽과 관계가 있는 사람들이 공채를 샀는데, 내가 런던으로 출발하기 전에 아무도 이에 대하여 나에게 설명해주지 않았었다. 그러나 뉴욕에 돌아오니까 스코트 씨의 사건이 터져 있었으므로 회사는 그 손실을 메꾸기 위해 공채에서 생긴 이윤을 전부 압류하여 거기에 충당해버렸기 때문에 나는 큰 손해를 보게 되었다. 런던에 간 여비와 체재비, 그리고 시간과 노력도 모두 무(無)로 돌아가고 말았다. 이렇게 비참한 꼴을 당한 것은 태어나서 처음이었다. 나는 아직 어리며, 앞으로 많은 것을 배워야 한다는 사실을 절실하게 깨달았다. 신뢰할 수 있는 사람은 많이 있지만, 그래도 역시 엄격하게 감시해야 한다는 것을 나는 배웠다.

12. 몰간 상사와의 거래

나의 해외에서의 금융거래는 신용에 힘입어 확대되어 갔다. 특히 런던의 몰간 상사는 나에게 호의를 가지고 있었으므로 나는 무엇이든지 제일 먼저 몰간에게 가져가기로 했다. 내 제안을 거부한 일은 거의 없었고, 또 상사가 인수할 수 없으면 반드시 다른 믿을 만한 곳에 소개해주었다. 이런 거래관계에서 언제나 상대에게 유리한 결과가 되었다는 사실은 나에게 있어서 즐거운 추억이다.

어느 날 나는 몰간 씨에게 이렇게 말했다.

"몰간 씨, 내가 아이디어를 가지고 옵니다. 그리고 당신이 장사를 하십니다. 그래서 이윤의 사분의 일을 나에게 나누어 주신다면 여러 가지 재미있는 얘기를 가지고 오겠습니다."

그는 웃으면서,

"그건 타당한 얘기군요. 당신의 아이디어를 채택하는 것에 대한 선택권은 이쪽에 있으니까 이익의 사분의 일을 제공하는 것은 당연하겠지요."하고 대답했다.

그래서 나는 펜 철도회사가 보증하는 알리게니 계곡 철도회사의 공채를 매출하게 될지도 모른다고 말했다. 철도는 확장에 노력하고 있었으므로 언제나 자금부족으로 고민하고 있었다. 철도 기채(起債)에 대하여 유럽에서는 상당히 관심을 가지고 있기 때문에 이쪽에서 좋은 값에 대량으로 입수하여 처분할 수가 있지 않을까 하는 것이 나의 생각이었다. 몰간 씨는 언제나와 마찬가지로 취지서를 상세하게 검토한 다음, 인수해도 좋을 것이라고 말했다.

142

그때 톰슨 사장은 파리에 체재하고 있었으므로 나는 곧 그에게로 달려갔다. 몰간 씨와의 얘기를 설명하고, 만약 그가 대체적인 가격을 말해준다면 나는 당장 교섭을 하겠다고 말했다. 톰슨 씨가 정한 값은 상당히 비싼 것이었지만, 그래도 바로 뒤에 갑자기 폭등했기 때문에 그렇게 보면 싼 편이었다. 몰간 씨는 곧 그 일부를 사들이고, 나머지 권리도 보류해 달라고 말했다. 이렇게 해서 900만불에서 1억불에 가까운 알리게니 증권은 매진되었고, 펜 철도회사는 자금을 마련할 수 있었다.

증권의 매매가 미처 완료되기도 전에 우리는 1873년의 대공황을 만나게 되었다. 나의 수입원의 하나는 당시 피어폰트 몰간에게 맡겨놓은 증권이었다. 어느날 그는 나에게

"아버지가 런던에서 전보를 보내왔는데, 당신이 맡겨둔 증권을 언젠가 당신이 아버지에게 제안한 약속에 따라 팔아도 좋은지 물어봐달라고 합니다."하고 말했다.

"네, 좋습니다. 요즈음의 형편이라면 가지고 있는 것은 무엇이든지 팔아서 돈으로 바꾸어야 할 지경입니다."하고 나는 대답했다.

"그렇습니까? 얼마에 팔겠습니까?"하고 젊은 몰간 씨는 물었다.

얼마 전에 내가 받은 계산서에 의하면 내가 몰간 상사에 맡겨둔 증권의 총액은 이미 5만불이 된 것으로 기억하고 있다. 나는 그것을 6만불에 팔고 싶다고 말했다. 이튿날 아침 몰간 씨를 만나니까 그는 7만불의 수표를 나에게 주었다.

"카네기 씨, 당신이 잘못 아셨습니다. 당신은 통장에 있는 것보다 1만불 싸게 팔았던 겁니다. 당신이 맡긴 액수는 5만불이 아니라 6만불이었습니다. 거기에 약속한 몫을 넣으니까 7만불이 됩니다."하고 그는 말했다. 수표는 6만불짜리 1장과 1만불짜리 두 장이었는데 1만불은 수익금의 사분의 일이라는 것이다. 나는

이 추가분 수표를 돌려주면서,

"그렇습니까? 정말 훌륭한 마음씨입니다. 이건 내 감사의 표시니까 받아주십시오."하고 말했다.

"아닙니다. 그렇게 할 수는 없습니다."하고 그는 말했다.

이와 같이 법률적인 권리나 의무를 떠난 진정한 이해와 배려는 실업계에서 그다지 드문 일이 아니지만, 세상에서는 잘 모르는 모양이다. 그리고 그 후로 그들의 후의에 나는 몰간 씨 부자에 관한 한, 또 이 상사에 대해서도 손해를 보게 해서는 안 된다고 굳게 결심했다. 그들은 나의 진정한 친구가 되었던 것이다.

대사업이란 엄격한 성실성 위에서만 이루어지는 것으로서, 그 이외에 아무것도 요구하지 않는 법이다. 잘 돌아다닌다거나 재빠른 거래를 한다는 소문이 나면 큰 사업에는 치명상이 된다. 법률의 문구가 아니라 그 정신이 모든 거래의 기준이 되어야 한다. 상업도덕의 규준은 현재 매우 향상되어 있다. 어떤 착각으로 한 상사가 부당한 이득을 얻은 경우에 그 상사는 상대방의 손실이 없도록 당장 정정하고 있다. 어느 상사가 단순히 법에 따른다는 것만이 아니고 상대방을 공평과 정의로서 대한다는 평은 그 상사의 영구한 번영의 기반이 되는 것이다. 우리가 채택하고 준수한 '의문이 있을 때에는 언제나 상대방에게 유리하도록 처리할 것.'이라는 방침은 상상 이상으로 많은 보수를 가져왔던 것이다. 이런 일은 물론 투기꾼의 사회에서는 적용되지 않는다. 그 사회에는 전혀 다른 공기가 흐르고 있다. 그들은 도박꾼이다. 주식 투자와 착실한 장사는 양립되지 않는다. 최근에는 런던의 주니어스·S·몰간과 같은 구식 은행가는 대단히 적어졌다는 것을 인정하지 않을 수 없다.

유니온 패시픽 회사에서 쫓겨나고 오래지 않아서 스코트 씨는 텍사스 패시픽 철도회사 사장에 취임하여 이 선로의 개척에 힘을 기울이게 되었다. 어느날 그는 뉴욕에 있는 나에게 전보를 보내, 필라델피아에서 꼭 만나자고 요구했다. 그곳에 가자 나의 옛 친구들이 모여 있었다. 문제는 텍사스 패시픽 회사가 런던에서 기채한 공채의 만기가 다가왔는데, 내가 보증한다면 몰간 상사에서 재발행을 해주겠다는 것이다. 만약 내가 거부하면 회사는 도산하고 만다. 나는 매우 괴로운 입장에 놓였는데, 위험한 사업에 손을 댄다는 것은 나만이 아니라 나의 회사와 가족의 생활을 위협하는 것이 된다. 나의 의무는 무엇인가, 나는 그것을 생각해서 제안을 거부했다. 나는 모든 자금을 제조업에 쏟아넣고 있었으므로 1불이라도 그것을 위해서 필요했다. 자본가라고 해도 나 정도는 말석에 끼일 뿐이지만, 내 회사를 경영하고 있는 것이다. 동생과 그의 처자, 핍스 씨와 그의 가정, 크로만 씨와 그 일족이 눈에 선했다. 나는 끝까지 그들을 보호해야만 한다.

나는 스코트 씨에게 큰 철도를 건설하기 위해서는 필요한 자금을 확보한 후에 시작해야 한다고 말하고, 이 사업을 단념시키려고 애쓰면서 실패했다는 것을 얘기해 주어야 했다. 수천마일의 철도 선로 건설은 기한부의 차관으로 할 수 있는 것이 아니다. 스코트 씨는 내가 유럽에 가있는 사이에 이 사업을 시작했던 것인데, 나는 나의 몫으로 남겨두었던 25만불을 현금으로 지불해서 뒤가 깨끗하도록 해 두었던 것이다. 이렇게 시종일관 신중하게 행동해온 나이기 때문에 지금 새삼스럽게 위험이 따르는 모험에 나선다는 것은 누구를 위해서이건 할 수 없었다. 나는 이것을 명확하게 했다. 이것으로 스코트 씨와, 나의 사업상의 관계는 완전히 끊어졌는데 나는 정말 마음이 괴로웠다. 평생동안 이렇게 괴로워해 본 적은 없었다.

이 회담 후 얼마 있지 않아서 텍사스 패시픽 회사는 파산했다. 미국에서는 그 전에 금융계의 거물이라고 하던 사람들이 턱턱 쓰러졌으므로 몹시 놀랐다. 1881년 5월 21일에 스코트 씨가 갑자기 사망했다. 어쩌면 이 타격이 죽음의 원인이 되었을지도 모른다. 그는 완전히 지쳐버렸던 것이다. 이 사업에 참여했던 맥너메스 씨와 베어드 씨도 오래지 않아서 세상을 떠났는데, 그들은 나와 마찬가지로 생산공업 부문에 속하는 사람들이었다. 그들은 처음부터 철도 건설 따위에는 손을 대지 않았어야 했다.

실업가로서 여러 가지 문제에 부딪치는 중에서도 사업상의 계약 서류에 보증을 서는 것만큼 위험한 일은 없다. 그러나 그런 경우에도 자신에게 두 가지 질문을 해서 양심적으로 대답할 수 있다면 쉽게 타개할 수 있다. 첫째는, 이 보증을 섬으로써 생기는 최고의 액수를 아무런 불편도 느끼지 않고 갚아줄 만한 재정적인 여유가 있는지의 여부. 둘째는 보증을 서주는 친구를 위해서 그만한 돈을 버릴만한 각오가 되어 있는지의 여부. 이 두 가지 질문에 대답하고 나서 그렇게 한다면 상관없다. 만약 첫째 질문에 대한 대답이 긍정적이었다면 보증을 설 것이 아니고 요구한 만큼의 금액을 당장 그 사람에게 주어버릴 일이다. 자기 이름을 빌려주는 것은 최후의 수단이어서, 현명한 사람은 자기 이름을 소중하게 여기는 법이다.

이 필라델피아 회의에서 나는 상대의 요청을 거부해버렸는데, 이튿날 아침에 초대받은 사람들을 뉴욕으로 태우고 갈 특별열차에 나도 초대되어서 탔다. 나는 기꺼이 일행에 끼었다. 차 안에서 자본가로서 비중이 큰 맥라워 씨가 말을 걸었다. 그는 차 안을 한참 둘러보았지만 이 중에 단 한사람 성실한 사람이 있을 뿐 나머지는 모두 '바보들'이라는 결론에 이르렀다고 말하고, "여기에 앤디가 있지만, 자기에게 할당된 몫은 모두 지불해서 1불의 빚도 없다. 따라서 이 사업에는 아무런 책임도 없다. 여기에 있는 사람들도 모두 그렇게 했어야 했다." 하고 말했다.

그리고 그는 어떻게 해서 이렇게 위험하고 또 번거로운 일에서 잘 벗어날 수 있었느냐고 물었다. 나는 자신이 책임을 지불할 수 없는 것에는 서명하지 않는다는 방침에 충실하다는 것을 말하고, 또 서부 개척자의 한 사람인 내 친구가 얘기했던 것을 일러주었다. "건너갈 수 없는 곳에 들어가서는 안된다."고 하는 것이다. 이번 강은 나에게는 너무나 깊었던 것이다.

이 규약을 나 자신 뿐만 아니라 나의 사업 동료에게도 강요했는데, 그래서 여러 가지 곤란한 일을 겪지 않고 지낼 수 있었던 것이다. 사업에 관해서는 별도지만, 우리는 어떤 일에도 서명하거나 보증서거나 하는 짓은 않겠다고 굳게 약속했었다. 이것이 앞서의 회담에서 나에게 도움이 되었던 것이다.

이 시절에 나는 자주 유럽에 가서 여러 가지 증권을 거래했는데, 전부 합치면 3000만불 정도를 취급했을 것이다. 당시는 아직 대서양의 해저전보가 런던의 금융시장에 뉴욕을 끌어들이지 않았던 시절이어서, 런던의 은행가들은 노는 돈이 있으면 그것을 약간의 금리차이로 파리, 빈, 또는 베를린으로 돌리고, 이자가 높더라도 미국으로 빌려주려고는 하지 않았다. 그들의 눈에는 유럽 나라들보다는 아메리카 합중국이 더 불안하게 비쳤던 것이다.

내 동생과 협력자인 핍스 씨가 제철사업 쪽을 운영해주었으므로 나는 아무 걱정 없이 몇주일씩 비울 수가 있었다. 그런 형편이어서 나는 제조업을 떠나 금융계와 은행계의 사업에 몰두할 수 있었다. 해외에서의 그런 방면의 성공은 여러 가지 유리한 기회를 나에게 제공했다. 그러나 나는 항상 생산업에 관심을 가지고 있었다. 나는 무엇인가 유형(有形)의 것을 만들어 그것을 판매하는 데에 힘을 기울이고 있었으므로, 여전히 금융사업에서 얻은 이익을 피츠버그의 공장을 확장하는 데에 쏟아 넣었다.

처음에 키스톤 교량제작소를 위해서 세운 작은 공장은 이미 다른 일에 쓰고 있었고, 로렌스빌에 10에이커의 넓은 땅을 구해서 새로이 광대한 공장이 세워져 있었다. 합동제철소는 그 후 여러번 확장을 거듭하여 지금은 완벽한 합중국의 일류 제철소가 되었다. 나는 한때 펜실베니아 철도회사의 친구들과 서부 여러 주에 철도를 건설하는 것에 관심을 가지고 있었다. 그러나 서서히 그런 일에서 손을 빼, "한 개의 바구니에 가지고 있는 달걀을 전부 담아서는 안 된다."고 하는 속담과는 반대의 방침을 취하기도 했던 것이다. 나는 '좋은 달걀은 모두 하나의 바구니에 담아서 그 바구니에서 눈을 떼지 않는' 것이 옳은 방침이라고 결심했기 때문이다.

내 소신은 어떤 일에서나 눈부신 성공에 이르는 참된 것을 스스로 완전히 습득하는 것이다. 정력을 여러 가지 분야에 분산시켜버리는 것을 나는 현명하다고 생각하지 않는다. 내 경험에 의하면 여러 가지 사업에 관계해서 재정적으로 성공했다는 사람은 아주 드물게밖에 만난 일이 없다. 더구나 제조업에서는 성공한 사람이 하나도 없다. 성공한 사람들은 한 가지 길을 택하여 거기에 집중한 사람들이다. 자기사업에 투자해서 거기에 전념하면 막대한 이익이 돌아온다는 사실을 아는 사람이 적은 데에는 놀랄 수밖에 없다. 어떤 공장도 어느 한 기계를 없애버리고 새롭고 능률적인 것으로 바꾸는 편이 훨씬 낫다. 또 기계의 증설이나 새로운 작업과정의 연구에 의해서 충분한 이익을 올릴 수 있는데도 그것을 게을리하고 자기 영역 이외의 것에 투자하는 사람이 많다. 그런 투자에서 오는 최대의 수익도 자기 사업을 게을리함으로써 생기는 손실을 메우기에는 부족한 법이다. 그런데도 내가 아는 실업가들의 대부분은 은행주라든가 하는 자기 일과는 인연이 먼 사업에 투자하고, 진짜 노다지는 자기 공장에서 뒹굴고 있다는 사실을 잊고 있다. 나는 평생 이런 생각을 고수해서 옆길로 흐르지 않도록 애썼다. 나는 누구보다도 자신의 자본을 이용할 줄 알았다. 중역진보다도 훨씬 잘 알고 있다. 내가 젊은 사람들에게 하고 싶은 말은, 평생의 일로 결정한 사업에 시간과 정열을 전부 쏟아넣을 뿐만 아니라 자기 자본의 마지막 한 푼까지도 투입하라고 하는 것이다. 나는 젊은 시절에 철강의 생산에 전력을 집중시켜서 그 방면의 달인이 되자고 결심했던 것이다.

나의 잦은 영국 방문은 철강업계의 이름난 사람들과 사귀고, 그들과의 옛정을 되새기는 절호의 기회를 만들어주었다. 그런 사람들 중에서 가장 유명한 것은 베세머, 그리고 로디언 벨 경, 버나드 사뮤엘슨 경, 윈저 리차드 경 등 업계의 거물 들이었다. 나는 영국 철강협회의 평의원에 이어서 회장에 선임되었는데, 영국 시민이 아니면서 회장에 추대된 것은 내가 처음이었다. 이 명예를 나는 대단히 기쁘게 생각했지만 미국에 살고 있기 때문에 의무와 책임을 다하지 못할 것같아서 처음엔 사양했었다.

우리는 교량이나 다른 건조물을 만들기 위해 연철의 제조에만 매달려 있었는데, 지금 생각해보면 선철도 우리손으로 생산하는 것이 바람직했다는 생각이 든다. 그래서 1870년에 루시 용광로를 만들게 되었다. 만약 처음부터 이 일이 이렇게 어렵다는 것을 알았더라면 투자를 연기했을지도 모른다. 우리는 가끔 업계의 선배로부터 회사가 급속하게 확장, 발전하는 데 대하여 경고를 받고는 있었지만, 그런 일로 물러서려고는 하지 않았다. 우리는 충분한 자본을 가지고 있었고, 회사의 신용도 있었으며, 반사로 (反射爐)를 만들 실력도 있다고 생각했다.

건설비의 견적은 정직하게 말해서 실제로 든 비용의 반도 되지 않았다. 그것은 우리에게 있어서 하나의 실험이었다. 크로만씨는 용광로의 운영에 대하여 아무것도 몰랐다. 그러나 자세한 지식은 없지만 심한 과실도 없었다. 그리고 완성되었을 때 루시 용광로의 생산량은 우리의 가장 낙관적인 기대를 상회하여, 당시로서는 전례없이 하루 100톤이라는 엄청난 양을 더구나 하나의 용광로에서 1주일간 계속해서 생산해냈다. 세계에서 누구도 들은 일이 없는 생산량이다. 우리는 기록을 세웠고, 많은 참가자들은 그 경이에 눈이 둥그래졌다. 그러나 우리의 제철사업이 순조롭게 진행된 것만은 아니었다. 공황이 한해씩 걸러서 찾아왔다. 남북전쟁 후 철은 1파운드에 9센트에서 3센트로 폭락했지만, 우리는 그것을 극복할 수 있었다. 그때는 파산하는 사람도 많아서, 우리 회사의 금융 담당자는 위기에 대처하기 위한 자금을 마련하기에 분주했다. 그런 속에서도 우리 회사는 신용을 잃지 않고 견디었다. 그러나 선철(銑鐵)제조는 다른 부문보다도 우리의 두통거리였다. 그런 시기에 영국의 유명한 제철업자인 호이트웰 씨의 방문을 받았다. 나는 그에게 직면하고 있는 기술상의 난점들을 털어놓았다. 친절하고 또 관대한 마음의 소유자인 호이트웰 씨는 업자 사이의 질투심 따위는 털끝만큼도 없이 자기 지식과 경험에 의해서 우리의 문제를 해결해주었다. 훗날 우리는 새로운 연구 결과를 그에게 제공해서 보답할 수가 있었다.

13. 강철시대

믿어지지 않겠지만, 40년 전인 1870년 경에는 선철 제조에 화학을 이용한다는 것을 미국에서는 전혀 생각하지 않았었다. 제철에 화학 따위는 중요한 것이 아니다. 당시의 용광로 주임기사는 대체로 난폭한 사람들로 외국인이 많았고, 기술 이외에 말을 듣지 않는 부하에 대한 본보기라고 하면서 가끔 완력을 휘둘러 때리는 등의 폭력도 행사하고 있었다. 그들은 일종의 육감으로 용광로의 사태를 진단했고, 그 기능에는 어떤 초자연적인 신통력이 있다고 믿고 있었다. 그것은 수맥(水脈)이나 유전 등의 소재를 찾는데 참나무 몽둥이를 들고 다니는 것이나 같았다. 그것은 또한 환자의 증세보다는 자신의 그때의 기분에 따라 약을 조제하는 돌팔이 의사와 같은 것이었다.

즉시 용광로가 하나의 난관을 돌파하면 또 다시 어려운 일이 생겼다. 그것은 여러 종류의 광석이나 석회석, 코크스 등 갖가지 잡다한 것으로서 성질이 일정하지 않고, 그런 성분 따위에는 전혀 관심이 없이 아무거나 엉터리로 사용했기 때문이다. 이런 상태에 우리는 분통이 터지고 말았다. 그래서 결국 신통력에 의존하고 있는 계장을 그만두게 하고, 젊은 사람에게 용광로를 맡기기로 했다. 우리는 발송계를 맡고 있던 헨리·M·칼리라는 젊은이를 주목하고 있었으므로 그를 담당자로 채용했다.

핍스 씨는 특히 용광로를 자기 책임이라고 생각하며 감독하고 있었다. 매일 충실하게 감시해주었으므로 큰 실수는 면할 수 있었다. 서부에 있는 다른 용광로에 비해서 성적이 좋지 않았다는 것은 아니다. 그러나 다른 용광로에 비해서 우리 것은 대단히 컸기 때문에 자연히 그 차이가 중대한 결과를 초래했던 것이다.

다음 일은 칼리의 조수와 지도자가 될 화학자를 구하는 일이었다. 다행히 우리는 프릭 박사라는 독일 태생의 학자를 찾아낼 수 있었고, 그는 우리를 위해서 카다란 비밀의 문을 열어주었다. 산에서 운반해오는 광석 중에 그때까지 성능을 높게 평가했던 것이 소정 함량의 10퍼센트나 15퍼센트, 심하면 20퍼센트 이하였다는 것을 알았다. 그 반대로 이제까지 빈광(貧鑛)으로 알려졌던 산이 지금은 매우 우수한 광석을 산출하고 있다는 것이 밝혀졌다. 좋다고 소문난 것이 나쁘고, 나쁘다는 말을 듣던 것이 질이 좋기도 해서 뒤죽박죽이 되었다. 선철의 제조공정에서 그때까지는 아주 불안정한 것으로 쳤던 일에서 십중 구까지는 화학 지식이라는 햇볕에 노출되어서 말끔히 사라지게 되었다.

그런데 이번에야말로 최고 수준의 제품을 생산할 것이라고 큰 기대를 걸고 있을 때에 용광로가 고장을 일으키고 말았던 것이다. 이유는 이제까지의 질이 나쁜 광석 대신에 양질에 순도가 훨씬 높은 광석을 썼기 때문이다. 양질의 광석은 나쁜 광석보다 삼분의 이나 철분을 더 함유하고 있다. 이런 광석을 용해시키기 위해 너무 많이 석회석을 투입했기 때문에 용광로가 지탱하지 못했던 것이다. 바꾸어 말하면 재료가 너무 좋아서 우리는 큰 손해를 입은 것이다.

우리는 얼마나 큰 바보였었나. 그러나 그것은 다음과 같은 것으로 자위가 되었다. 경쟁자들과 비교해 볼 때, 우리는 그다지 바보는 아닌 모양이었다. 우리가 화학을 제조 지침으로 도입하고 나서 몇년이 지난 후에도 다른 용광로 경영자들의 대부분은 화학자를 고용하는 따위의 여유는 없다고 말했었다. 그들이 사실을 알았더라면 화학자를 고용하지 않고서는 수지를 맞출 수 없다고 말했을 텐데. 나는 용광로에 처음으로 화학자를 맞아들인 우리의 공적은 자랑할 만한 것이라고 생각한다. 우리의 경쟁자들은 사치이고 낭비라고 주장했던 것을 !

루시 용광로는 우리 사업 중에서 가장 유리한 부문이 되었는데, 그것은 과학적인 경영으로 독점할 수 있었기 때문이다. 이 비밀을 찾아낼 수 있었기 때문에 1872년에 또 하나의 용광로를 만들기로 결심했다. 최초의 시도에 비해서 이것은 상당히 경제적으로 만들 수가 있었다. 그후로부터는 다른 회사가 사용하기를 거부하는 질이 나쁜 광석이나 전혀 무시되는 빈광이 우리의 좋은 상대가 되었다. 우리는 질이 좋다고 해서 산출되는 광석을 비싼 값에 팔고 있는 광산을 상대하지 않았다. 그 좋은 예는 미주리주의 유명한 파일럿 놉광산이다. 그곳에서 산출되는 것은 소위 업계의 수수께끼였다. 용광로가 상하지 않도록 하기 위해서는 극히 소량밖에 사용할 수 없다는 것이었다. 화학적으로 조사해보고 난 후 그것은 유황 성분이 적고 실리콘 함유량이 매우 높다는 것을 알았다. 만약 이것을 적당히 용해시킬 수만 있다면 이만큼의 양질의 광석은 없고, 또 이만큼의 풍부한 산도 없다. 그래서 우리는 이 광석을 많이 사들였고, 광산 주인은 갑자기 팔리게 되었으므로 크게 감사하고 있었다.

수년간에 걸쳐서 우리는 교련로(攪練爐)에서 나오는 유황분이 많은 쇠부스러기를 비싸게 팔고, 그 대신에 경쟁 회사의 열로(熱爐)에서 나오는 순수한 쇠부스러기를 싸게 사는 놀랄만한 이득을 보았다. 전자에 비하면 후자는 철분이 많고 유황분은 적었다. 가끔 어떤 회사에서 용광로로 쇠부스러기를 녹이려고 하면 너무 순도가 높아서 잘 되지 않았다. 그래서 전혀 쓸모가 없어서 피츠버그 강가에 내다버렸던 것이다. 우리는 상대방의 좋은 것과 이쪽의 나쁜 것을 바꾸어 주고, 게다가 고맙다는 말까지 듣는 형편이었다.

그러나 그보다도 더욱 우스운 것은 일종의 편견으로서 그것도 전혀 근거가 없는 것이었는데, 제철소에서 나오는 찌꺼기를 용광로에 넣으면 안된다는 것이었다. 하지만 찌꺼기는 순수한 산화철(酸化鐵)이다. 어느날 나는 클리블랜드 시의 동업자를 방문했는데, 직공이 귀중한 찌꺼기를 손수레에 실어 나르고 있는 것을 보았다. 사장에게 어떻게 하느냐고 물으니까 그는,

"강가에 버립니다. 용광로 기사가 녹이려고 했지만 아무래도 잘 되지 않는다고 합니다." 하고 대답했다.

나는 그때 아무 말도 하지 않고 피츠버그에 돌아온 즉시 회사의 전문기사와 의논했다. 그리고 그를 클리블랜드로 파견하여, 버리는 찌꺼기를 1톤에 50센트로 사들여서 피츠버그로 보내도록 했다. 이것은 상당히 오래 계속되어서 나는 언젠가는 사장이 알아차릴 것으로 생각했었는데, 그는 발견하지 못한 채 죽고, 그의 후계자가 이 사실을 발견했던 것이다.

나는 베세머 제강법의 발달을 주의깊게 지켜보았다. 만약 이

방법이 성공한다면 강철이 무쇠를 대신할 운명에 있음을 알고 있었기 때문이다. 왜냐하면 무쇠의 시대는 지나가고 강철의 시대가 오리라는 것은 확실했다. 나의 친구로 프리덤 철공소 사장인 존·A·라이트 씨는 이 새로운 제법을 시찰하기 위해 영국으로 갔다. 그는 업계에서 최고의 경험을 쌓은 전문가로서, 결국 그는 베세머법이 좋다는 결론에 이르러 회사를 설득하여 베세머 공장을 세우기로 결정했다. 그것은 옳은 판단이었지만, 시기가 조금 일렀다. 건설비는 그가 예상했던 것보다 훨씬 많이 필요했다. 게다가 당시는 영국에서조차 아직 시험 중이었던 것을 새로운 나라에 이식해서 처음부터 잘 되어가리라고는 기대할 수 없었던 것이다. 그 시험은 오랜 기간과 또 많은 비용이 드는 것은 당연했다. 그러나 내 친구는 여기에 대한 충분한 준비가 없었던 것이다.

그로부터 얼마 후에 영국에서 이 제법이 확립됨과 동시에, 자본가들은 현재의 해리스버그에 있는 펜실베니아 제강소를 세우기 시작했다. 이것도 역시 시험을 거치지 않으면 안 되어서 한때는 위기에 처하여 가망이 없었는데 재수좋게 펜 철도회사의 톰슨 사장이 원조의 손길을 뻗쳐주었다. 톰슨 씨 같은 도량이 넓고 형안을 지닌 유력자가 있었기 때문에 회사의 중역진을 설득해서 60만불이라는 거금을 발전 도상에 있는 제조회사에 융자하여, 자기네 철도를 위해 강철 레일을 확보했던 것이다. 결과적으로 이 용단은 현명한 처사였다고 할 수 있다.

펜 철도회사뿐만 아니라 다른 주요 철도회사도 무쇠 레일을 무엇으로 대체할 것이냐는 것은 절박한 문제였다. 피츠버그의 어떤 지점 커브의 무쇠 레일은 6주일이나 길어도 2개월마다 갈지 않으면 안 되었다. 베세머 제강법이 보급되기 전에 영국에서 도즈라는 사람이 레일의 윗부분을 탄화시킴으로써 좋은 성적을 올리고 있음을 알고 톰슨 사장에게 권한 일이 있었다. 나는 영국으로 건너가서 도즈의 특허를 사들였다. 그리고 톰슨 사장에게 2만불을 출자시켜 피츠버그에서 시험해 보았다. 우리 부지 안에 다른 용광로를 만들어 펜 철도회사의 수백톤의 레일을 탄소로 처리하여 무쇠 레일에 비하여 훨씬 성적이 좋은 것을 만드는 데 성공했다. 이것이 미국에서는 처음 사용된 경지(硬地)레일이었다. 우리는 그것을 가장 심한 급커브에 사용해서 그 내구력을 시험해 보았다. 톰슨 씨가 내놓은 투자금은 충분히 회수되고도 남았음은 물론이다. 베세머 제강법이 만약 기대했던 성과를 거두지 못했더라면 우리는 도즈법을 더욱 발전시키고 개량해서 일반적으로 채택하도록 했으리라고 생각한다. 그러나 베세머 제강법이 생산하는 단단한 강철에 비하면 그것은 비교도 되지 않았다.

피츠버그 시 부근인 존스타운에 있는 켐브리아 철공소는 미국의 일류 레일 제작소였는데, 그곳의 내 친구는 베세머 제강소를 세우기로 결심했다. 나는 영국에서 베세머 제강법을 실제로 잘 보았었으므로 그 방법이 부당하게 자본을 소비하지 않고 큰 위험도 없이 성공을 거둘 수 있으리라고 예견하고 있었다. 끊임없이 새로운 제법에 주의를 기울였던 윌리엄 콜맨 씨도 나와 같은 결론에 도달해 있었다. 그래서 우리는 피츠버그 시에서 강철 레일을 만드는데 의견의 일치를 보았다. 펜 철도회사의 사장 톰슨 씨, 콜맨 씨, 그리고 아버지가 돌아가셨을 때 나의 어머니에게 원조의 손길을 주었던 데이빗 매칸드레스 씨와 함께 1873년 1월 6일에 강철 레일 회사를 조직했다.

공장을 어디에 세울 것인지, 부지의 선택이 가장 큰 문제였다. 제안된 장소가 아무래도 마땅치 않았으므로 결국 나는 공동 출자자들과 상의하기 위하여 피츠버그로 갔다. 이 문제는 항상 머릿속에서 떠나지 않았는데, 일요일 아침에 잠자리에서 한 장소가 문득 머리에 떠올랐던 것이다. 나는 일어나서 동생을 불렀다.

"톰, 너와 콜맨 씨가 제안한 부지가 타당해. 펜실베니아 철도와 볼티모어 오하이오 철도와 강 사이에 있는 블랙독 말이다. 미국에서는 그곳이 가장 좋은 장소다. 회사는 우리가 존경하는 사람의 이름을 따서 에드가 톰슨 회사라고 부르기로 하자. 당장 콜맨 씨와 함께 블랙독에 가보기로 하자." 하고 나는 말했다.

그날 우리는 그대로 행동했고, 이튿날 아침에 콜맨 씨는 공장부지를 입수하려고 애쓰고 있었다. 주인인 매키네 씨는 자기 경작지를 지독하게 비싸게 평가하고 있었다. 우리는 1에이커에 560불로 사들일 작정이었는데, 결국 2,000불을 지불해야 했다. 그러나 그후 공장이 확장됨에 따라 부지가 더 필요하게 되었을 때에는 1에이커에 5,000불씩 지불해야 했다.

제강소는 펜 철도회사 사장에게 영광을 돌려 에드가 톰슨 회사라고 명명하려고 생각했다. 그래서 우리가 승낙을 받기 위해 찾아갔을 때 톰슨 씨의 대답은 당시의 생각을 반영하고 있어서 의미심장하다. 미국의 강철 레일에 관한 한 자기 이름을 내세우는 것은 현명하지 않다는 것이었다. 왜냐하면 이 사업은 아직 신뢰할 만한 지경에까지 가지 않았기 때문이다. 물론 시험단계에서의 불안은 면할 수 없다. 그러나 나는 어떤 점으로 보아도 외국 제품에 조금도 뒤지지 않는 훌륭한 강철 레일을 만들어낼 자신이 있다고 그에게 말했다. 그리고 키스톤 철교나 크로만 차축과 같은 평을 얻어내겠다고 확언해서 그를 납득시켰다.

공장 건설이 상당히 진행되어 만사가 순조롭게 이루어지고 있을 때, 우리는 1873년 9월의 금융공황을 만났다. 이때가 나의 실업계 생활에서 가장 불안한 시절이었다. 모든 것이 순조롭게 진행되고 있다고 생각했었는데, 어느날 아침 알리게니 산맥의 크레슨에서 피서하고 있는 나에게 전보가 와서 제이 쿠크 회사가 파산했다고 알려왔다. 그 후로 시간마다 차례로 중요한 회사가 파산했다는 새로운 뉴스가 날아들었다. 그야말로 줄을 잇는 도산이었다. 아침에 눈을 뜨면 오늘은 누가 파산했을까를 먼저 생각하게 되었다. 한 회사의 파산은 다른 회사의 자금상태를 악화시켰다. 하나의 결손에 이어서 다른 결손이 발생하여, 경제계는 완전히 마비상태에 빠졌다. 매주 어딘가 약한 곳이 드러나서 평소였다면 아무렇지도 않을 튼튼한 회사가 쓰러졌는데, 그 이유는 이 나라에 아직 확고한 은행 기구가 없었기 때문이다.

우리는 부채에 있어서는 조금도 걱정할 일이 없었다. 우리가 빌린 것만을 지불하는 것이라면 전혀 까다로운 일은 없지만, 자칫하면 우리에게 빚이 있는 사람의 몫까지 책임져야 하게 될 우려가 다분히 있었다. 게다가 우리가 지불하는 대금만이 아니라 우리가 받을 대금에 대해서도 조심해야 했다. 잘못하면 양쪽 다 지불해야 할 곤경에 빠지기 때문이다. 우리의 은행에서조차 예금을 인출하지 않도록 부탁해왔다. 당시 통화상태가 어떠했는지는 다음의 예로 잘 알 수 있다. 우리의 봉급 지불일이 다가왔다. 소액수표로 10만1000불이 필요했다. 그것을 입수하기 위해서 우리는 뉴욕에서 2400불의 프리미엄을 지불하고 그것을 피츠버그로 급송해야 했다. 최상의 저당을 잡히더라도 돈을 빌릴 수는 없었다. 그러나 나는 예비로 남겨 두었던 증권을 팔아서 상당한 액수를 현금으로 바꾸었다. 물론 그것은 나중에 회사가 나에게 지불해주었다.

피츠버그를 중심으로 해서 운영되고 있는 철도회사 중에 몇 군데는 우리 회사에서 자재를 구입하고 있었으므로 공황이 왔을 때 우리에게 많은 액수의 돈을 빌리고 있었다. 그 중에서도 포트 웨인 회사가 최고의 채무자였다. 나는 부사장인 소우 씨를 찾아가서 꼭 부채를 갚아달라고 말했다.

"갚아야 한다는 것은 잘 알고 있습니다. 그리고 지금은 어쩔 수 없는 것 이외에는 일체 지불하지 않고 있습니다." 하고 그는 대답했다.

“그렇습니까? 잘 알았습니다. 당신네 운임도 그 속에 들어가
겠지요. 당신네 회사의 예에 따라서 우리 회사가 갚아야 할 운임
도 한 푼도 지불하지 않기로 하겠습니다.” 하고 나는 말했다.

“글쎄, 만약 그렇게 하신다면 화물 수송을 중지시키겠습니
다.” 하고 소우 씨는 말했다.

나는 그런 위험을 받아들이겠다고 말했다. 철도회사가 언제까
지나 그렇게 하고 있을 수는 없다. 그렇게 해서 우리는 운임을
지불하지 않고 상당히 오랫동안 회사 제품을 수송할 수 있었다.

이런 대공황에 직면해서 나는 처음에 몹시 흥분했고 공동출자
자들의 일에 신경이 쓰였다. 이때에는 마음의 평정을 유지하는
것이 내가 할 수 있는 전부였다. 그러나 이윽고 우리의 재정 형
편이 명확하고 극히 견실하다는 것을 알자 나는 정신적인 평정
을 되찾아서, 필요하다면 거래하고 있던 은행의 중역실에 가서
중역회의에서 회사의 진상을 솔직하게 설명할 마음의 준비가 되
어 있었다. 회사의 실정을 있는 그대로 모조리 털어놓아도 회사
의 신용을 잃을 만한 일은 하나도 없었다. 우리 사업에 관계하고
있는 사람들 중 사치스러운 생활을 하는 사람은 한 명도 없었다.
우리의 생활태도는 참으로 검소했다. 회사에서 돈을 꺼내 호화
로운 집을 짓거나 주식시장에서 투기에 손대는 자도 없었고, 또
사업의 본질과 관계없는 다른 일에 투자하는 사람도 없었다. 남
의 채무에 연대보증을 선 일도 없다. 게다가 우리는 매년 상당한
액수의 수익을 올려서 번영을 계속해 왔던 것이다.

이렇게 해서 나는 공동출자자들의 불안을 일소시킬 수가 있었
다. 그러나 누구에겐가 융자를 부탁하러 가야할 처지에 놓이지
않았던 것을 나만큼 기뻐한 사람은 없다. 콜맨 씨는 재산가였고
세상의 신용도 두터웠으므로, 자발적으로 필요하다면 도와주겠
다고 말해 주었다. 윌리엄 콜맨 씨는 참으로 미더운 인물이어
서, 이 사람은 온갖 유혹을 뿌리치고 나의 사업에만 힘을 쏟아주

었다. 멋진 인물이었다.

콜맨 씨는 또한 참된 애국자였다. 7월 4일 독립기념일에는 모든 공장은 쉬게 되는데, 한번은 평소처럼 공장을 둘러보는데 한 무리의 직공들이 보일러를 수리하고 있지 않은가. 그는 반장을 불러서, 도대체 어떻게 된 일이냐고 물었다. 즉각 일을 중지하라고 명하고는, "7월 4일에 일을 하다니! 수리를 하려면 일요일에 해도 되지 않은가." 하고 야단을 쳤다. 그는 대단히 화가 나 있었다.

우리는 1873년의 선풍이 불어오는 것을 보고 곧 회사의 각 부문에서 긴축을 강행했다. 참으로 애석한 일이었지만, 새로운 제강소의 건설은 당분간 보류하기로 했다. 이 사업에 투자하기로 약속한 중심인물 몇사람은 지불 불능이 되었으므로 나는 직접 그들의 주식을 인수하고, 이미 불입한 사람들에게는 내가 책임을 지고 환불했다. 그렇게 해서 회사의 지배권이 내게 돌아왔던 것이다.

이 무렵까지 나는 사업에 대하여 너무 대담하고 두려움을 모르는, 어떤 의미에서는 신중하지 못한 청년이라는 비판을 받고 있었다. 우리 사업은 광범위해지고, 급속히 발전해서 아직 젊은데도 몇백만불을 다루고 있었다. 피츠버그의 노인들이 보기에는 아무래도 내 사업 방식은 화려하기는 하지만 뿌리가 없는 것처럼 생각되었던 것이다. 노련한 어떤 사람은 '앤드류 카네기의 두뇌가 그를 성공으로 이끌어주지 않는다면 그의 운이 이끌어줄 것이네.' 하고 말했다.

이런 나에 대한 인물평은 사실 정곡을 찔렀다고 할 수 있다. 나는 나 자신을 위해서도 또 나에게 협력해주는 사람들을 위해서도 아무리 사소한 모험도 강행하지 않았다는 것은 사실을 아는 사람은 잘 알고 있으며, 그렇지 않은 사람은 놀랄 것이다. 내가 무엇인가 큰 사업에 손을 댔을 때에는 반드시 펜실베니아 철도회사와 같은 큰 조직으로 책임을 져주는 것이 배후에 있었다. 스코틀랜드인 특유의 조심성도 언제나 큰 역할을 해주었다. 그러나 피츠버그 공업계의 원로들 눈에는 내가 멋모르고 겁이 없는 것으로 비친 것이 사실이다. 그들은 노인이고 나는 젊다는 사실이 이렇게 큰 견해의 차이로 나타났던 것이다.

피츠버그의 금융기관이 나와 내 사업에 대하여 품고 있던 불안이 사라지자 지나칠 정도의 신뢰가 생겼다. 사업 구조가 견실하다는 것을 알자 융자 제의가 쇄도했다.

나는 스코트 씨와 톰슨 씨 등의 일로 상당히 괴로운 입장에 섰던 일이 있는데, 이번에는 협력자인 앤드류 크로만 씨 때문에 더욱 곤경에 빠지게 되었다. 그는 투기꾼들의 꾐에 빠져서 에스카바나 철공소에 관계하고 있었다는 것이 밝혀졌다. 그는 이것을 주식회사로 만든다는 굳은 약속을 받고 개입했던 것인데, 설립되기도 전에 발기인들은 70만불 정도의 부채를 지고 말았던 것이다. 크로만 씨를 본래의 위치로 회복시키기 위해서는 그가 먼저 파산선고를 받는 것밖엔 달리 방법이 없었다.

이것은 우리에게 심한 충격이었다. 왜냐하면 크로만 씨는 공동출자자의 한 사람으로서 같은 업종의 다른 회사에 투자할 권리가 없고, 또 다른 출자자들 모르게 다른 회사에서 개인적인 부채를 지지도 못하도록 되어 있었던 것이다. 실업계 사람들 사이의 지상명령은 동료에게 비밀이 있어서는 안 된다는 것이다. 이 규칙을 무시해서 크로만 씨는 자신 뿐만 아니라 우리 회사까지 위기에 빠뜨렸던 것이다. 게다가 그것이 주위 사정이 험악했던 경제공황 직후에 밝혀진 것이다. 얼마동안 이 세상에는 아무도 믿을 사람이 없다는 생각이 들 정도였다. 우리가 안심하고 서 있을 수 있는 기반이 있는 것일까.

이 사건이 발각된 후에 만약 크로만 씨가 실업계 사람이었다면 우리의 협력자로서 또다시 맞아들일 수는 없었을 것이다. 그러나 그는 그렇지가 않았다. 그는 장사의 재능을 약간은 가지고 있었지만, 실은 기계공이고 더구나 이 분야에서는 최고의 능력을 가지고 있었다. 그러나 크로만 씨의 야심은 사무실의 책상앞에 앉아 있는 일이었다. 그는 남에게 방해가 될지언정 조금도 도움은 되지 않는 존재여서, 공장에 있으면서 새로운 기계를 고안하거나 시운전을 하고 있을 때만 사고가 없었던 것이다. 우리는 그를 적당한 자리에 배치해서 거기에 정착하도록 만들기 위해 무척 애를 써왔었다. 그것이 그로 하여금 달리 배출구를 구하도록 한 원인일지도 모른다. 그는 아마 사회적으로 많이 알려진 사람들에게 부추김을 받은 것이리라. 특히 기술적인 능력에 덧붙여서 그가 굉장한 사무적인 능력의 소유자라고 부추기면 그것이 그를 흠뻑 빠지게 만든다는 것을 잘 아는 사람들의 소행일 것이다. 우리는 그 능력을 다소는 인정하고 있었지만, 앞에서도 말한 바와 같이 그다지 높이 평가하고 있지는 않았던 것이다.

크로만 씨가 파산선고를 받아서 자유의 몸이 되었을 때, 우리는 그에게 회사의 10퍼센트의 지분을 허용하고 시가에 관계없이 실질적으로 액면의 금액만큼을 그에게서 징수하기로 했다. 다만 그가 가진 주식에 이익 배당이 생길 때까지는 징수를 연기하기로 했다. 거기에 부가해서 그는 다른 어떤 사업에도 관계하지 않고, 남의 채무에 보증도 서지 않으며, 모든 시간과 노력을 회사의 사무 경영을 제외한 기술부문에만 경주한다는 교환조건을 내놓았다. 만약 그가 우리의 제안을 승낙했더라면 몇백만불의 부자가 되었을 것이다. 그러나 그의 자부심, 특히 가족에 대한 긍지라고나 할까 그런것이 이것을 허용하지 않았다. 그는 무턱대고 자기 사업을 하겠다고 하면서 듣지 않았다. 그리고 내가 온갖 방법을 동원해서 말리려고 하는데도 불구하고 자기 아들을 사무 담당자로 해서 새로운 경쟁회사를 만들었다. 그러나 결국은 실패로 끝나서 그의 죽음을 재촉하게 되었다.

자기에게 무엇이 가장 적합하고 또 가능한가를 알지 못해서, 한방면으로 안심하고 유쾌하게 나아가지 않는 것은 어리석을 뿐만 아니라 참으로 애석하다. 내가 알고 있는 범위에서만도, 공장에서는 굉장한 기능을 나타내는데도 거기에 만족하지 못하여 사무적인 일에 나섰다가, 스스로 심신을 소모하고 불안과 초조에 짓눌려 마지막에는 실의 속에 죽어간 예를 여러 번 봐왔다. 나는 크로만 씨와 헤어지는 것이 몹시 괴로웠고 또 애석했다. 그는 훌륭하고 선량한 인물로서 굉장한 기술적인 두뇌를 가지고 있었다. 만약 아무도 꾀어내지만 않았더라도 그는 우리 회사에 머물러 있었으리라고 생각한다. 아마 외부로부터의 자본 제공 —— 더구나 그것이 필요하게 되었을 때에는 실현되지 않았다 —— 으로 그의 머리가 교란되었을 것이다. 이것으로 위대한 기술자는 무능한 실업가라는 사실이 확실하게 드러났다.

14. 세계 일주 여행

크로만 씨가 우리와의 관계를 끊은 후 나는 아무런 망설임도 없이 공장을 윌리엄 본트리거에게 맡겼다. 그의 경력을 생각하면 언제나 즐거워진다. 그는 독일에서 곧바로 우리 공장으로 왔다. 청년은 영어를 전혀 몰랐지만 크로만 씨의 먼 친척이 된다고 해서 공장에 고용하여, 처음에는 잔심부름을 시켰다. 그는 곧 영어를 배워서, 주에 6불의 급료로 발송부에서 일하게 되었다. 기계에 대한 지식 따위는 털끝만큼도 없었지만 고용주에 대한 열성과 근면함은 눈부실 정도여서 공장 어디에 가더라도 그의 모습이 보이지 않는 곳이 없고 무엇이든지 알고 있었으며, 또 온갖 일을 거들어주었다.

윌리엄은 재미있는 인물이었다. 독일 사투리를 버리지 못하고 영어 문장도 독일식으로 구성해서 앞뒤가 뒤죽박죽이었지만, 그것이 오히려 인상적이었다. 그의 지휘하에서 합동제철소는 우리의 수많은 사업 중에서 최고의 수익을 올리게 되었다. 수년간 이 일에 종사하는 동안 그는 과로를 해서 피로가 겹쳤다. 그래서 우리는 유럽 여행을 보내기로 했다. 워싱턴을 돌아서 그는 뉴욕에 도착했다. 뉴욕에서 나를 찾아 왔는데, 독일로 돌아가기보다는 한시라도 빨리 피츠버그로 돌아가고 싶다고 했다. 워싱턴의 기념비에 올라갔을 때 그 계단에서 카네기가 만든 쇠층계가 눈에 띄었고, 또 그 밖의 공공건물에서도 도처에서 회사의 철제품을 보았다. 그래서 그는,

"나는 콧대가 훨씬 높아졌습니다. 그래서 바로 공장으로 돌아가 모든 것이 잘 되어가는지 어떤지 보고싶은 겁니다." 하고 말했다.

윌리엄은 아침 일찍부터 밤 늦게까지 공장에 있었다. 그의 온 생활이 거기에 있었던 것이다. 오랜 세월에 걸쳐서 몇 명의 청년을 중역진에 넣었는데, 윌리엄은 최초의 사람이었다. 그리고 이 가난한 독일 소년이 죽기 전에는 일 년에 5만불의 고소득을 올렸는데, 그 중의 한 푼이라도 그가 땀을 흘리지 않고 얻은 것은 없었다. 그에 대한 재미있는 얘기는 많이 있다. 일년간의 사업 성적을 축하하는 만찬에서 돌아가면서 한 마디씩 하기로 되었다. 윌리엄의 얘기의 끝맺음은 다음과 같다.

"여러분, 우리가 해야할 일은 가격을 올리고 생산비는 최하로 줄여서 모두가 자기 엉덩이로 꽉 밟고 서는 겁니다." 하고 말했다.

각자의 발로 선다는 것을 윌리엄은 실수를 해서 엉덩이로 선다고 해버렸던 것이다. 일동은 큰소리로 오랫동안 몇번이나 되풀이해서 웃었다.

에반스 대령은 한때 정부의 감독관으로서 공장에 근무하고 있었다. 그는 몹시 엄격해서 모두가 두려워했다. 윌리엄은 가끔 혼이 났는데, 결국 대령을 화나게 만들어서, 대령은 윌리엄이 괘씸하다고 나에게 항의했었다. 우리는 정부의 관리에게는 기분을 맞춰 주어야 한다는 것을 윌리엄에게 납득시키려고 했다. 윌리엄의 대답은 다음과 같았다.

"하지만 말입니다. 그 사람이 옵니다. 그리고 내 여송연을 피웁니다. 그리고는 공장에 가서 내 철제품이 나쁘다고 투덜댑니다. 이런 사람 어떻게 생각합니까? 하지만 나는 사과하겠습니다. 나는 깍듯이 인사하겠어요."

대령은 윌리엄이 태도를 고치기로 했다는 말을 듣고 일단은 납득을 했는데, 후에 윌리엄이 사과하는 말을 웃으면서 우리에게 얘기했다.

"그래 대령님, 당신은 오늘 아침에 안녕하십니까? 나는 당신에게 아무 불만도 없습니다." 하면서 손을 내밀었으므로 대령은 악수를 했고 그래서 화해가 되었던 것이다. 윌리엄은 언제인가 피츠버그 시의 강철 제조 선구자였던 제임스 퍼크 씨에게 우리가 사용할 수 없었던 대량의 묵은 레일을 팔았다. 퍼크 씨는 그것이 몹시 나쁜 것임을 발견했다. 그가 손해 보상을 요구했으므로, 윌리엄은 핍스 씨와 함께 가서 퍼크 씨를 만나 문제를 해결하라는 명령을 받았다. 핍스 씨는 퍼크 씨의 사무실로 들어갔는데, 윌리엄은 그 사이에 공장 안을 돌아다니면서 문제의 나쁜 물건을 찾았지만 어디에도 보이지 않았다. 윌리엄은 어디를 찾으면 되는지 잘 알고 있었던 것이다. 그는 사무실로 들어가서 퍼크 씨가 한 마디 말할 틈도 주지 않고 먼저 입을 열었다.

"퍼크 씨, 당신에게 판 그 헌 레일 말인데요, 강철이 아니라서 당신 마음에 들지 않는다는 말을 듣고 나는 잘되었다고 생각했습니다. 전부 당신에게서 다시 사겠습니다. 1톤에 5불씩 당신에

164

게 이익을 드리고 사들이겠습니다.”

윌리엄은 이미 철재를 모두 써버렸다는 것을 알고 있었다. 퍼크 씨는 당황하고 말았다. 문제는 그 자리에서 결말이 났다. 승리는 윌리엄 것이었다.

언제인가 내가 피츠버그에 갔을 때 윌리엄은 누구에게도 하지 않은 얘기인데 나에게만 ‘특별히’하고 싶은 말이 있다고 했다. 그것은 그가 독일에서 돌아와서 얼마되지 않아서의 일이었다.

윌리엄은 대학 교수가 된 고향 친구를 방문하여 그의 집에 며칠 체재했던 것이다.

“그래서 말인데요 카네기 씨, 그 사람의 여동생이 집안 일을 돌보고 있습니다. 나한테 몹시 친절하게 해줬어요. 함부르크에 도착했을 땐 사소한 것이나마 그 사람한테 선물하려고 생각했습니다. 그녀가 나에게 편지를 줬어요. 나도 편지를 주고. 그래서 나와 결혼해주지 않겠느냐고 물었던 거예요. 그녀는 교육을 많이 받았는데, 그래도 좋다고 써보내줬어요. 그래서 나는 ‘뉴욕으로 와다오. 그곳으로 마중을 가겠다.’고 써보냈어요. 그런데 말이에요, 카네기씨. 그 사람들은 일에 대해서도 공장에 대해서도 아무것도 모른다고 말합니다. 오빠가 나한테 독일로 와서 거기에서 결혼하라는 겁니다. 나는 공장을 버려두고 가지는 못해요. 그래서 당신과 의논하려고 생각했던 겁니다.”

“물론 가는 게 좋아요. 그렇지 윌리엄. 자네는 가야하는 거야. 가족들이 그렇게 생각하는 것은 당연하고, 나는 그 점이 마음에 들었네. 자네는 당장 가서 그녀를 데리고 오게. 내가 수배할 테니까.” 하고 나는 말했다. 그리고 헤어질 때

“윌리엄, 자네 색시는 틀림없이 미인이겠지. 키가 크고, ‘복숭아와 크림’같다고 흔히 말하는데, 그런 독일의 젊은 아가씨겠지?” 하고 말했다.

“그렇지가 않아요. 카네기씨. 그녀는 조금 뚱뚱해요. 만약 압

연(壓延) 롤러에 걸 수만 있다면 나는 한번 더 걸겠어요.”하고 윌리엄은 대답했다.

윌리엄이 인용하는 예는 모두 제철소의 작업에서 따오는 것이었다.

핍스 씨는 철공소의 판매부장을 하고 있었는데, 사업이 확장됨에 따라서 그는 강철 사업에 필요한 인물이 되었다. 그래서 젊은 윌리엄·L·애보트 씨가 그 뒤를 잇게 되었다. 그의 경력은 윌리엄 본트리거와 아주 흡사하다. 그는 적은 급료로 사무원으로서 근무했었는데 오래지 않아 철공소의 중요한 사무를 다루게 되었다. 그는 훗날 중역으로 발탁되고, 마지막에는 사장으로 승진했다.

루시 용광로를 맡고 있던 컬리 씨도 이 무렵까지는 훌륭한 성적을 올려서 다른 두 사람과 마찬가지로 중역 자리가 주어졌다. 사업을 성공시키기 위해서는 두드러지게 많은 일을 한 사람을 자주 승진시키는 방침만큼 효과적인 것은 없다. 우리는 카네기 매칸드레스 회사를 에드가 톰슨 강철회사로 통합하고, 내 동생과 핍스 씨를 중역진에 참가시켰다. 두 사람은 처음에 이 제안을 거절했지만, 나는 첫해의 수익을 제시하여 만약 그들이 강철업으로 전환하지 않는다면 후에 후회하게 될 것이라고 말했다. 그래서 나와 함께 일하게 되었다. 이것은 우리에게도 기쁜 일이었다.

내 경험에 의하면 새로운 회사를 조직함에 있어서, 여러 분야에서 신인을 마구 끌어모아도 그것으로 활발하고 효과적인 기업체제가 이루어지는 것은 아니다. 몇 번인가의 재편성이 필요한 것이다. 에드가 톰슨 강철회사도 결코 예외는 아니었다. 레일 생산에 투자하기 훨씬 전부터 콜맨 씨는, 능력이나 경영방침에 있어서 뛰어난 수완을 지니고 있다고 철도회사가 보증하여 보내온 사람들에 대하여 불만을 가지고 있었다. 그리고 일을 시작하자 곧 그의 판단이 잘못이 아니었음이 밝혀졌다. 이를테면 철도 회사의 감사역이었던 사람이 우리 회사에 왔다. 경리에 대해서는 전문가였을지 모르지만 생산에 대하여는 아무것도 몰랐기 때문에 못하는 일을 요구하는 우리쪽이 잘못이었던 것이다.

강철회사는 드디어 사업을 개시하게 되었다. 감사역이 기안한 기구의 시안이 결재를 받기 위해서 내 앞으로 왔다. 회사를 크게 두 부문으로 나누어서 일부를 스코틀랜드인인 스티븐스 씨에게, 나머지를 존즈 씨에게 맡기는 것으로 되어 있었다. 내가 이 안에 대해서 내린 결단만큼 훗날 이 회사의 성공에 크게 관계되었던 것은 없으리라. 어떤 일이 있더라도 하나의 조직 안에 두 인물이 평등한 권력을 가지고 있다는 것은 있을 수 없는 일이다. 두 명의 사령관을 모신 군대나 두 사람의 선장에 의해서 조종되는 배 따위는 생각할 수도 없듯이, 한 기업에 부문은 다를지라도 두 사람의 지휘자가 있다는 것은 치명적이다.

"이건 안 돼. 나는 스티븐스 씨도 모르고 존즈 씨도 모르는 사람이다. 그러나 어느쪽이든 한 사람을 결정해서 그 사람이 캡틴이 되어 모든 책임을 지도록 하지 않으면 안 돼." 하고 나는 말했다.

결국 마지막에는 존즈 씨로 결정되었는데, 이렇게 해서 우리는 '캡틴'을 책임자로 하게 되었다. 훗날 그는 베세머 강철의 제조에 있어서는 최고의 권위자로 널리 알려지게 되었다.

당시의 캡틴은 젊고 여위었으며 동작은 민첩하고, 웰티 계통 사람인만큼 키는 작은 편이었다. 그는 가까운 존즈 타운에서 하루에 2불의 직공으로 우리 회사에 들어왔었다. 우리는 곧 그가 예사 인물이 아님을 간파했다. 남북 전쟁 때는 일개 졸병으로 종군해서 훌륭한 전공을 세워 대위로 승진했었다. 에드가 톰슨 회사의 성공의 많은 부분은 그의 수완에 의한 것이었다.

후에 우리가 그를 주주의 한 사람으로 만들고 싶다고 제안했을 때 그는 그것을 거절했다. 아마 그것을 승낙했더라면 그는 백만장자가 될 수 있었을 것이다. 어느 날 나는 당시 주주로 추천된 젊은 사람들이 그보다도 훨씬 많은 수입이 있다는 것을 얘기하고, 그를 중역으로 추천하겠다고 전했다. 물론 재정상의 책임은 조금도 없다.

"아니, 사절하겠습니다. 이 회사를 운영하는 것만으로도 힘에 벅찬데, 그 이상 골치아픈 일은 싫습니다. 만약 내가 쓸모가 있다고 생각하신다면 봉급이나 듬뿍 주십시오." 하고 그는 말했다.

"좋아, 캡틴. 합중국 대통령의 봉급은 자네 것이네." 하고 나는 대답했다.

"괜찮군요." 하는 것이 이 자그마한 웰티인의 대답이었다.

강철업계의 경쟁회사들은 모두 처음에는 우리를 무시하고 덤볐다. 자신들이 제강소를 창설하면서 심한 고생을 겪었으므로, 우리도 앞으로 1년 정도는 레일을 공급할 수 없으리라고 생각하여 경쟁 상대로 인정하지 않았던 것이다. 우리가 사업을 시작했을 무렵에 강철 레일은 1톤에 약 70불이었다. 우리는 전국에 판매원을 파견해서 되도록 좋은 값으로 주문을 받도록 했다. 그리고 경쟁 상대가 알아차리기 전에 대량의 주문을 받아버렸다. 사업을 시작하기에 충분할 만큼 받았던 것이다.

기계는 완전하고 계획은 완벽했으며, 존즈 대위가 선발한 공원은 기능이 좋았고 또 자신도 굉장한 경영자였기 때문에 우리의 성공은 눈부셨다. 사업을 시작한 첫달의 순이익은 1만 1천불이나 되었는데 이런 결과는 희귀한 기록일 것이다. 또 특히 주목할 것은 정확한 원가계산으로 순이익을 바로 산출할 수 있었다는 사실이다. 우리는 종래의 제철 경험에서 정확한 계산이 어떤 의의를 지니는가를 잘 알고 있었다. 사무 담당자가 제조공정의 한 부문에서 다른 부문으로 재료를 보낼 때 그것을 일일이 체크

하는 것만큼 중요하고 또 유리한 방법은 없다.

제강업에의 새로운 모험이 매우 훌륭히 성공하였으므로 나는 휴가를 가질 것을 고려하게 되었다. 그래서 내가 오랫동안 꿈꾸어 왔던 세계 일주 여행이 구체화되었다. 결국 '반디'라고 부르던 J·W·반데볼트 씨와 나는 1878년 가을에 여행을 떠났다. 나는 메모장을 많이 준비하여, 매일 노트를 했다. 책으로 펴내겠다고 생각한 것은 아니었지만, 이 노트를 정리해서 개인출판으로 친구들에게 배부해도 좋겠다고는 생각하고 있었다. 그러나 막상 자신이 쓴 것이 한 권의 책으로 간행되었을 때의 감격은 컸다. 인쇄소에서 책이 왔을 때, 나는 친구들에게 보낼 가치가 있는지 다시 읽어보았다. 그리고 보낸 다음에 비판을 기다리는 편이 낫다는 결론에 도달했다.

친구들에게 나누어주기 위해서 쓴 책이 혹평을 받을 이유는 없다고 하더라도, 겉치레의 치사나 듣고 그것으로 끝나는 건 아닐까 하는 걱정은 언제나 있다. 그러나 내 기대치를 훨씬 넘어서 책을 읽어준 사람들은 진심으로 유익했다고 말해주었다. 어쨌든 저자는 이런 말을 곧이곧대로 듣는 모양이다. 그래서 몇 개월은 반쯤 취한 듯한 기분으로 지냈다. 책은 재판을 거듭했고, 서평이나 발췌문이 신문 등에 실렸다. 그러는 중에 찰즈 스크립스 출판사가 판매권을 사겠다고 요청했다. 이렇게 해서 《세계 일주》는 대중에게 선보이게 되었고, 나도 드디어 '저자'의 대열에 서게 되었다.

이 여행에 의해서 나에게 새로운 지평선이 열렸다. 그것은 나의 지적인 시야를 크게 확대해주었다. 당시 스펜서와 다윈이 크게 찬양받고 있었는데, 나는 그들의 저서에 깊은 관심을 갖게 되었다. 나는 진화론자의 견해에 따라서 인류 생활의 갖가지 모습을 바라보게 되었다. 중국에서는 공자를 읽고, 인도에서는 불경과 힌두교의 성전을 읽었다. 봄베이에서는 배화교도와 친해지고

조로아스터교를 배웠다. 이 여행을 통해서 나는 정신적인 안정을 얻을 수가 있었다. 그전에는 무엇인가 혼란되어 있던 곳에 질서가 찾아왔다. 나의 마음은 안정되었다. 나는 드디어 하나의 기본적인 사고방식을 포착할 수 있었다. '신의 나라는 그대 안에 있다.'는 그리스도의 말이 나에게 올바른 삶의 의미를 주었던 것이다. 천국은 과거에도 없고 미래에도 없으며, 현재 우리의 내부에 있다. 우리가 해야 할 모든 의무는 이 세상에, 그리고 현재에 있는 것이므로, 미래에 있을 것을 바라고 그것을 붙잡으려고 안달을 하는 것은 낭비인 동시에 아무런 수확도 없다.

내가 태어난 후로 이제까지 들어온 모든 신학의 잔재나 스웨덴보르그가 나의 마음에 심어준 인상 등은 이젠 매력을 잃고 나의 사고 속에서 모습을 감추었다. 어떤 국가도 신의 계시를 독점하는 것은 아니고, 또한 어떤 민족이건 진리로만 빚어진 것은 아니다. 모든 사람은 자기네의 위대한 성인을 가지고 있다. 불타가 그 한 사람이고, 공자도, 조로아스터도, 그리스도도 그렇다. 그들의 가르침은 윤리적으로 비슷하고 본질적으로는 같다는 것을 나는 발견했던 것이다.

마침 그 무렵에 에드윈 아놀드의 《아시아의 빛》이 출판되었는데, 그때까지 내가 읽은 시 중에서 이만큼 나를 기쁘게 해 준 것은 없었다. 나는 인도에서 돌아온 직후였기 때문에 이 책은 다시 한 번 나를 그곳으로 인도해 주었다. 내가 이 시를 애송하고 있다는 얘기가 저자의 귀에 들어갔으므로, 후에 그와 런던에서 만나 친교를 맺었을 때 저자는 그 원고를 나에게 주었다. 그것은 나의 가장 소중한 가보의 하나가 되었다.

세계를 여행하는 사람들이 동양의 여러 가지 종교의 경전을 상세하게 연구한다면 배우는 것이 많을 것이다. 그러한 연구에서 얻은 결론은 각국의 주민이 모두 자기들이 신봉하는 종교를 최선의 것으로 생각하고 있다는 사실이다. 그들은 자기의 운명을 내맡긴 장소를 좋은 곳이라고 생각하고, 그 밖의 곳에 사는 사람들을 불행하다고 믿어버리는 경향이 있다. 그들은 대체로 행복해서,

　　동쪽은 동쪽, 서쪽은 서쪽,
　　그러나 우리 집이 가장 좋다.

하고 굳게 믿고 있다.

　내가 《세계 일주》에서 든 두 개의 예를 여기에 적기로 한다.

　'싱가폴 근처의 숲에서 타피오카를 채집하고 있는 사람들을 찾아갔을 때 아이들은 벌거벗은 채로 뛰어다니고 어른은 헐렁한 누더기를 걸치고 일하는 것을 보았다. 그들은 우리 일행을 호기심에 찬 눈으로 바라보고 있었다. 우리는 안내인에게, 먼 나라에서 왔는데, 우리 나라에서는 지금쯤 되면 저기 저만큼 큰 호수가 단단하게 얼어서 말이나 수레도 그 위로 지나갈 수 있다고 얘기해달라고 부탁했다. 그러자 그들은 놀라서, 어째서 이곳에 와서 우리와 함께 살지 않느냐고 물었다. 그들은 정말 행복한 것이다.

　또 이런 일이 있었다.

　북극권으로 들어가서 북쪽 곶으로 가는 도중에 우리는 라블랜드인이 토나카이를 사육하는 마을을 찾아갔다. 이 지방 출신인 수부가 길을 안내해주기로 했다. 나는 그와 함께 걸어서 작은 만의 절벽으로 나가 바다건너 저쪽에 있는 가난한 마을을 내려다보고 있었다. 여기 저기에 드문드문 작은 집이 서있는 가운데에 이층집을 한 채 짓고 있었다. 저 새로운 집은 무엇이냐고 물었다.

　"저것은 이 트롬리 마을에서 태어나 외지에서 돈을 벌어 가지고 이번에 돌아와서 노후를 이곳에서 지내려는 사람의 집입니다. 큰 부자지요." 하고 안내인은 말했다.

　"자네는 온 세계를 여행했다고 했었지? 런던, 뉴욕, 캘커

타, 멜버른 등과 또 있었지. 자네가 저 사람처럼 부자가 되었
다고 하세. 그렇다면 자네는 어디에서 살고 싶은가?”하고
우리는 물었다.

그러자 그는 눈을 빛내면서,

“아아, 트롬리만큼 좋은 곳은 없지요.”

하고 대답했다.

이곳은 북빙양 지역으로, 일 년 중 6개월은 밤이다. 그는 그
곳에서 태어났다. 나의 집, 즐거운, 즐거운 나의 집인 것이
다.’

생활 환경이나 자연의 법칙 가운데 우리 눈에는 어딘가 잘못
되어 있다든가 혹은 불합리하고 또 무자비하다고 생각되는 것이
있다. 그러나 대부분은 아름다움과 다정함을 지니고 있다. 나의
집이라는 것도 그 하나여서 양상이라든가 소재는 문제가 되지
않는다. 지상(至上)의 신이 그 계시를 하나의 민족 국가나 가정
에 한정하지 않았다는 것은 참으로 다행이다. 모든 민족은 성장
하는 현단계에 적응되는 신의 사명을 받은 것이다. 미지의 커다
란 힘은 어느 누구도 잊고 있지 않은 것이다.

15. 마차 여행과 결혼

내가 고향인 담팜린의 시민권이 나에게 주어진 것은 1877년 7
월 12일의 일이었다. 이것은 나에게 있어서 최고의 영예였다.
그 답례로 어떤 연설을 해야 좋을지 나는 무척 걱정했다. 그래서
모리슨 아저씨와 상의하면서 내가 생각하고 있는 것을 털어 놓
았다. 아저씨는 상당한 웅변가였는데, 그때 다음과 같이 충고해
주었다.

“그대로 얘기하는 거야, 앤드류. 자기가 생각하는 것을 그대로 말하는 것이 제일 좋은 거다.”

그 후로 대중에게 얘기할 때, 이것은 언제나 내가 유의하고 있는 소중한 철칙이다. 젊은 웅변가에게 나는 이 원칙을 선물하고 싶다. 청중 앞에 섰을 때, 거기에 있는 사람들이 평범한 일반 남녀라는 사실을 명심해두어야 한다. 매일 대하고 있는 사람들이다. 자기가 아닌 것이 되려고 뽐내는 것은 아니니까 당황할 필요는 전혀 없다. 자기 이외의 것으로 되려고 하니까 부자연스러워지는 것이다. 평소대로 행동하면서 얘기를 진행시킨다. 잉거솔 대령은 최고의 명연설가였지만, “웅변가를 사갈(蛇蝎)처럼 싫어하시오. 자기의 있는 그대로를 얘기하시오.” 하고 말했다.

나는 1881년 7월 27일에 담팜린에서 연설한 일이 있다. 이때는 어머니도 함께 있었는데, 시내 공공도서관의 정초식(定礎式)에서 행한 것으로, 이것은 내가 처음으로 한 도서관 기증이었다. 아버지는 직공으로서 고향에 최초의 도서관을 세웠었다. 이 새로운 건물은 ‘카네기 도서관’이라고 명명되었다. 건축가는 우리 집의 가문을 넣자고 했다. 우리 집에는 가문이 없었으므로 입구문 위에 아침해가 빛을 발하는 조각을 넣고 ‘빛나거라.’ 하는 문구를 넣는 것이 어떠냐고 말했다. 그는 그대로 해주었다.

이 방문에는 또 하나의 목적이 있었다. 그것은 마차로 영국을 여행한다는, 오랫동안 내가 계획했던 것을 실행에 옮기기 위해서였다. 일행은 11명. 일에서 완전히 해방된 참으로 즐거운 여행이었다. 세계 일주 여행 때와 마찬가지로 나는 상세하게 메모를 해두었다가 이것을 출판했다.

1886년은 몹시 우울한 해였다. 즐겁고 태평스러운 청년시절이라고나 할까. 신변의 귀찮은 일을 다른 사람이 처리해주는 시절은 끝나버렸다. 나는 천애의 고독한 몸이 되어버린 것이다. 그

해 11월에 불과 2,3일 간격으로 어머니와 동생이 세상을 떠나고 말았다. 더구나 그때 나는 티푸스로 고열에 시달리면서 병상에 누워 있었다. 움직일 수도 없을 만큼 내 자신이 죽음에 직면해 있었기 때문에 우리 집안에 일어난 재난의 타격을 느낄 수도 없는 상태에 있었던 것이 오히려 다행이었다고 하는 편이 나을지도 모른다.

티푸스는 동부의 방문을 마치고 알리게니 산맥 정상에 있는 크레슨 스프링스의 별장으로 돌아와서 발병했다. 이 별장에서 어머니와 나는 여름마다 즐거운 날을 보냈었다. 나는 뉴욕을 떠나기 며칠 전부터 몸 상태가 상당히 나빴다. 별장에서 의사는 나의 병이 티푸스라는 진단을 내렸다. 뉴욕에서 데니스 교수를 불렀는데 그도 같은 진단을 내렸다. 전속 의사와 간호사가 와주었다. 그로부터 얼마 되지 않아 어머니가 쓰러졌고, 피츠버그에 있던 동생도 발병했다는 연락이 있었다.

나는 몹시 풀이 죽어 있었으므로 주위 사람들은 이미 포기하고 있었다. 그런데 갑자기 내 정신상태에 변화가 있었다. 완전히 체념해서 나는 멍청하게 생각에 잠겨 있었다. 아픈 곳은 아무 데도 없었다. 어머니와 동생이 위독하다는 것을 나는 모르고 있었다. 그리고 두 사람이 세상을 떠나서 나 혼자 남겨졌다는 것을 알았을 때는 나도 곧 그들의 뒤를 따르는 것이 자연스럽다고 생각했다. 우리는 지금까지 인생을 함께 살아 왔으므로 새삼스럽게 헤어질 턱이 없다. 그러나 신의 뜻은 그렇지가 않았다.

나는 서서히 회복돼서 장래에 대해서도 생각하게 되었다. 거기에 단 하나의 희망과 위안이 있었다. 그리고 내 생각은 움직이고 있었다. 몇 년 전부터 나는 루이즈 호필드 양을 알고 있었다. 그녀의 어머니는 우리 두 사람이 뉴욕이 중앙공원에서 말을 타며 노는 것을 허락했다. 우리는 승마를 좋아했다. 그 밖에도 나는 젊은 아가씨들을 많이 알고 있었다. 나는 멋진 말을 가지고 있었으므로 다른 아가씨와 공원이나 교외를 산책한 일도 있다. 그러나 그런 사람들은 결국 인연이 없는 사람들로 사라져갔다. 다만 호필드 양만이 남아 있었다. 그녀는 아름다운 사람으로서의 최고의 테스트에 합격했고 내 마음에 새겨지게 되었던 것이다.

나의 청혼에 귀를 기울이려고 하지 않아서 성공하지 못했다. 그녀에게는 많은 더구나 나보다도 젊은 숭배자가 있었다. 내 재산과 장래의 계획은 오히려 나에게 불리했다. 그녀는 내가 부자여서 무엇이든지 가지고 있기 때문에, 나에게 아무것도 해줄 것이 없어 나의 행복을 더하는 데 도움이 되지 못한다고 생각하고 있었다. 그녀의 이상은 자신의 어머니가 아버지에게 그랬던 것처럼 젊고 열심히 노력하는 남성의 반려자가 되어 없어서는 안될 존재가 되고 싶다고 염원하고 있었다. 21세 때 아버지를 잃고부터 가족의 모든 책임을 그녀가 져야 했다. 그때 그녀는 28세로, 인생에 대한 그녀의 견해는 이미 굳어져 있었다. 때로는 나에게 호의를 가지고 있는 것처럼 보였고, 우리는 편지 교환은 자주 하고 있었다. 그러나 그녀는 내가 보낸 편지를 전부 돌려보내면서, 나와 장래를 맹세한다는 생각은 단념해야겠다고 전해왔다.

내가 움직일 수 있게 되자 곧 데니스 교수와 부인은 나를 뉴욕의 자기 집으로 옮겼고, 나는 교수의 친절한 간호를 받으며 요양하게 되었다. 나는 펜을 잡을 수 있게 되자 곧 크레슨에서 호이필드 양에게 편지를 썼으므로 뉴욕으로 옮기고 얼마 안 있어 그녀가 찾아왔다. 그녀는 내가 그녀를 필요로 한다는 것을 알아차렸다. 이 넓은 세상에 나는 혼자 남겨진 것이다. 지금 그녀는 모든 의미에서 '조력자'가 될 수 있다. 그녀의 감정도 지성도 이것을 인정했으므로 결혼 날짜가 정해졌다. 우리는 1887년 4월 22일에 뉴욕에서 결혼하여, 영국 남해안에 있는 와이트 섬에서 신혼의 몇 주일을 보내기 위해서 출발했다.

그곳에서 들꽃들이 만발해 있는 것을 보고 그녀는 매우 기뻐했다. 그때까지 단지 이름만 알고 있던 많은 들꽃을 직접 볼 수 있었기 때문이다. 자로초, 야생의 물망초, 앵초, 사향초 등 책에서 본 낯익은 것들이다. 모든 것이 매력적이었다. 라워다 아저씨와 사촌형이 만나러 와주었다. 그 후에 우리도 그들의 뒤를 따라 스코틀랜드로 가서, 우리가 여름을 보내려고 준비해둔 길글래스톤에 있는 집에 안착했다. 스코틀랜드는 그녀의 마음을 사로잡았다. 어렸을 때 그녀가 애독한 것은 스코틀랜드의 옛날 이야기였다. 그녀는 스코트의 소설을 잘 알고 있었다. 그녀는 나보다도 더 스코틀랜드를 좋아하게 되었다. 그런 것은 모두 내가 오랫동안 열망하던 꿈의 실현이었다.

우리는 담팜린에서 며칠을 보냈는데, 이것은 새로운 방문이었다. 내가 소년시절에 놀던 놀이터와 살던 곳을 방문하고, 여러 사람들이 당시의 일을 그녀에게 얘기해주었다. 그녀는 남편을 칭찬하는 말만 들었는데 그것은 나로서는 새로운 생활에의 좋은 출발이었다.

북쪽으로 여행을 떠났을 때 에딘버러 시를 지났는데, 시의 행운의 열쇠를 받고 시장의 환영사를 들었다. 에딘버러에서는 많은 사람의 영접을 받고, 시에서 가장 큰 홀에서 노동자들을 위한 강연을 하고 선물을 받았다. 내 아내도 브로치를 받았는데, 그녀는 그것을 지금도 소중하게 간직하고 있다. 그녀는 스코틀랜드의 명물인 피리 부는 사람들을 특히 마음에 들어했다. 우리의 새 가정에 한 사람 데리고 가서 집 주위를 피리를 불면서 다니고, 아침에는 우리를 깨워주고 밤에는 식사 때에 불어주면 좋겠다고 했다. 그래서 곧 피리 부는 사람을 구했다.

우리는 뉴욕으로 돌아갈 때 피리 부는 사람과 가정부, 그리고 몇 명의 하인을 데리고 갔다. 가정부인 니콜 부인은 지금도 우리와 함께 있는데, 20년의 충실한 근무로 거의 가족으로 대우받고 있다. 바틀러의 조지 어빙은 이듬해에 우리 집에 왔는데, 오늘날에도 우리 가족의 한사람으로서 없어서는 안 될 사람이다. 식모인 매기 맨더슨도 마찬가지인데, 그들은 모두 훌륭하고 또 성실한 사람들이다.

1897년 3월 30일에 우리 사이에 딸이 태어났다. 내가 처음으로 갓 태어난 딸을 보고 있을 때 아내는,

"당신 어머님의 이름을 따서 마가렛으로 하겠어요. 그리고 또 한 가지 원이 있습니다." 하고 말했다.

"뭔지 말해봐요, 루." 하고 나는 말했다.

"애기가 생겼으니까 여름을 보낼 별장을 구해야 합니다. 만약 빌린다면 정해진 때에 갔다가 다시 기한이 되면 돌아와야 하겠지요. 그래서는 안 됩니다. 우리 집이 아니어서는 안 됩니다."

"그렇군." 하고 나는 대답했다.

"한 가지 조건을 더 붙이고 싶어요."

"그게 뭐지?"

"스코틀랜드의 고원이 아니면 안 됩니다."

"멋지군." 하고 나는 소리쳤다. "내 생각도 그래요. 나는 직사광선을 피해야 해. 스코틀랜드의 히스가 나 있는 곳만큼 적당한 장소는 없어. 내가 직접 친구들과 의논해서 결정하도록 하지."

그녀가 카네기 부인이 된 지 올해로 20년이 된다. 내가 어머니와 동생을 잃고 이 세상에 혼자 남겨지고 난 몇개월 후에 나의 생활 속에 들어와서 내 생활 방식을 바꾸어주었다. 내 생활은 그녀에 의해서 즐겁고 행복했기 때문에 그녀의 보호없이 살아간다는 것은 생각할 수도 없다. 결혼 전에 나는 그녀를 알고 있다고 생각했었다. 그러나 그것은 표면적인 것으로 내가 보거나 느끼거나 한 것에 지나지 않았다. 그녀의 내부에 있는 청순함과 경건한 태도 그리고 지혜 등 그 깊이에는 생각이 미치지도 못했었다.

우리의 활동적이고 변화가 많은 생활의 온갖 긴급 사태에 처해서, 또 훗날 약간의 공적인 생활을 하게 되었을 때, 아내는 나나 내 친척들과의 접촉 등에서 언제나 외교관과 조정자의 중요한 역할을 맡아주었던 것이다. 그녀가 있는 곳에서는 언제나 평화와 우호가 느껴졌고, 그 풍부한 영향력은 넓게 미쳤다. 가끔 결단이 필요할 때는 그녀가 먼저 알아차리고 자진해서 그 역할을 맡아 주었다.

평화의 사도인 그녀는 평생동안 남과 다툰 일이 없다. 학우와도 다툰 일이 없고, 잠깐이라도 그녀와 만난 일이 있는 사람은 누구도 그녀에게 조금이라도 불평이나 불만을 품은 적이 없다. 좋은 사람들은 기꺼이 맞이하고, 바람직하지 못한 사람들은 슬며시 피한다. 그녀는 이 점에서 심한 결벽이 있었다. 그러나 계급이나 부나 사회적 지위 등은 조금도 그녀에게 영향을 주지 못했다. 거친 행동을 하거나 상스러운 말을 하는 것은 그녀에게는 불가능했다. 모든 사물에 대하여 예의를 잃는 일도 없었다. 그렇다고 해서 자신이 지닌 높은 기준을 허물어뜨리는 일도 없었다. 그녀가 친하게 지내는 사람들은 가장 좋은 사람들 뿐이다. 그녀의 마음에서 항상 떠나지 않는 일은 어떻게 하면 주위 사람들에게 좋은 일을 할 수 있을까 하는 것이다. 필요에 따라서 이 사람 저사람에게 훌륭한 판단에 의한 여러 가지 일을 계획하고, 또 선물을 했다.

이 20년간 그녀없이 산다는 것은 상상할 수도 없다. 또 그녀가 없어진 후에 나 혼자 산다는 것도 생각하지 못한다. 자연의 이치에 따르면 나는 그런 위치에 놓이지 않아도 된다. 그러나 혼자 남겨진 그녀는 어떻게 할 것인가. 남자의 조력과 판단과 결의를 필요로 하는 많은 일이 일어날 것이다. 그것을 생각만 해도 가슴이 아파온다. 그리고 때로는 내가 그 괴로움을 짊어져야 한다고 생각하는 일조차 있다. 그러나 그녀에게는 평생의 반려로 우리에게 주어진 딸이 있다. 딸이 그녀의 무거운 짐을 가볍게 해서 견디어갈 수 있도록 만들어줄 것이다. 더구나 딸 마가렛에게는 아버지보다도 어머니가 더 필요할 것이다.

하지만 어째서, 아아, 어째서 우리는 지상에서 발견한 천국을 내버리고 어딘지도 모르는 여행을 떠나지 않으면 안 되는 것일까.

16. 제철소와 일하는 사람들

무쇠와 강철에 대하여 내가 영국에서 배운 하나의 중대한 교훈은, 원료를 직접 확보하고 제품은 모두 그 사용목적에 알맞는 완제품으로 만들어내야 한다는 것이었다. 에드가 톰슨 제강소에서 강철 레일 문제가 해결되었으므로 우리는 곧 다음 일에 착수하기로 했다. 선철의 공급 과정에서 일어나는 곤란과 불안정이 우리로 하여금 용광로를 만들도록 했던 것이다. 그래서 우리는 3개를 건조했는데, 그 중의 하나는 크로만 씨와 관계가 있던 에스카바나 제철소에서 사서 개조한 것이었다. 이런 경우에는 거의 예외 없이 개조한 것은 새로 건조하는 것보다 돈이 더들고, 또 만족할 만한 것이 되지 못했다. 나쁜 것을 살수록 손해가 큰 것이다.

그러나 이 매매에서는 실수를 했다고 하지만, 그것은 나중에 큰 이익의 바탕이 되었다. 왜냐하면 슈피겔이라고 불리는 망간 백철을 그것으로 만들 수가 있었고, 또 후에는 망간철을 만들기 위한 소형 용광로의 역할을 했기 때문이다. 미국에서는 우리가 슈피겔 아이젠을 만드는 첫번째 공장이어서, 망간철을 만드는 데 있어서는 제일이고 또 오랫동안 유일한 공장이었다. 우리는 이 불가결한 제품의 수입을 외국에 의존했는데, 1톤에 80불의 비싼 값을 지불했던 것이다. 우리 용광로의 주임이었던 줄리앙 케네디 씨가 가까운 곳에 광물이 있는데 우리의 작은 용광로로 망간철을 만들 수 있다고 말해주었으므로 이 영예는 그에게 돌렸다. 이 시도는 그만한 가치가 있고, 결과는 대성공이었다. 우리는 전 미국의 수요를 충족시킬 수가 있었고, 그 결과로 값은 톤당 80불에서 50불로 떨어졌다.

버지니아산 원광을 시험하는 동안에 우리는 이곳 산물이 망간철을 만들기 위해서 유럽인들에게 몰래 팔리고 있는 것을 발견했다. 광산 주인은 그것이 무엇인가 다른 것을 만들기 위해서 쓰여지는 것으로 믿고 있었다. 우리는 곧 이 광산을 사기로 결정했다. 소유주는 비싼 값을 불렀지만, 그는 자본도 없었고 또 능률적으로 운영할 기술도 없었다. 우리는 상당한 대금을 지불해야 했지만, 어쨌든 이 광산을 손에 넣을 수 있었다. 물론 이런 거래가 이루어지는 동안에 광석을 신중하게 시험해서 망간광이 충분하게 함유되어 있는 것을 알았다. 이런 일은 초급속으로 진행되어 하루도 낭비하지 않았다. 여기에 우리와 같은 조직의 이점이 있다. 만약 주식 조직이었다면 사장은 중역진과 의논하는데, 몇 주일 아니 몇 개월이 걸려도 결론이 나지 않을지도 모른다. 그러는 동안에 광산은 다른 사람의 소유가 되어버릴지도 모른다.

우리는 계속해서 용광로 개량에 힘써서, 새로 만들어진 것은 그전 것에 비하여 크게 개선되어 결국 표준형에 도달할 수 있었다. 앞으로도 사소한 국부적인 개량은 필요하겠지만, 여하튼 우리가 예상하는 한 이것은 완전하다고 생각되는 공장이 되었다. 그리고 우리의 선철 생산능력은 한 달에 5만톤이나 되었다.

용광로 부분이 추가되고 오래지 않아 우리의 독립과 성공을 위해 다시 한 걸음 더 전진할 필요가 있게 되었다. 양질의 코크스는 코넬스빌 탄광에 의존하고 있었는데 공급량이 한정되어 있었다. 선철을 만드는 데 불가결한 연료가 없이는 어쩔 수 없다는 것이 밝혀졌다. 그래서 이 문제를 세밀하게 검토한 결과 프릭 코크스 회사가 최고의 코크스를 만들고 또 탄광을 가지고 있으며, 사장인 프릭 씨가 천재적인 경영자임을 알게 되었다. 그는 철도 회사의 가난한 급사에서 출발하여 성공한 사람이었다. 1882년에 우리는 이 회사 주식의 반을 사들였다. 이어서 다른 소주주의 것도 사모아서 대부분의 주식을 소유하게 되었다.

이제 필요한 것은 철광석 뿐이었다. 만약 이것을 입수할 수 있다면 우리는 유럽에서도 굴지의 회사와 동등한 지위를 획득할 수 있는 것이다. 다시 우리는 펜실베니아 주에서 빠진 이 하나를 발견했다고 생각하고 기뻐했다. 그러나 그것은 조급한 판단이었고 우리는 많은 돈을 허비하고 말았다. 이 광산의 노출면의 일부분이 양질의 것으로 보였는데, 그것은 세월과 비바람이 불순물을 씻어내서 함유량이 많은 것으로 바뀌었을 뿐이었다. 그래서 조금 파들어 가니까 그것은 이미 채굴할 가치도 없는 메마른 것이었다.

회사의 화학자는 우리가 빌린 펜실베니아 산간의 용광로에 출장가서 그 부근에서 채집한 자료를 분석하라는 명령을 받았다. 또 그 지방의 주민에게도 견본을 가지고 오도록 장려했다. 그런데 그 당시의 화학자는 두려움의 대상이었다는 좋은 예가 되겠는데, 그의 시험실에서 일할 어른도, 소년도 쉽게 구할 수가 없었다는 것이다. 화학자는 악마의 앞잡이라는 소문이 나서, 돌의 성분을 괴상한 도구로 조사한다는 것은 예사 일이 아니라고들 말하고 있었다. 그래서 우리는 결국 피츠버그의 본사에서 사람을 보내야 했다.

어느 날 이 화학자가 유황분이 없는 희귀한 광석의 분석표를 보내왔다. 그것은 베세머 강철에 알맞을 듯한 광석이었다. 그 발견에 우리는 용기가 났다. 산의 소유자는 모제스 텀슨이라는

부농으로, 펜실베니아 주 센터군에 아주 좋은 경작지를 7000에
이커나 가지고 있었다. 광석이 나온 현장에서 이 사람과 만나기
로 했다. 우리는 이 산에서 5,60년 전에 목탄을 사용하는 용광로
에 광석을 대준 일이 있음을 알았다. 그러나 평은 좋지 않았다.
왜냐하면 광석이 순도가 너무 높아서 다른 것과 같은 양의 용매
(溶媒)를 쓰면 제련에 지장이 생겼기 때문이다. 당시로서는 너
무 좋아서 오히려 나빴던 것이다.

　나는 결국 6개월간 시굴을 해서 산을 매입하는 권리를 입수했
다. 곧 시험을 개시했는데, 산을 사들이는 사람이라면 가장 면
밀하게 해야 하는 일이다. 50피트의 간격을 두고 산 옆에 구멍을
뚫었다. 100피트쯤 나아가 거기에서 횡갱(橫坑)을 팠다. 그리고
이 두 선의 교차점마다 광맥을 향하여 샤프트를 뚫었다. 샤프트
는 총계 80개에 이르렀다. 몇피트마다 광맥의 각 부분의 광석을
자세하게 조사해서, 10만불이 넘는 대금을 지불하기 전에 우리
는 어떤 광석이 산출될 것인지 상세하게 알고 있었다. 그 결과
기대 이상으로 좋은 성적이었다. 내 사촌인 공동출자였던 라워
다 씨의 공로로 채굴이나 세척의 경비를 적게 지출할 수가 있었
으므로 그때까지 다른 광산에서 입은 손실을 보충하고도 남는
이익을 얻을 수가 있었다. 우리는 화학자를 안내인으로 삼아 확
실한 길을 걸어갈 수 있었던 것이다.

　이렇게 해서 우리는 손해를 보았는가 하면 또 이익도 있었다.
그러나 실업계에서는 때로는 위험한 다리를 건너지 않으면 안
될 경우가 많아서 위기일발일 때가 흔히 있다. 어느 날 철공소에
서 돌아오는 길에 핍스 씨와 나는 피츠버그 시 벤가의 내셔널 신
탁회사 앞을 지나갔다. 나는 창문에 금빛 글씨로 '주주는 개인
적인 책임이 있다.'라고 씌어 있는 것을 보았다. 마침 그날 아침
에 회사의 사업 성적을 조사할 때 이 신탁회사의 주식이 20주 있
었던 것이 생각났다.

나는,

"만약 이 회사의 주식을 가지고 있으면 오늘 오후 사무실로 돌아가기 전에 당장 처분해 주면 좋겠네." 하고 핍스 씨에게 말했다.

그는 그렇게 서두를 것은 없다, 천천히 해도 상관없다고 말했다.

"아니, 부탁이니 당장 처분해주게." 하고 나는 말했다.

핍스 씨는 내가 말한 대로 주식을 처분했다. 그것은 참으로 운이 좋았다. 왜냐하면 이 회사는 얼마 안 있어서 파산했기 때문이다. 나의 사촌인 모리스 씨는 주주의 한사람으로서 많은 부채를 지게 되었는데, 그것은 그 혼자만이 아니었다. 많은 사람에게 같은 불운이 닥쳤던 것이다. 위기일발에서 우리는 재난을 면했다. 단 20주로 총액은 2000불에 지나지 않았는데, 누구였든지 친구에게 경의를 표하기 위해서 사들였던 것이다. 돈을 가지고 있다면 깨끗하게 줘버릴 일이다. 이름을 빌려주어서 의심스러운 사업에 실리게 하는 것은 위험하다. 우리는 아무리 작은 일이라도 무서운 폭발력을 가지고 있는 것에는 손을 대지 않아야 된다는 교훈을 얻었다.

가까운 장래에 강철이 무쇠를 대신하리라는 것은 분명했다. 키스톤 교량제작소조차도 무쇠 대신에 강철을 사용하게 되었다. 무쇠 만능의 시대는 강철로 대체되고 있었으므로 우리는 더욱더 강철에 의존하지 않으면 안 되게 되었다. 그래서 우리는 에드가 톰슨 제강소와 병행해서 여러 가지 형태의 강철재를 제조하기 위하여 새로운 공장을 건설해야 한다고 생각하고 있었다. 그렇게 결의했을 때 피츠버그 시의 주요 제강소 대여섯 곳을 병합해서 세운 홈스터드 공장을 우리에게 팔겠다는 제안이 들어왔다.

이 공장은 본래 제조업자들의 신디케이트로서 창설된 것으로,

그들의 갖가지 사업에 필요한 강철재의 수요를 충족시키는 것이 목적이었다. 그러나 당시의 강철 레일 붐을 타서 갑자기 강철 레일 제작소로 변경되었던 것이다. 레일의 값이 비쌀 동안에는 그런대로 사업이 잘 되었지만, 처음부터 그런 목적으로 세워진 것이 아니기 때문에 선철을 만들기 위한 용광로도 없었고 연료를 얻는 코크스 자원도 없었다. 그래서 우리와 도저히 경쟁할 수 없는 입장에 있었다.

이 공장을 사들인 것은 우리에게 큰 힘이 되었다. 처음에 우리는 이것을 카네기 형제 상사에 합병하자고 제안했다. 소유자들은 이 안을 받아들였다. 평등한 자격으로 양쪽이 모두 1불로 시작하기로 했다. 그런데 우리는 권리를 팔고 싶은 사람에게는 현금으로 지불하겠다고 발표했다. 그러자 한사람을 제외하고 모두 이것을 승낙했다. 이렇게 해서 새로운 공장은 카네기 상사의 홈스티드 제강소로 발족했던 것이다.

여기에서 1888년부터 1897년에 이르는 10년간의 사업의 발전상을 소개하는 것도 흥미가 있으리라고 생각한다. 1888년에 우리는 2000만불을 투자했다. 1897년에는 그 2배 이상인 4500만불을 넘어섰다. 1888년의 연간 생산량이 60만톤이었던 선철은 10년간에 3배가 되어 거의 200만 톤에 이르렀다. 1888년에 무쇠와 강철의 생산고가 하루 2000톤이었던 것이 10년 후에는 6000톤을 넘어 섰다. 코크스 공장은 처음에 5000 솥이었던 것이 3배가 되었고, 산출 능력은 처음에 하루 6000톤이었는데 18000톤으로 되었다. 프릭스 코크스 회사는 1897년에 42000에이커의 탄전을 갖게 되었다. 앞으로 10년이 지나서 지금을 돌이켜볼 때 역시 이와 같은 발전이 기록될 것이다. 아메리카 합중국과 같이 발전하는 국가에 있어서는 제조공업은 확장이 정지되면 쇠약해진다고 하는 견해는 옳다고 말해도 좋을 것이다.

1톤의 강광(綱鑛)을 만들기 위해서 1톤 반의 철광석을 채굴하여 그것을 레일로 호수까지 100마일을 보내고, 다시 배로 수백 마일을 운반하여, 그것을 화차에 실어서 피츠버그 시까지 150마일을 운반하는 것이다. 1톤 반의 석탄을 파서 코크스로 만들어 50여 마일을 레일로 운반한다. 1톤의 석회석을 파서 150마일을 피츠버그까지 가지고 온다. 그렇게 해서 만들어진 강철을 3파운드 무게에 단돈 2센트에 팔아서 어떻게 손해를 보지 않을 수 있단 말인가. 정직하게 말해서 그것은 나도 믿어지지 않았다. 기적이라고밖에 생각되지 않는다. 그러나 그것은 사실이다.

미국은 머지 않아 강철이 가장 비싼 나라에서 가장 싼 나라로 바뀔 것이다. 이미 영국의 벨파스트 조선소는 우리의 좋은 단골이다. 이것은 단순한 시작에 지나지 않는다. 현재 노동력이 비싼 데도 불구하고 미국은 다른 나라보다 싸게 강철을 생산할 수 있다. 기계의 노력이 비싸다면 인간의 노동력은 그만큼 싼 셈이 된다. 물론 거기에는 일하는 사람들이 자유롭고 만족스럽게 열의를 가지고 자기 일에 순응해서 보수를 충분하게 받을 수 있다는 조건이 붙는 것이다. 그런 점에서 미국은 세계를 리드하고 있다.

미국이 세계 시장에서 경쟁하는 경우 큰 이점은 이 나라의 제조업자가 최고의 국내시장을 가지고 있다는 사실이다. 그것에 의하여 그들은 신속한 자본의 회수를 기대할 수 있어서 잉여 생산품을 유리하게 수출할 수 있다. 수출 가격은 생산 원가를 겨우 넘어설 정도만 되어도 지장이 없다. 최고의 국내시장을 가진 국가는, 특히 그 제품이 미국에서와 같이 획일화되어 있을 때에는 곧 해외의 생산업자를 이길 수가 있다. 이런 이유를 밝히기 위해 나는 영국에서 '잉여의 법칙'이라는 말을 썼다. 이 말은 후에 상업계에서의 논의에 일반적으로 사용하게 되었다.

17. 홈스티드 공장의 파업

회사의 생산과정을 다루는 김에 1892년 7월 1일, 내가 스코틀랜드의 고원에서 피서하고 있을 때에 일어난 종업원의 투쟁에 대해서 쓰기로 한다. 이것은 회사의 온 역사를 통하여 다시 예가 없는 안타까운 사실이다. 20년간 나는 회사와 종업원과의 관계를 직접 다루어 왔었다. 모든 것이 순조롭고 또 서로가 만족해했다는 사실이 내 평생의 자랑이었다. 이 홈스티드 공장이 투쟁을 계속하고 있는 동안 내가 국외에 있으면서, 회사 수뇌들을 돕기 위해 서둘러 돌아오지 않은 사실에 대하여 나의 동료이고 수석중역인 핍스 씨는 〈뉴욕 헤럴드〉지 기자의 질문에 다음과 같이 대답했다는 편지를 보내왔다. 그는 '종업원의 요구가 아무리 무리한 것이어도 언제나 거기에 굴복하는' 경향이 있었으므로 동료들은 그가 귀국하는 것을 바라지 않았던 것이라고. 나는 그 말대로이고 싶다고 언제나 염원하고 있었고, 또 현재도 그렇다. 당신과 당신의 종업원이 우호적인 관계에 있다는 사실에서 생겨나는 보수와, 또 그 경제적인 성과를 제외하더라도 일하는 사람들에게 높은 급료를 지불한다는 것은 훌륭한 투자이고 또 진정한 의미에서의 고율의 배당을 낳는 것이라고 나는 확신하고 있다.

강철의 생산은 베세머식 개방로와 여러 가지 기본적인 발명에 의하여 큰 혁명이 이루어졌다. 그때까지 사용하던 기계는 시대에 뒤떨어지게 되었고, 우리회사도 그런 것을 인식해서 홈스티드 공장에 수백만불을 투자하여 공장의 재건과 확장을 도모했다. 새로운 기계는 옛것에 비해서 60퍼센트 정도 강철의 생산을 증가시켰다. 218톤 공원(생산하는 강철의 톤수에 따라서 급료를 받는 것)은 3년의 계약으로 일하고 있었으므로 지난해의 어느 시기에는 새로운 기계 밑에서 작업했다. 따라서 그들의 수입은 계약 기한이 끝나기 전에 약 60퍼센트 정도 증가했다.

회사는 훗날 제정하는 새로운 규약에 따라서 이 60퍼센트를 그들에게 분배하겠다고 제안했다. 다시 말하면 공원의 수입을 전보다 30퍼센트 증가시키고, 나머지 30퍼센트는 회사의 수입으로서 설비비를 충당하는 데로 돌릴 계획이었다. 개선된 기계가 일을 하는 것이므로 공원들의 노동이 전보다 힘들어진 것은 아니다. 그렇기 때문에 회사의 제안은 지극히 온당하고 또 관대하다고 할 수 있는 것이어서, 이것이 보통 때였다면 공원들은 감사하게 받아들여야 했을 것이다. 그런데 회사는 당시에 합중국 정부를 위하여 무기를 제조하고 있었다. 이것은 회사가 두 번이나 사양한 일이었지만, 정부의 긴급한 요구 때문에 거절하지 못했던 것이다. 그 밖에 시카고 만국박람회의 재료도 공급하기로 계약하고 있었다. 공원의 지도자 중에 일부는 이런 사정을 알고 있었기 때문에 앞에서 말한 60퍼센트를 전부 요구하고 나섰던 것이다. 그들은 회사가 양보하지 않을 수 없으리라고 생각했던 것이다. 회사는 그런 요구에 응할 수 없었고, 더구나 상대의 숨통을 쥐고는 "자, 내놔라." 하고 덤벼든다는 것은 도저히 용납할 수 없었다. 물론 회사는 이것을 거부했다. 그런 태도는 정당하고 당연했다고 생각한다. 만약 내가 현장에 있더라도 이렇게 협박 비슷한 억지에는 절대로 응하지 않았을 것이다.

여기까지는 어떤 견지에서 보아도 충분히 이치에 맞고 옳았다. 나는 종업원과 의견의 차이가 있을 때에는 천천히 기다리면서 그들과 논의를 계속하여 그들의 요구가 공정하지 않다는 것을 알도록 한다는 방침을 취해왔었다. 그리고 그들의 직장에 새로운 사람을 고용하는 등의 짓은 한 일이 없다. 그런 짓은 절대로 하지 않았다. 그런데 홈스티드의 공장장은 쟁의에 참여하지 않은 3000명의 공원이 자기들이 공장을 운영하겠다는 제안을 그대로 받아들이고 말았던 것이다. 이 3000명은 단결해서 조합에 가입한 218명의 사람들을 몰아내는 데에 열심이었다. 그 이유는 그들이 강철부와 압연부의 공원을 조합에 가입시키고, 다른 부문에서 일하는 3000명의 가입은 허용하지 않았기 때문이었다.

공동출자자들은 이 공장장에 의해서 오도된 것이지만, 그들도 판단을 잘못하고 있었다. 그는 아주 최근에 낮은 지위에서 승진했기 때문에 이러한 사태에 대처하는 경험은 별로 없었던 것이다. 소수 조합원의 부당한 요구와 3000명의 비조합원 공원이 상대방이 옳지 않다고 하는 의견에 대하여, 자기가 하는 일이 복잡하게 발전하리라고는 생각하지 않았던 것은 당연하다고도 할 수 있겠다. 그는 3000명의 공원들이 약속한 대로 일하리라고 생각했던 것이다. 3000명 중에는 218명의 일을 대행할 수 있고, 또 대행하고 싶다고 희망하는 사람이 많이 있었다. 적어도 후에 나에게는 그렇게 보고했다.

지금 돌이켜 보면 직장을 개방해서 다른 공원에게 넘겨준다는 중대한 조치는 취하지 않았어야 했다는 것은 쉽게 알 수 있다. 회사로서는 공원들에게 다음과 같이 말했어야 했다. "지금 노동 문제로 논쟁이 벌어지고 있는데, 그것은 제군 사이에서 해결할 일이다. 회사는 제군에게 가장 관대한 제안을 했다. 논쟁이 해결되면 공장은 작업을 재개하겠지만, 그 전에는 열지 않는다. 그 동안에 자네들 일자리는 그대로 두겠다."

혹은 공장장이 3000명의 사람들에게 이렇게 말했으면 좋았을지도 모른다. "좋아, 자네들이 나서서 남의 힘을 빌리지 않고 공장을 운영할 수 있다면 해보게." 하고. 이렇게 하면 218명을 상대로 하여 3000명이 자신을 지키는 책임을 스스로 지게 되었을 것이다. 그런데 그렇게 하는 대신에 보안관이 일단의 방위군을 인솔하고 200여 명에 대하여 3000여 명을 지키기로 했던 것이다. 이것은 주의 관리들이 만일의 사태를 우려했기 때문이라고 나중에 들었다. 그러나 전자의 두목들은 난폭한 공세로 나왔다. 그들은 소총과 권총을 들고 사태가 곧 밝혀졌듯이 3000의 공원들을 벌벌 떨게 만들었다. 내가 일찍이 직접 문서로 만들어 둔 회사의 규약을 여기에 인용한다.

'나의 생각은, 회사는 그 소속된 공장에 있어서 공원이 파업을 계속하는 것을 허용한다고 사전에 밝혀둘 것. 회사는 그들과 자유롭게 격의없이 애기를 나누어서 그들이 다시 작업에 복귀할 때까지 참을성 있게 기다릴 것. 새로운 공원으로 갈아치운다는 것은 절대로 생각하지 말 것'──이상이다.

인간으로서의 최고의 인물이고 또 가장 우수한 공원은 직업을 찾아 거리를 방황해서는 안 된다. 기술이 뒤떨어지는 사람들만이 직장을 잃는 것이다. 우리가 요망하는 종류의 사람들은 불황 때조차도 절대로 직장을 잃는 것이 허용되지 않는다. 새로운 사람을 고용해서 제강소의 복잡한 기계를 잘 다룰 수 있기를 기대하는 것은 불가능하다. 새로운 사람을 끌어들이려고 했기 때문에 일하고 싶어하는 수천의 숙련공의 열기가 식어버렸다. 노동자들은 언제나 새로운 사람들이 고용되는 것을 기분좋게 생각하지 않는 법이다. 어떻게 그들을 비난할 수 있는가.

그러나 내가 있었다고 하더라도 공장장의 건의에 따라서 공장문을 열도록 설득당했을지도 모른다. 그리고 우리의 고참 종업원들이 약속한 대로 직장으로 복귀하는지의 여부를 시험했을지도 모른다. 여기에서 한 가지 주목해야 할 중대한 점은 내 동료들이 처음에 공장을 열었을 때는 새로운 사람을 끌어들이기 위해서가 아니었다. 그와는 전혀 반대로 내가 귀국해서 보고를 받은 대로 수천의 고참 공원의 요구에 응해서 열었던 것이다. 이것은 중대한 문제다. 내 동료들이 공장장의 건의를 시험한데 대해서는 조금도 비난할 것이 없다. 새로운 사람을 고용할 것이 아니라 현직자들이 복귀하기를 기다리라고 한 우리의 규약은 그때까지 깨지지 않고 있었다.

투쟁중인 공원들이 보안관을 향해서 총을 발사한 후에 두번째로 공장의 문을 열었던 점에 대하여 지금에 와서, "고참 직공들이 복귀하겠다고 자발적으로 결의할 때까지 공장을 닫아두었더라면 얼마나 좋았을 것인가." 하고 비판하는 것은 쉬운 일이다. 그러나 그 동안에 펜실베니아 주의 지사는 8000명의 방위군을 동원하여 사태를 자기 관할하에 두어버렸던 것이다.

이 불상사가 일어났을 때 나는 스코틀랜드의 고원을 여행하고 있었으므로 2일 후에야 비로소 그것을 들을 수 있었다. 내 일생에서 이 사건만큼 나를 깊이 상처입힌 일은 없었다. 나의 실업계 경험 가운데 이 홈스티드 공장 문제에서 받은 상처의 아픔만큼 후에까지 고통으로 남았던 것은 없다. 그것은 전혀 불필요한 사건이었다. 공원들은 전면적으로 잘못되어 있었다. 스트라이크를 한 공원들은 새로운 기계에 의하여 새로운 임금률 밑에서 하루에 4 내지 9불의 수입이 있는 것으로 되어 있었다. 이것은 옛 기계 시절에 비하여 30퍼센트 증가한 것이다. 스코틀랜드에 있던 나는 공원과 조합의 간부로부터 다음과 같은 전보를 받았다.

'친절한 사장님, 귀하는 우리가 어떻게 하기를 원하는지 지시해주십시오. 우리는 귀하를 위해서 그 뜻에 따르도록 하겠습니다.'

이것은 내 마음을 몹시 감동시켰다. 그러나 슬프게도 이미 때가 늦었다. 최악의 사태로 돌입하고 말았던 것이다. 공장은 지사의 손으로 넘어가버렸다. 이미 시기를 잃고 있었다.

해외에 있으면서 나는 사태를 잘 알고 있는 친구들로부터 많은 편지를 받았는데, 그들은 내가 얼마나 비통하게 생각하고 있는가를 알고 동정해 주었다. 그 중에서도 나를 감격시킨 것은 영국 수상 글래스톤 씨로부터 받은 편지였다.

물론 일반 대중은 내가 스코틀랜드에 있었다는 것을 모르고, 또 홈스티드 공장의 소요가 어째서 일어났는지도 전혀 몰랐다. 내가 지배권을 쥐고 있는 카네기 공장에서 공원이 몇 명 살해되었다는 것만 알고 있었다. 그것만으로도 몇 년 동안 내 이름은 세상에서 조소거리가 되기에 충분했다. 그러나 드디어 나에게 만족감을 줄 만한 하나의 사건이 생겼다. 마크 해너 상원의원은 전국시민연맹의 의장이고, 오스카 스트라우스 씨는 부의장이었다. 이 단체는 자본가와 노동자로 구성되어 있어서 고용자와 종업원 양쪽에 큰 영향력을 지닌 조직이었다. 해너 씨는 자택의 만찬회에 나를 초대하여 연맹의 간부들과 간담회를 갖겠다는 것이었다. 그런데 그날을 앞두고 오랜 나의 친구이고 또 전 클리블랜드 시의 내 회사 대리인이었던 해너 씨가 갑자기 서거했다.

나는 만찬회에 참석했다. 식사가 끝나자 스트라우스 씨는 일어서서, 해너 씨의 후임 문제를 연맹에서는 여러 가지로 생각했는데, 전국의 모든 노동기관으로부터의 소식에 의하면 이 자리에 나를 추대하고 싶어 한다는 얘기가 들어왔다고 보고했다. 그 자리에는 몇명의 노동계 지도자들이 있었는데, 한사람씩 일어서서 스트라우스 씨의 의견을 지지했다.

나는 이때만큼 놀랐던 적은 평생에 한 번도 없었고, 또 정직하게 말해서 이렇게 감격하고 감사하는 마음이 가득 찼던 일은 일찍이 없었다. 노동계에서 호의적인 태도를 가져준다는 것을 나는 당연하다고 생각하고 있었다. 나는 노동자들에게 언제나 따뜻한 동정을 기울이고 있었고, 나의 회사 종업원들로부터 존경과 사랑을 받아오고 있었다. 그러나 홈스티드의 쟁의 이후로는 모든 것이 반대였다. 국민에게는 카네기 회사라고 하면 노동의 정당한 보수에 대한 카네기 씨의 도전을 의미하고 있었던 것이다.

나는 일어서서 어째서 이 커다란 영예를 받아들일 수 없는가를 간부들에게 설명했다. 나는 여름의 더위를 피해야 하는데, 연맹의 의장은 사계절 동안 어떤 돌발사건이 일어나면 거기에 대처하기 위해 그 자리에 있어야 하므로 받아들일 수가 없다, 나는 몹시 당혹했는데, 결국 이 추대는 나에게 주어진 최대의 영예로서 나의 상처입은 마음을 고치는 양약이 되었다는 것을 자리한 사람들에게 잘 납득시켰다. 만약 내가 애석하게 돌아간 친구를 대신해서 집행위원으로 이름을 올릴 수 있다면 나는 기꺼이 그 영예를 받겠다고 말했다. 나는 만장일치로 그 지위에 추대되었다. 이렇게 해서 나는 홈스티드의 불상사와 공원이 살해된 데 대하여 노동계 전반에서 나를 책임자로 지목하고 있다는 느낌에서 구제받을 수 있었다.

나에 대한 오명으로부터 나를 옹호해 준 오스카 스트라우스 씨는 내가 노동 문제에 대해서 쓴 글이나 연설을 잘 알고 있었다. 그리고 온갖 기회에 그것을 인용해서 일하는 사람들을 설득하는 데 애써 주었으므로 나는 그에게 진 빚이 많다. 이 만찬회에는 피츠버그 시의 노동계 지도자가 두 사람 참석하고 있었는데, 그들도 열심히 나의 공적을 설명해주었다.

그 후 피츠버그의 도서관 홀에서 나를 환영하는 일하는 사람들과 가족의 근로자 대회가 열렸는데, 나는 전심전력을 다해서 그들에게 얘기했다. 그때 내가 얘기한 한 가지는, 자본과 노동자와 고용주는 삼각의자여서 어느 쪽이 먼저라든가 상위라든가 하는 일이 있어서는 안 된다. 삼위일체로 세 가지 중 하나라도 없어서는 안된다는 것을 말했다. 그런 다음 우리는 다정하게 악수를 교환했고, 이것으로 모든 것이 해결해졌다. 이렇게 해서 나의 몸도 마음도 종업원 및 그 가족들과 굳게 맺어졌으므로 나는 커다란 짐을 벗어버린 것처럼 생각되어 시름을 놓았었다. 그러나 사건 현장에서 수천마일 떨어져 있었다고는 하지만, 나에게는 무서운 경험이었다.

이 홈스티드 쟁의에서 생긴 하나의 얘기를 나의 친구인 래트 거스 대학 교수인 존·C·반·다이크는 다음과 같이 말했다.

1900년 봄, 캘리포니아만에 위치한 가야머스 시로부터 나는 라 노리아 벨데에 있는 친구의 목장에 갔다. 소노라 산에서 일 주일쯤 사냥이라도 하면서 지낼려고 생각했기 때문이다. 목장 은 문명이라는 것과 거리가 멀어서 그곳에는 두세 명의 멕시 코인과 많은 야키족 인디언밖에 없으리라고 생각하고 있었다. 그런데 놀랍게도 그곳에서 나는 영어를 구사하는, 더구나 미 국인을 발견했던 것이다. 어째서 그가 이런 곳에 왔는지 알게 되기까지는 별로 시간이 걸리지 않았다. 왜냐하면 그는 몹시 외로워서 얘기 상대를 찾고 있었기 때문이었다. 그는 매클라 키라고 했는데, 1892년까지 홈스티드의 카네기 제강소에 고용 되어 있던 숙련 기계공이었다. 그는 소위 '수석우수공'으로 불렸고 당시 높은 급료를 받고 있었다. 가정도 있고, 집과 재 산도 상당히 있어서 편안한 생활을 하고 있었다. 게다가 그 지 방 사람들의 신용도 두터워서 홈스티드의 구장이기도 했다.

1892년의 쟁의 때 매클라키는 필연적으로 쟁의를 일으키는 쪽에 가담했다. 그때 공장을 지키고 질서를 유지하기 위해 배 를 타고 홈스티드로 온 일단의 사립탐정을 그는 구장의 자격 으로 체포하라는 지시를 내렸다. 그는 그것을 정당한 행위라 고 생각하고 있었다. 그가 나에게 설명한 바에 의하면, 사립 탐정은 자기 영역에 침입해 온 무장집단으로서, 그들을 체포 하여 무장해제를 시키는 것은 정당한 권한이라고 생각했다. 그런데 이 지시가 유혈 참사를 빚었다. 그리고 투쟁은 본격적 인 것으로 되어 버렸다.

스트라이크의 경과는 물론 일반에게 널리 알려져 있으므로 새삼스럽게 되풀이할 필요는 없다. 쟁의를 일으킨 사람들은 결국 패했다. 매클라키는 살인, 소요, 반역 그밖에 수없이 많은 죄목으로 기소되었다. 그는 국외로 도망치지 않으면 안 되었고, 상처받고 굶주리고 관헌에게 쫓기면서 소란의 폭풍우가 사라질 때까지 어딘가에 몸을 숨기고 있어야 했다. 그 후 그는 블랙리스트에 올라서 합중국 안의 모든 철강업자에게 알려져 있었으므로 어디를 가도 직업을 얻을 수가 없었다. 지닌 돈은 다 써버렸고, 게다가 아내는 죽고 가족은 분산되고 말았다. 갖가지 불행을 겪은 후 그는 멕시코로 가기로 결심했는데, 내가 그를 만났을 때는 라 노리아 벨데에서 15마일쯤 떨어진 곳에 있는 광산에서 일자리를 구하려 하고 있었던 것이다. 그러나 멕시코인들에게 있어서 그는 너무나 숙련된 직공이었다. 그들이 광산에서 필요로 하는 것은 농노 비슷한 싸구려 임금 노동자였다. 그는 일을 얻지 못했고 돈도 없었다. 마지막 한 푼까지 모두 써버렸던 것이다. 나는 물론 그의 불행한 얘기를 다 듣고 나서 무척 불쌍하게 생각했다. 특히 그는 총명한 사람으로 자기 불행에 대하여 쓸데없이 우는 소리는 한 마디도 하지 않았으므로 나는 더욱 동정했다.

그때 나는 자신이 카네기 씨와 잘 알고 있다는 것도, 홈스티드의 쟁의가 일어난 직후 나는 스코틀랜드에서 그와 함께 있었다는 것도, 그리고 카네기 씨를 통하여 그쪽 얘기를 들었다는 것도 매클라키에게는 말하지 않았었다. 어쨌든 그는 카네기 씨를 비난하는 듯한 어조를 신중하게 피하면서, 몇번이나 되풀이해서 '앤디'가 있었더라면 그렇게 되지는 않았을 것이라고 말했다. 그는 '젊은이들'은 '앤디'와 뜻이 잘 맞았는데, 중역 중에는 그렇지 못한 사람이 있었다고 생각하는 모양이었다.

목장에 일주일 체류하는 동안 나는 밤이 되면 자주 매클라키를 만났다. 그곳을 떠나자 나는 바로 아리조나 주의 튤린으로 갔는데, 그곳에서 카네기 씨에게 편지를 보낼 일이 있었으므로 쓰는 김에 매클라키를 만났던 얘기를 덧붙였다. 나는 그를 불쌍하게 생각한다는 것과 또 그가 부당하게 취급된 것이 아닐까 하고 생각한다는 것을 덧붙였다. 카네기 씨에게서 곧 답장이 왔는데, 편지 끝에 '매클라키에게 필요한 만큼의 돈을 주게. 그러나 내 이름을 말해서는 안 되네.' 하고 씌어 있었다. 나는 당장 매클라키에게 편지를 써서 필요한 만큼의 돈을 보내주겠다고 했는데, 금액은 쓰지 않았다. 그러나 그가 재기하기에 충분한 액수의 돈임은 분명하게 알도록 썼다. 그는 그것을 거절했다. 그는 되든 안 되든 스스로 싸워서 자기 길을 걸어가겠다고 했다. 그것이 아메리카 기질인데, 나는 그의 마음가짐에 경의를 표하지 않을 수 없었다.

나는 친구이고 소노라 철도회사의 총지배인으로 있는 I·A· 뉴글 씨에게 그의 일을 부탁했다. 그렇게 해서 매클라키는 일자리를 얻어 매우 환영받고 있었다. 일 년이 지나서, 혹은 그해 가을이었는지도 모르지만, 여하튼 내가 다시 가야마스를 찾아갔을 때 그는 철도회사의 수리공장에서 감독의 지위에 있었다. 그의 생활환경은 훨씬 좋아져서 행복하게 보였는데, 아마 멕시코 여성을 아내로 맞아들였기 때문이었으리라. 이제 그를 덮고 있던 암운(暗雲)이 제거되었으므로 나는 원조를 제안했던 것이 누구인가를 그에게 밝혀서, 그와 다투지 않으면 안 되는 입장에 놓인 사람들을 나쁘게 여기지 않도록 하고 싶다는 생각을 했다. 그래서 그와 헤어지기 전에,

"매클라키 군, 자네에게 돈을 주겠다고 한 사람이 실은 내가 아니야. 이제 말하지만 앤드류 카네기 씨였네. 그건 그가 나를 통해서 주겠다고 말했던 것이네." 하고 말했다.

매클라키는 기절할 정도로 놀랐다. 그리고 겨우 입을 열어서 한 말은, "그랬었군, 앤디는 훌륭해, 그렇지 않은가?" 하

는 말뿐이었다.

매클라키의 나에 대한 판결을 나는 천국에 가는 여권으로 쓰려고 생각하고 있다. 그것은 인간이 생각해낸 모든 종교의 교리보다도 훨씬 도움이 될 것이기 때문이다. 나는 매클라키가 착한 사람임을 잘 알고 있다. 홈스티드의 그의 재산은 3만불이 넘는 것으로 평가되고 있었다. 그는 구장이었기 때문에 경관을 쏜 죄의 책임이 지워졌던 것이고, 또한 홈스티드 공원조합의 의장이었기 때문이기도 했다. 그런 이유로 그는 모든 것을 남겨두고 도망치지 않으면 안 되었던 것이다.

18. 노동의 제문제

이쯤에서 내가 손댄 노동쟁의에 대하여 약간 기록해둘까 하는데, 이것은 자본가와 노동 쌍방에 어떤 참고가 될지도 모른다고 생각하기 때문이다.

우리 강철 레일 제작소의 용광로에서 일하고 있는 공원들이 어느 때인가 회사가 만약 급료를 올려주지 않는다면 월요일 오후 4시에 용광로를 포기하겠다고 연판장을 보내왔다. 그런데 이들 공원이 납득해서 서명한 계약은 그 해말까지로 되어 있어서 앞으로 몇개월의 유효기간이 남아 있었다. 나는 만약 그들이 약속한 것을 무시한다면 앞으로 어떤 약속을 해도 무의미하다고 생각했다. 그러나 어쨌든 나는 뉴욕에서 밤차를 타고 아침 일찍 피츠버그의 공장에 도착했다.

나는 공장장에게 공장을 지배하고 있는 세 위원회를 소집하라고 명했다. 투쟁에 참여하고 있는 화성로 관계의 위원뿐만 아니라 제련부와 압연부의 위원들도 소집시켰다. 그들은 모여들었다. 나는 물론 정중한 인사로 그들을 맞았는데, 그것은 예를 다하는 것이 정책적으로 현명하다고 해서가 아니고 언제나 회사 종업원과 만나는 것을 즐거움으로 삼고 있었기 때문이다. 일하는 사람들을 사귀면 사귈수록 그들의 덕성을 높이 평가하게 된다는 것을 여기에서 분명하게 해두고 싶다. 그러나 영국의 작자 밸리가 여성에 대하여 "신은 여러 가지 사물을 대단히 잘 만드셨다. 이에 대해서는 아무런 의문도 없는데, 여자에 관한 한 어쩐지 매우 우스운 비뚤어진 마음을 남겨놓으셨다."고 말했는데, 노동자에 대해서도 비슷한 말을 할 수 있다. 그들은 그들 특유의 편견을 가지고 있어서 —— 그것은 딱딱한 응어리와 같은 것인데 —— 우리는 그것을 정중하게 다루지 않으면 안 되었다. 왜냐하면 그 근원은 무지에 의한 것이지 적개심은 아니기 때문이다.

위원들은 내 앞에 반원형으로 앉았다. 그들은 물론 모자를 벗고 있었다. 나도 벗고 있었다. 그것으로 보면 참으로 모범적인 회합인 것처럼 보였다.

나는 제련부의 위원장에게 먼저 말을 걸었다. 그는 안경을 쓴 노인이었다.

"매케이 씨, 회사와 당신 사이에는 금년 말까지 계약이 되어 있지요?"

그는 천천히 안경을 벗어 손에 들고 이렇게 말했다.

"네, 그렇습니다. 카네기 씨. 그리고 우리가 그것을 지키지 않으면 회사는 곤란해집니다."

"그것은 진정한 미국 노동자의 말이오. 나는 당신 같은 사람이 자랑스럽소." 하고 나는 말했다.

다음에 나는 레일 제작부의 위원장에게,

"존슨 씨, 당신과도 같은 계약이겠지요?" 하고 말했다. 그는 자그마하고 여윈 사내인데, 신중하게 입을 열었다.

“카네기 씨, 서명을 하기 위해 계약서가 나에게 왔을 때 나는 그것을 자세하게 읽고 그것으로 좋다고 생각하면 서명합니다. 만약 마음에 들지 않으면 서명하지 않습니다. 일단 서명했으면 그것을 지킵니다.”

“당신도 역시 자존심을 가진 미국의 공원입니다.”

그런 다음 용광로의 위원장으로 있는 아일랜드인인 켈리에게 같은 질문을 했다.

“켈리 씨, 회사는 당신과 금년 말까지 유효한 계약을 맺었지요?”

켈리 씨는 분명한 것은 말할 수 없다고 대답했다. 서류가 돌아왔으므로 서명은 했지만, 주의해서 읽지 않았기 때문에 무엇이라고 씌어 있었는지 잘 모른다는 것이다. 그때 공장장인 존즈 대위가 갑자기 커다란 소리로 외쳤다. 그는 멋진 지배인이었지만, 성질이 급하고 충동적이었다.

“뭐라고 켈리 군? 내가 두 번이나 읽어주고 자네에게 자세하게 설명해주지 않았나. 그걸 기억하고 있겠지?” 하고 그는 말했다.

“조용히! 조용하게, 캡틴.” 하고 나는 말했다. “캘리 씨에게는 자기 입장을 해명할 권리가 있어요. 나도 회사의 변호사나 중역들이 서명해달라고 가지고 오는 서류를 일일이 읽지 않고 서명하는 일이 흔히 있어요. 켈리 씨도 그런 사정 속에서 그 서류에 서명했다고 말하는 겁니다. 그런데 켈리 씨, 내 지금까지의 경험에서 보면 경솔하게 서명한 계약서라도 서명한 이상에는 그것을 이행하고, 다음 기회에는 좀더 신중하게 하는 것이 가장 영리한 방법입니다. 당신도 이 계약에 따라서 앞으로 4개월 근무를 계속하고, 다음번 계약에 서명할 때에는 납득이 가도록 조사하는 것이 어떻겠소.”

이에 대하여 아무도 대답하지 않았으므로 나는 일어서서 이렇

198

게 말했다.

"용광로 위원 제군, 자네들은 회사를 위협해서 계약을 파기하고 용광로의 불을 끄겠다(그것은 큰 손실이다)고 하면서 오늘 4시까지 자네들의 위협에 대한 나의 회답을 촉구하고 있다. 아직 3시도 되지 않았지만, 자네들에 대한 회답은 이미 마련되어 있다. 용광로를 포기해도 좋다. 자네들의 위협에 굴복하기보다는 용광로 주위에 잡초가 무성해지도록 버려두는 편이 낫다. 노동계가 비롯된 이래 최악의 날은 일하는 사람들이 자신들이 서명한 계약을 깨뜨리고 자기 스스로를 모독한 그날이다. 이것이 자네들에 대한 회답이다."

위원들은 조용하게 방을 나갔다. 중역들은 물을 뿌린듯이 잠자코 있었다. 업무상으로 회사에 와있던 손님 한 사람은 복도에서 위원들을 만났던 모양인데, 그는 다음과 같이 나에게 전했다.

"내가 들어올 때 안경을 낀 사람이 켈리라는 아일랜드인을 불러서 '자네들, 빨리 눈을 뜨는 편이 낫네. 나중에는 어쩔 수도 없도록 될 테니까 말이야. 이 회사에는 위협이나 공갈 따위는 소용이 없어.' 하고 말하는 것을 들었어요."

그것은 말할 것도 없이 공원들이 자기 자리로 돌아간다는 것을 뜻한다. 나중에 나는 용광로에서 어떤 일이 일어났는지 사무원에게서 들었다. 켈리와 위원들은 곧바로 공원이 모여있는 곳으로 갔다. 물론 공원들은 목을 늘어뜨리고 기다리고 있었으므로 돌아가자 위원들을 둘러쌌다. 켈리는 모두를 데리고 용광로로 갔다. 그리고 소리를 높여서 외쳤다.

"빨리 일을 시작해, 이 밥벌레들, 여기서 무얼 어정거리고 있나. 우리는 대장한테 실컷 당하고 왔단 말이다. 대장은 싸우지 않겠다는 거야. 대장은 주저앉아버린다는 거야. 대장이 주저앉는다고 하면 해골이 될 때까지 일어나지 않는다는 것을 우리는 잘 알고 있다. 자아, 일이나 시작해, 이 밥벌레들.”

아일랜드인과 스코틀랜드와 아일랜드의 혼혈인 패들은 이상한 녀석들이다. 그러나 보통 방법으로는 잘 안 되는 그들도 이쪽에서 다루는 요령만 알고 있으면 극히 단순하고 멋진 사람들이다. 그 후 나는 이 켈리라는 사내를 가장 믿게 되었고, 또 나의 숭배자가 되었다. 이 사건이 일어나기 전까지 그는 가장 과격한 문제아였다. 내 경험에 의하면 근로자의 대집단은 언제나 옳은 것을 지지하고, 옳게 행동한다고 분명하게 말할 수 있다. 물론 그들이 하나의 입장을 취해서 자기네 지도자를 끝까지 따르겠다고 약속한 경우에는 다르다. 그러나 만약 그것이 잘못되어 있다 하더라도 자기네 지도자에 대한 충성심은 높게 평가하지 않으면 안 된다. 자기네들 중에서 충성스러운 느낌을 가지고 있는 사람들이라면 어떻게든지 지도할 수 있다. 그들은 언제나 공평하게 다루기만 하면 된다.

또 한 가지, 우리 강철 레일 제작소에서 스트라이크를 미연에 방지한 얘기도 흥미있을지 모른다. 이 경우도 한 부서 134명의 공원이 비밀리에 단결하여 몇개월 전부터 연말에는 급료 증액을 요구하기로 약속하고 있었다. 그 해는 해가 밝자마자 곧 재계에 불경기가 닥쳐서 다른 제철소나 제강소는 전국적으로 임금인하를 단행하고 있었던 것이다. 그런데 우리 회사의 일부는 그 전에 승급이 되지 않으면 일하지 않기로 비밀리에 약속하고 있었으므로 이 요구를 철회할 수 없다고 생각하고 있었다. 경쟁 회사가 모조리 감봉을 하고 있을 때 우리가 인상을 할 수는 없었다. 따라서 회사는 작업을 정지하게 되었다. 이 일단의 스트라이크에 의해서 제작소의 모든 부문이 휴업상태에 놓여지게 된 것이다. 용광로도 약속한 며칠 전에 불을 끄고 직장을 포기하게 되어서 우리는 매우 당황했다.

나는 급히 피츠버그로 달려가서, 용광로의 불이 꺼진 것을 보고 놀랐다. 이것은 계약을 무시한 행위였다. 나는 피츠버그에 도착한 날 아침에 공원들과 만나기로 되어 있었다. 그런데 공장에서 나에게 연락이 와서, '공무원들이 용광로를 포기했으므로 내일 만난다.'고 하는 것이다. 실례되는 환영이다. 그래서 나는 다음과 같이 회답했다.

"아니, 그건 안 되네. 나는 내일 여기에 있지 않는다고 말해주게. 누구든지 직장을 포기할 수 있네. 그것은 간단하지. 문제는 직장의 재개에 있네. 언젠가 공원들이 마음이 내켜 공장을 열어주었으면 좋겠다고 생각할 때 누가 그것을 해줄 것인가 하고 찾게 되겠지. 그 때 나는 다음과 같이 대답할 것이네. 그것은 지금 현재 내가 하려는 것과 같은 얘기다. 그것은 회사 제품의 판매가를 기초로 해서 거기에 준한 슬라이딩 스케일에 의한 임금이 아니면 공장은 절대로 재개하지 않는다. 그 순응률은 3년간 변경하지 않는다. 더구나 공원들이 제안하는 것이 아니다. 이제까지는 몇번이나 공원쪽에서 임금 규모를 제시했는데, 이번에는 내 차례다. 회사가 그들에게 규모를 제시한다."

다음에 나는 중역들에게, "자아, 이제 나는 오후에 뉴욕으로 돌아가기로 한다. 이미 어쩔 수 없으니까." 하고 말했다.

공원들은 나의 메시지를 받고 곧 내가 돌아가기 전에 오후라도 회견을 할 수 있는지 물어왔다.

"기꺼이 만나지." 하고 나는 대답했다.

그리고 나는 그들을 만나서 다음과 같이 말했다.

"제군, 여기 있는 자네들의 위원장인 베네트 씨가 자네들에게 전한 바와 같이 나는 언제나 해왔던 것처럼 제군과 얘기를 나누어서 어떻게든 문제를 해결하고 싶다고 말했다. 사실이다. 그는 또 나에게 투쟁할 의사가 없다는 것도 제군에게 얘기했는데, 그것도 사실이다. 그는 진정한 예언자다. 그러나 제군에게 전한 말 중에 한 가지 약간 틀리는 점이 있다. 그는 내가 싸우지 못할 것이라고 말했다. 제군!"

하면서 나는 베네트 씨를 정면으로 응시하고 주먹을 들어서 말을 계속했다.

"그는 내가 스코틀랜드인이라는 사실을 잊었던 것이다. 여기서 한 가지 분명하게 해두자. 나는 자네들과 절대로 싸우지 않는다. 노동계를 상대로 하여 싸우는 그런 어리석은 짓은 하지 않아. 나는 싸우지 않지만, 나는 주저앉아서 버티는 전술로 어떤 투쟁위원이라도 완전하게 패배시켜 보이겠다. 그래서 나는 작정을 해버린 것이다. 이 제작소는 전 공원의 삼분이 이 이상의 다수로 재개를 결의하지 않는 한 절대로 열지 않겠다. 더구나 그때는 내가 오늘 아침에 자네들에게 말한 것처럼 이쪽에서 제안하는 슬라이딩 스케일에 의해야 한다. 내가 할 말은 이뿐이다."

그들은 물러갔다.

그 후 2주일쯤 지나서 내가 뉴욕의 집 서재에 있을 때 하인이 명함을 한 장 가지고 왔다. 거기에는 내 회사의 공원 2명과 목사의 이름이 적혀 있었다. 피츠버그 공장에서 왔는데, 나를 만나고 싶다는 것이다.

"이 두 사람 중에 계약을 어기고 용광로의 불을 끈 사람이 있는지 없는지 확인해주게." 나는 하인에게 말했다.

그는 내려가서 그렇지 않다는 것을 확인하고 왔으므로,

"그럼 이층으로 올라와 달라고 전해주게."

하고 나는 일렀다.

물론 나는 그들을 따뜻하게 그리고 예를 다해서 맞았다. 일동은 앉아서 잠시 동안 태어나서 처음 방문했다는 뉴욕에 대해서 얘기했다.

"케네기 씨, 사실 우리는 제작소의 투쟁에 대하여 의논을 드리고 싶어서 온 것입니다." 하고 목사는 말문을 열었다.

"아아 그렇습니까? 공원들이 결의를 했습니까?" 하고 나는 물었다.

"아닙니다."

그래서 나는 다음과 같이 대답했다.

"그렇다면 그 문제에 대해서 의논하는 것은 거절해야 되겠습니다. 공원의 삼분의 이의 다수로 재개를 결의하기 전에는 나는 절대로 의논하지 않겠다고 분명하게 말했습니다. 여러분은 뉴욕이 처음인 모양이군요. 내가 안내할 테니 제 5번가와 중앙공원을 구경하고 옵시다. 1시 반에 집에서 점심을 들도록 그때까지 돌아옵시다."

우리는 그대로 했다. 여러 가지 얘기가 나왔지만, 그들이 가장 얘기하기를 원하는 일만은 고의적으로 피했다. 우리는 유쾌하게 구경을 끝내고, 손님들은 점심을 즐겼다는 것을 나는 알 수 있었다. 이런 점에서 미국의 노동자와 외국사람들 사이에는 하나의 큰 차이가 있다. 미국인은 인간이 되어 있다. 그들은 남들과의 점심 자리에 앉았을 때 마치 태어날 때부터 신사인 것처럼 (사실 그렇지만) 행동한다. 이것은 참으로 멋지다.

그들은 공장 일에 대하여 한 마디도 못하고 피츠버그로 돌아갔다. 그러나 그 후 머지 않아서 공원들은 표결을 했다. 공장 재개 반대 표는 극히 적었다. 그래서 나는 피츠버그로 갔다. 나는 위원들 앞에 그들이 일할 조건인 임금규모를 내놓았다. 이것이 제품가를 기초로 해서 산출되는 슬라이딩 스케일의 임금제인 것이다. 이런 스케일은 자본과 노동을 협동기업체로 만드는 것이어서, 번영도 불황도 운명을 함께 하게 된다. 물론 거기에는 최저선이 있어서 공원은 항상 생활만은 보장되어 있다. 공원들은 이미 이 순응률을 알고 있었으므로 새삼스럽게 그것을 검토할 필요는 없었다. 위원장은,

"카네기 씨, 전부 승낙하겠습니다. 그런데 ……." 하고 그는 조금 주저하면서 "한 가지 부탁이 있습니다. 이것만은 허락해주

시기 바랍니다." 하고 말했다.

"그렇습니까? 여러분, 만약 이치에 맞는 것이라면 물론 승낙하겠습니다."

"조합의 간부들이 고원을 위해서 이 계약서에 서명하는 것을 허락해 주셨으면 합니다."

"아아 그런 일입니까? 좋고 말고요. 그럼, 내쪽에서도 한 가지 부탁이 있는데, 여러분의 요구를 승낙한 이상 나의 제안도 허락하기 바라오. 나를 기쁘게 하기 위하여 간부들이 서명한 다음에 공원들이 모두 직접 서명했으면 하오. 베네트 씨, 당신이 아는 바와 같이 이 순응률은 3년간 계속되는 것이오. 유효기간이 긴 거니까 공원들이나 혹은 그 일부가 조합장이 그렇게 오랫동안 자기들을 구속할 권한이 있느냐를 문제로 삼을지도 모르오. 그러나 만약 개개인이 서명한다면 그럴 때에 오해가 생기지 않을 겁니다."

순간 아무도 입을 열지 않았다. 그런 다음 베네트 씨 옆에 앉아 있던 사내가 그에게 속삭이는 말이 나에게 똑똑히 들렸다.

"완전한 패배야."

그대로다. 그러나 정면에서의 공격이 아니라 측면 우회의 공격법에 의해서였다. 만약 내가 조합 간부의 서명을 거부한다면 그것으로 인해 불평이 나와서 결국은 투쟁의 구실이 된다. 그런데 내가 그것을 허용한 이상에는 그들로서도 요구를 거절할 수는 없게 된다. 자유롭고 독립된 미국 시민 한 사람 한 사람이 서명하는 것은 당연한 일이다. 조합 간부들은 결국 서명하지 않았다. 승낙을 받았으면서도 하지 않았다. 각개인의 서명이 요구된 이상 서명해보았자 아무 소용이 없기 때문이다. 게다가 공원들은 임금 스케일이 채택된 이상 조합이 자기들을 위해서 아무것도 해줄 수 없다는 것을 알고 조합비 내기를 게을리하여 조합은 쇠퇴해갔다. 그 후로는 다시 조합얘기를 듣지 못했다. 이것은

1889년의 일로서 지금부터 27년 전의 사건이다. 임금 스케일은 그 후 한번의 변경도 없이 계속되고 있다. 공원들은 바꾸라고 해도 바꾸려 하지 않는다. 내가 처음부터 말한 것처럼 이 제도는 자기들에게 이익이 되기 때문이다.

내가 노동계에 공헌한 몇 가지 일 중에서 이 임금 스케일을 안출한 것이 가장 컸다고 생각한다. 그것은 자본과 노동문제의 해결이었다. 호황에서도 역경에서도 자본가와 노동자를 공동출자자로 하는 것이다. 피츠버그 지역은 처음에는 연봉 임금제였는데, 그것은 좋은 제도가 아니었다. 공원도 고용주도 임금 계약이 결정되자마자 당장 다음해의 투쟁방침을 준비하기 시작하는 현상이 생기기 때문이었다. 고용하는 쪽에서도 고용당하는 쪽에서도 언제 계약이 만료되는지 분명한 기일을 정해두지 않는 편이 낫다. 6개월이건 1년이건 좋으니까 쌍방의 어느 한쪽에서나 예고해서 그것을 고치도록 한다고 해두면 몇 년이라도 계속될 수가 있다.

노임의 알력이 얼마나 사소한 일에서 발생하고, 또 어떤 방향으로 가는지 두 가지 예를 들어본다. 이것은 아주 조그마한 일이 전기가 되어 잘 해결된 예이다. 언제인가 나는 공원의 위원회에 나가서 그들과 회견했는데, 그들이 우리 생각에는 부당한 요구를 하고 있었던 것이다. 나는 공원들이 한 사내에게 지배되어 있다는 말을 들었다. 이 사내는 제강소에 근무하고 있었는데, 또 몰래 술집을 차리고 있었던 것이다. 그는 건달이었다. 얌전하고 착실한 공원들은 그를 두려워하고 있었고, 술을 좋아하는 패들은 그에게 빚이 있어서 머리를 들지 못했다. 그가 이 투쟁의 진짜 선동자였던 것이다.

우리는 언제나와 마찬가지로 우호적인 기분으로 회견했다. 나는 이 사람들과 만나는 것이 즐거웠다. 왜냐하면 그들의 대부분과는 오랫동안 사귀어서 이름을 존칭없이 부를 정도로 친했기 때문이다. 테이블에 앉았을 때, 선동자인 그 사내가 한쪽 끝에 자리잡고 나는 다른 끝에 앉았다. 그러니까 그와 나는 마주 앉은 셈이다. 나는 회사의 제안을 설명한 다음 이 사내가 바닥에 놓여 있던 모자를 들어 아주 천천히 머리에 얹는 것을 보았다. 물러가자는 신호이다. 나는 이 기회를 놓치지 않았다.

"자네, 자네는 신사들의 모임에 나와 있는 것이네. 모자 좀 벗어주게. 그렇지 않으면 방에서 나가주게."

나는 그를 응시하고 있었다. 방 안은 조용해졌고 몹시 긴장된 기운이 떠돌았다. 이 불량배는 약간 기가 꺾인 모양이다. 여기에서 그가 어떤 태도로 나오건 그는 이미 패배했다.

만약 그가 자리를 떠서 나가면, 그는 모자를 썼기 때문에 회의에 대한 예를 잃어서 자신이 신사가 아님을 증명하는 것이 된다. 또 만약 그가 방에 머물러 있으면서 모자를 벗으면 그는 나의 책망에 굴복한 것이 된다. 어떻게 나오건 상관없다. 그는 두 가지 중에 한 가지를 택해야 하는데, 어느 쪽을 택해도 그에게는 치명상이 된다. 그는 내 손안에 들어왔다. 그는 다시 아주 천천히 모자를 벗어서 그것을 바닥에 놓았다. 그 후 회의하는 동안 그는 한 마디도 발언하지 않았다. 나는 후에 이 사내가 회사를 그만두었다는 얘기를 들었다. 공원들은 이때의 일을 매우 기뻐하고 있었다. 그리고 사건은 모두 원만하게 해결되었다.

3년간의 임금제도가 공원들에게 제안되었을 때, 16명의 위원이 선발되어서 우리와의 교섭에 임했다. 처음에는 교섭이 여간해서 진척되지 않았다. 그래서 나는 약속이 있어서 이튿날 뉴욕으로 돌아가지 않으면 안 된다고 말했다. 그들은 다른 공원을 위원으로 보충해서 32명이 되도록 했으면 하는데, 그래도 괜찮겠느냐고 물어왔다. 그들 사이에 의견이 대립되고 있다는 명백한 증거이다. 물론 우리는 승낙했다. 위원들은 제강소에서 피츠버그 시의 본사로 나를 찾아왔다. 회담에서 말문을 연 것은 빌리

에드워드라고 하는 회사의 최우수 공원이었다. 나는 이 사람을 똑똑히 기억하고 있는데, 훗날 그는 높은 지위를 차지하게 되었다. 빌리의 생각으로는, 제안된 총액은 공정하지만 모두에게 나누어주는 비율이 불공평하다는 것이다. 어떤 부문에서는 그것으로 충분하지만, 다른 부문에서는 정당한 취급을 받고 있지 않다. 공원의 대부분은 대개 이런 의견이었다. 그렇다면 과연 누가 충분한 임금을 받지 못하고 있는지 지적하라고 하면 자연히 거기에서 의견이 갈라져버리는 것이었다. 각각의 부문을 대표하는 사람들의 의견은 일치될 수가 없다. 빌리는 이렇게 말했다.

"카네기 씨, 1톤에 대해서 지불되는 전체의 액수는 공정하다고 우리들의 의견은 일치되어 있습니다. 여기에 대해서 불만은 없습니다. 하지만 우리들 사이에서의 분배 방법이 좋지 못합니다. 카네기 씨, 만약 당신이 내 일을 맡는다고 하면……."

"잠깐, 잠깐." 하고 나는 큰소리로 말했다. "빌리, 그렇게는 안 돼. 카네기는 어느 누구의 것이건 남의 일을 뺏는 따위의 짓은 하지 않아. 남의 일을 뺏는 것은 숙련공 사이에서는 용서할 수 없는 위반이다."

폭소가 터지고 이어서 박수, 그리고 다시 모두 배를 움켜쥐고 웃어제꼈다. 나도 그들과 함께 웃었다. 우리는 빌리에게 이긴 것이다. 물론 쟁점은 곧 해소되었다. 공원들에게 있어서 이런 문제는 금전에 한한 것이 아니다. 그들의 입장을 잘 이해하고 친절하게 다루며 공정하게 대한다 —— 이것이야말로 미국의 근로자를 움직이는 큰 힘인 것이다.

고용주는 자기 종업원에게 아주 작은 비용을 가지고도 좋은 일을 많이 해줄 수 있다. 어느 회합에서 내가 무엇인가 해줄 일이 없느냐고 물으니까. 빌리 에드워드가 일어서서, 공원 대부분이 일용품 상점에 빚이 있는데 그 이유는 급료가 월급으로 되어 있기 때문이라고 말했다. 빌리가 한 얘기가 내 머리를 떠나지 않는다.

"내 아내는 좋은 여자이기 때문에 집안 살림을 잘 꾸려주고 있습니다. 우리는 매월 네번째 토요일 오후에 반드시 피츠버그로 가서 다음달에 필요한 물건을 모두 도매값으로 사들이기 때문에 삼분의 일 정도 절약이 됩니다. 우리 공원들 중에서 이렇게 할 수 있는 사람은 거의 없습니다. 이 근처의 상점은 모두 비쌉니다. 또 한 가지 있는데, 장사꾼은 석탄을 몹시 비싸게 덮어 씌우는 겁니다. 만약 사장님이 1개월이 아니라 2주일마다 급료를 주신다면 이런 사람들에게는 급료를 1할이나 혹은 그 이상 올려준거나 다름없이 고마운 일일 겁니다."

"에드워드 군, 자네 말대로 하겠네."
하고 나는 대답했다.

이것을 실행에 옮기기 위해서 사무원을 몇 명 증원해야 했지만, 그런 것은 사소한 일이었다. 일상 필수품의 값이 비싸다는 빌리의 얘기에서, 나는 어째서 종업원들이 소비조합의 가게를 차릴 수가 없는지 생각하기 시작했다. 이것도 실행시키기로 했다. 회사가 건물의 집세를 지불하기로 결정했는데, 나는 공원들이 주식을 가지고 직접 운영을 하도록 강요했다. 이런 조직에서 블랙독 소비조합이 탄생했던 것이다. 이것은 여러 가지 의미로 중요한 기관이 되었는데, 그 중에서도 특히 의의가 있었던 것은 공원들에게 사업에는 여러 가지 어려운 문제가 따르는 법이라는 사실을 가르쳐준 일이다.

석탄에 대한 문제는 회사가 매입하는 원가로 전 공원에게 팔기로 협정을 맺었으므로 어렵지 않게 해결되었다. 그것은 상점에서 사는 반값이라고 들었다. 게다가 구매자가 운반의 실비만 지불하면 각 가정에 배달해주도록 조치했다.

그 밖에 또 한 가지 문제가 있었다. 우리는 종업원들이 저금하는 것에 대하여 불안을 느끼고 있다는 것을 발견했다. 왜냐하면 조심성이 많은 사람들은 은행에 예금하는 것을 꺼리고 있었기 때문이다. 불행하게도 당시 미국 정부는 영국의 우편저금 제도를 채택하지 않았었다. 우리는 각 공원의 저금을 2000불까지 맡아서 거기에 대하여 6부의 이자를 지불할 것을 제의했다. 이것은 근면을 장려하기 위해서였다. 그들의 예금은 회사의 돈과는 별도로 하여 신탁예금으로 다루어서 자기 집을 지으려는 사람들에게 대출했다. 이것은 성실하게 일하는 사람들을 위해서 우리가 해준 가장 좋은 일이라고 생각하고 있다.

이 배려는 우리 회사로 보아도 가장 유리한 투자임이 입증되었다. 경제적인 견지에서도 같은 말을 할 수 있다. 종업원에 대해서는 계약이나 증서를 초월해서 보답받는 바가 큰 것이다. 공동출자자인 중역들은 '아무리 무리한 일이라도 노동자의 요구라면 언제나 들어주는 극단적인 태도'라고 하면서 비난했지만, 이 방면의 내 약점은 훨씬 더 커도 좋다고 생각하고 있다. 우리 종업원의 우정만큼 훌륭한 배당을 가져오는 투자는 없다.

이렇게 해서 우리는 오래지 않아 달리 예가 없을 정도로 우수한 일단의 공원을 확보하게 되었다. 최고의 공원들이고 또 인간적으로도 아주 좋은 사람들의 집단이라고 진심으로 믿고 있으며, 쟁의나 투쟁은 이미 옛날이야기가 되어버렸다. 홈스티드 제강소 공원들이 처음부터 우리와 일해온 고참자뿐이었다면 1892년의 쟁의가 일어났으리라고는 거의 생각할 수 없었다. 그런데 그곳의 공원들은 당시 갑작스럽게 사방에서 끌어오는 사람들이 많았었다. 강철 레일 제작소의 임금 스케일은 1889년에 채택된 후 현재(1914년)까지 계속되었고, 그 후로 한번도 노동관계의 분쟁이 있었다는 것을 듣지 못했다. 앞에서 말했듯이 종업원들은 자기네의 오랜 조합을 해산시켜버렸다. 자신들이 3년간 계약을 맺은 이상 조합에 회비를 낼 필요가 없었기 때문이다. 그들의 노동조합은 해산했지만 그것을 대신해서 경영자들과 종업원들 사이에 정다운 조합이 생겼다. 이것이야말로 쌍방의 모든 사람들에게 최적의 것이었다.

고용주에게 있어서 자기 밑에서 일하는 사람들이 충분한 수입을 얻는 확실한 직장을 가지고 있다는 것은 중요한 일이고 자신에게 이익이 되는 것이다. 슬라이딩 스케일제로 회사는 시장에 대응할 수 있게 된다. 주문을 받아서 공장의 작업을 계속하도록 노력하는데, 그것은 노동자에게 있어서 중대한 일이다. 높은 급료도 좋지만, 확실하고 부단한 작업에 비하면 문제가 되지 않는다. 에드가 톰슨 제철소는 노사관계에 관해서는 가장 이상적인 회사라고 생각한다. 우리 시대는 물론이고, 오늘날에도 공원들은 삼교대보다도 이교대를 좋아한다고 한다. 그러나 삼교대의 시대가 오리라는 것은 이미 의심의 여지가 없다. 우리가 진보함에 따라 노동시간은 단축되어야 한다. 8시간제가 될 것이다. 8시간 일하고, 8시간 자고, 8시간 휴식과 오락을 갖는 것이 이상적이다.

나의 사업가로서의 생애에 여러 가지 사건이 있었지만, 노동문제의 분쟁을 반드시 임금 때문이었다고만은 할 수 없다. 쟁의를 방지하는 가장 좋은 방법은 종업원의 존재를 인정하고, 그들의 복지에 깊은 관심을 가지며, 그들을 진심으로 생각하고 있다는 것을 알리고, 그들의 성공을 함께 기뻐하는 일이다. 내가 정직하게 말할 수 있는 건 언제나 노동자들과 얘기를 나누는 것이 진정으로 즐거웠었다는 것이다. 화제는 임금에 관한 것으로 한정되지는 않았다. 그리고 나는 공원들을 깊이 알면 알수록 그들이 좋아졌다. 고용주가 한 가지 덕을 지니고 있다면 그들은 대체로 두 가지 덕을 지니고 있다. 그들은 더 관대하고 동정적이다.

노동자는 대개의 경우 자본가에 대하여 무력하다. 고용주가 공장을 폐쇄하기로 결정할지도 모른다. 그는 얼마동안 이윤을 얻지 못할지도 모른다. 그렇지만 그는 의식주나 오락 등을 바꿀 필요는 없다. 물론 심신을 위협할 만한 결핍의 공포도 없다. 이 것은 노동자의 생활과 다르다. 생활의 밑천이 줄었다는 사실은 곧 그들을 괴롭히게 된다. 그들은 생활을 편하게 할 조금의 여유도 없을 뿐만 아니라 처자가 건전하게 살도록 하기 위한 필수품도 부족하고, 병든 자녀에게 적당한 치료를 받게 해줄 수도 없다. 우리가 옹호해야 할 것은 자본가가 아니라 의지할 곳 없는 노동자이다. 만약 내가 내일 실업계에 복귀한다 하더라도 노동쟁의에 대한 걱정 따위는 나의 머리에 떠오르지 않는다. 그러나 가난한 사람들에 대한 배려와 호인이기는 하지만 때로는 유혹을 받아서 잘못을 저지른 사람 등이 나의 관심사가 되어서 나를 관용하도록 만들 것이다. 그렇게 함으로써 그들의 마음이 부드러워지는 것이다.

1892년의 홈스티드 쟁의 후에 내가 피츠버그로 돌아갔을 때, 나는 공장으로 가서 쟁의에 참여하지 않았던 많은 고참자들과 만났다. 그들은 만약 내가 이국에 있었더라면 그 스트라이크는 절대로 일어나지 않았을 것이라고 말했다. 나는, 회사는 관대한 조건을 제안했으므로 나라도 그 이상의 일은 할 수 없었을 것이라고 말했다. 또 그들의 전보가 스코틀랜드에 있던 나에게 도착했을 때에는 이미 주지사가 군대를 현장에 보내 법적인 조치를 취해버렸었다고 그들에게 말했다. 따라서 문제는 동료들의 손이 닿지 않는 곳까지 가버렸던 것이다. 나는 얘기를 계속했다. "자네들은 나쁜 권유에 끌려갔던 것이네. 회사 중역의 제안을 수락했어야 했어. 그것은 매우 관대한 조건이었지. 나였다면 그만큼 좋은 조건을 제안했을지 모르겠군."

나의 이 말에 압연부의 한사람이 다음과 같이 대답했다.

"카네기 씨, 그건 돈 문제가 아니었습니다. 직공들은 당신의 발길에 차여도 불평을 하지 않습니다. 하지만 다른 사람들에게는 머리를 쓰다듬는 것조차도 용서하지 않습니다."

노동계급 사이에서도 현실적인 문제가 나오면 감정이 크게 작용하는 것이다. 그들을 모르는 사람들은 대체로 그런 것을 믿지 않는다. 그러나 자본가와 노동자 사이에 일어나는 분쟁 중에서 임금문제는 반도 차지하지 않는다는 것을 나는 믿어 의심치 않는다. 고용주측에 종업원을 옳게 이해하고 그들의 노고에 감사하며 친절하게 대하려는 마음이 결여되어 있는 것이 원인이 되는 경우가 많다.

그 큰 쟁의 후에 스트라이크 주모자들에게 소송이 제기되어 있었다. 그러나 나는 귀국하자마자 소송을 모두 취하했다. 오래전부터 있었던 사람들 중 폭력행위에 가담하지 않은 사람은 모두 복직시켰다.

19. 부의 복음(福音)

1900년에 나는 《교부의 복음》이라는 제목의 책을 출판했다. 이것은 1886년까지 내가 여러 잡지에 기고했던 것을 모아서 책으로 만든 것이었다. 이 책이 간행되고 나서 나는 이 제목에 함유되어 있는 가르침에 따라서 이 이상 재산을 축적하기 위해서 애쓰는 것을 중지하겠다고 결심한 것은 당연했다. 이제 세속적인 부를 모으는 일에 종지부를 찍고, 그보다도 더욱 진지하고 또 더욱 어려운 일인 현명한 분배에 전념하기로 결심했던 것이다. 회사의 수익은 연간 4000만불에 이르고, 또 앞으로도 더욱 많은 증수의 전망이 있다는 것은 나를 놀라게 했다. 나는 그때까지 여러 가지 사업을 경영해왔는데, 그것을 전부 일괄해서 몰간이 주재자로 있는 합중국 강철회사에 5억불에 매도했던 것이다. 우리의 후계자들은 사들이자 곧 연간 6000만불의 이익을 올리고 있다. 만약 우리가 사업을 계속해서 전의 확장계획을 실현시켰더라면 같은 그 해에 틀림없이 7000만불의 수익을 올렸으리라.

강철은 왕좌에 올라서 다른 모든 열성인 금속을 시장에서 추방했던 것이다. 앞길에 커다란 장래가 있음은 한눈에 알 수 있었다. 그러나 나는 내 눈앞에 놓여 있는 분배의 대사업이, 이미 노경에 들어선 내 정력을 최대한으로 요구하는 것임을 잘 알고 있었다.

애기는 조금 뒤로 돌아가는데, 1901년 3월의 일이었다. 내가 분배의 대사업에 대해서 생각을 하고 있을 때, 몰간 씨가 내 친구를 통하여 내가 사업계에서 은퇴할 예정이라는 것이 사실인가를 알고 싶다고 물어왔다. 만약 정말 그렇다면 그가 인수할 수 있을 것 같다는 것이었다. 친구는 중역들과도 의논했는데, 조건에 따라서는·사업에서 손을 떼도 좋다는 의향을 표시했다고 말했다. 몰간 씨가 매력을 느낄 만한 제안을 했다는 것이다. 그래서 나는 친구에게 만약 동료들이 파는 데에 동의한다면 나도 이의는 없다고 대답했고, 그렇게 팔기로 결정했던 것이다.

당시는 투기꾼들이 낡은 철공소나 제강소를 매점해서 값을 올려 아무것도 모르는 매수인에게 밀어 맡기는 짓을 하고 있었다. 100불의 주가 때로는 약간의 돈으로 거래되었다. 그렇기 때문에 나는 그런 값을 목표로 해서 팔고 싶지는 않았다. 만약 그렇게 했더라면 1억불은 더 벌었을 것이라고 훗날 몰간 씨는 나에게 말했다. 그 무렵은 호경기의 절정에 있어서 우리의 강철사업은 높이 평가되고 있었다. 그러니까 내가 나중에 그런 금액을 요구해도 되는 셈이었다. 그러나 나는 이미 충분한 재산을 가지고 있었고, 그것을 분배하는 일도 힘에 벅찼던 것이다.

최초의 분배는 공장 종업원들을 위해서였다. 다음 편지가 기부의 요지를 설명하고 있다.

‘뉴욕시, 1901년 3월 12일

나는 여기에 잉여의 부를 사업에서 은퇴함에 있어서 제일저당 부 5부 이자 사채로 400만불을 나의 성공에 막대한 기여를 한 종업원들에 심심한 사의를 담아서 답례로 보낸다. 이것은 사고 등에 의하여 곤경에 처한 사람들을 구제하고 또 노경에 들어서서 원조를 필요로 하는 사람들에게 약간의 연금을 주기 위한 자금으로 하기 위해서이다.

여기에 덧붙여서 같은 채권 100만불을 보내어, 그 이자를 가지고 내가 종업원을 위해서 세운 도서관과 집회소 등의 유지비로 충당한다.'

이것은 '앤드류 카네기 구제기금'이라고 명명되었고, 종업원 중에서 선임된 관리위원회는 1903년 2월 23일부로 1개년의 보고서와 감사장을, 루시 용광로의 종업원들은 감사의 글을 새긴 커다란 은쟁반을 보내주었다.

그로부터 얼마 후 나는 유럽 여행을 떠났다. 그리고 전처럼 내 동료였던 중역들이 배에까지 전송해주고 이별을 애석해 했다. 그러나 전 여행과는 커다란 차이가 있었다. 입으로는 무엇이라고 해도, 또 어떤 행동을 하더라도, 사태는 완전히 달라졌다. 나는 이것을 절실하게 느꼈다.

이제까지의 인연을 끊는 것은 괴로운 일이므로, 이 작별은 또한 영원한 이별이므로 내 가슴은 무척 아팠다.

수개월 후 내가 다시 뉴욕으로 돌아왔을 때, 나는 머물 장소가 없어진 것처럼 느껴졌다. 그러나 나를 맞으러 부두에 나온 '동료' 몇 명을 발견하고는 겨우 기운을 되찾았다. 같은 친구들인데도 어쩐지 완전히 달라진 것처럼 생각되었다. 나는 동료를 잃기는 했지만 친구는 많이 있다. 이것은 정말 다행한 일이다. 그렇지만 왠지 공허한 느낌은 사라지지 않는다. 나는 잉여의 부를 현명하게 분배하는, 스스로 짊어진 사업에 전념하지 않으면 안 된다. 그것은 나의 관심을 크게 차지할 것이다.

어느 날 나의 눈은 ‘스코티시 아메리칸’이라고 해서 스코틀랜드인으로 미국에 이주한 사람들을 위해서 간행되는 신문의 한 행에 고정되었다. 나는 이 신문의 애독자였다. 거기에서 나는 하나의 귀중한 보물을 발견했다. 거기에는,

‘하느님은 거미집을 치기 위해서 실을 주셨다.’고 씌어 있었다.

그것은 마치 나에게 하는 말처럼 생각되었다. 이것은 내 마음에 깊이 새겨졌다. 나는 곧 최초의 거미집을 치는 일에 착수하기로 했다. 하느님이 보낸 실은 뉴욕 시 공공도서관을 대표하는 J·S·빌링 박사라는 인물이 되어 나타났다. 나는 단번에 625만불을 내어 뉴욕시에 68개의 공공도서관 분관을 세우기로 약속했다.

그리고 얼마 후에 시의 한 구역을 이루는 브루클린에 20개의 분관을 건설하기로 결정했다.

아버지는 이미 이 책의 앞머리에서 말한 바와 같이, 고향인 담팜린 거리에 도서관을 세운 5명의 선구자의 한사람으로서 자기 수중에 있던 약간의 책을 모아서 이웃 사람들이 읽도록 했다. 나는 그의 발자취를 따라 고향에 도서관을 기증했다. 그 주춧돌을 어머니가 놓았던 것이다. 그러니까 실은 이 공공도서관이 내가 한 최초의 기증이었다. 다음에 미국에서의 내 최초의 거주지였던 알리게니 시티에 공공도서관과 공회당을 선사했다. 해리슨 대통령은 워싱턴 시로부터 함께 와서 개관식에 참석해주셨다. 그 후 오래지 않아 파츠버그 시에서도 도서관이 필요하다고 요청하여 나는 기꺼이 기증했다. 이것이 계기가 되어 시간이 지남에 따라 점점 발전해서 박물관, 미술전시관, 공업학교, 여학교 등이 들어서서 한떼의 건물이 이 지역을 차지하게 되었다. 이 건물은 모두 1895년 11월 5일에 공공을 위해서 제공되었다. 나는

피츠버그에서 재산을 만들었던 것이다. 이 일련의 건물에 나는 이미 2400만불을 사용했지만, 시가 나에게 부여해준 것의 극히 일부를 돌려준 것에 지나지 않는다. 시는 좀더 많이 받을 값어치가 있다.

두번째의 큰 기증은 워싱턴 시에 카네기 협회를 창설하기 위해서였다. 1902년 1월 28일, 나는 5부 이자 사채로 1000만불을 기증하고, 다시 협회의 업적을 고려해서 1500만불을 추가하여 전부 2500만불의 금액에 이를 때까지 지출할 수 있도록 했다. 나는 이 문제에 대하여 루즈벨트 대통령과 상의하고, 만약 가능하다면 당시의 국무장관인 존 헤이 씨가 회장이 되어주었으면 했는데, 그는 기꺼이 맡아 주었다. 이사는 내 친구들 중 제일급인 사람들에게 의뢰했다.

내가 루즈벨트 대통령에게 이사들의 명단을 보여주자 대단히 기뻐하면서 칭찬해주었다. 그는 협회 창설에 호의를 가졌고, 그것은 1904년 4월 28일에 합중국 의회의 결의에 따라 법인체로 발족했다.

이 협회는 조사, 연구, 발명 등을 보다 광범위하게 또 자유롭게 행할 것을 장려하고 또 지식을 응용해서 인류의 향상에 이바지하기 위한 것이다. 특히 과학과 문학 또는 미술 등의 부분에 대해서 조사를 하고 그것을 재정적으로 보조하며 원조하기 위한 것으로, 그 목적 수행을 위하여 정부, 대학, 전문학교, 공업학교, 학계, 개인 등등과 협력한다고 되어 있다.

이 협회의 굉장한 업적은 출판물에 의해서 널리 알려져 있으므로 내가 여기에서 상세하게 설명할 필요는 없다. 그러나 그 중에서도 특히 희한한 두 가지 사업을 들어볼까 한다. 그 하나는 목재와 숏쇠로 만든 요트 '카네기 호'로, 그것은 온 세계의 바다를 항해하여 이미 작성된 항해지도의 오류를 정정함으로써 전세계에 크게 공헌하고 있다. 그때까지의 해양 측정은 컴퍼스의 편차 때문에 오류가 많았다. 숫쇠는 자력의 영향을 받지 않지만, 무쇠나 강철은 그 영향을 많이 받아서 편차의 원인이 된다. 그 뚜렷한 예는 큐나드 회사 소속 기선이 아졸레스 군도 부근에서 좌초된 일이다. 카네기 호의 피터즈 선장은 이 사건을 다루어서 시험해 봐야 한다고 생각했다. 그 결과 조난한 기선의 선장은 영국 해군성이 작성한 해도에 표시된 대로 해로를 따라 나아가고 있었으므로 조금의 실수가 없었다는 것을 발견했다. 종래의 측정이 잘못되어 있었던 것이다. 편차에 의한 오류는 곧 수정되었다.

이것은 배로 바다를 건너는 세계 모든 나라에 알려진 수많은 수정의 하나에 지나지 않는다. 그들의 감사는 나에게 충분한 보답이 된다. 이것을 기증할 때 나는 이 젊은 공화국이 언젠가는 구대륙이 짊어지고 있는 커다란 부채를 갚을 수 있게 되면 좋겠다고 생각한다고 말했다. 어떤 점까지는 그렇게 할 수 있었다는 사실이 나에게 말로 다할 수 없는 만족감을 주었다.

해양을 누비고 다니는 카네기 호에 의해서 전례 없는 서비스가 이루어지고 있는데, 거기에 이어서 내가 지금 말하고 싶은 것은 고정된 천문관측소이다. 이것은 해발 5886피트인 캘리포니아 주의 윌슨 산에 있다. 헤일 박사가 소장이다. 지상 72피트에서 새로운 별의 사진을 찍었다. 그 첫장을 현상해 보니 16개의 새로운 별이 발견되었다. 두번째 건판에는 60개, 그리고 세번째 건판에는 백여 개의 새로운 우주가 발견되었고, 그 중에 몇 개는 태양보다도 크다는 것이다. 그 중에는 광선이 8년이나 걸려서야 지구에 도달할 정도로 먼 것도 있었다. 이런 얘기를 들으면서 나는 고개를 숙이고 "우리가 알고 있는 것은 모르는 것에 비하면 형편없이 적다."고 속삭이지 않으면 안 되었다. 현재 있는 최대의 것보다 3배나 되는 괴물 같은 새로운 망원경을 쓴다면 어떤 새로운 발견이 이루어질 것인가. 만약 달에 인류가 살고 있다면 뚜렷하게 보일 것이다.

세번째 회심의 사업은 선행기금(善行基金)의 창설로, 이것은 나의 전심을 경주한 것이었다. 나는 피츠버그 시 부근 탄광에서 일어난 비참한 사건을 듣고, 탄광 지배인인 테일러 씨에 대한 얘기에 몹시 감명을 받은 일이 있다. 테일러 씨는 그때 다른 일을 하고 있었는데, 사고를 듣고는 무엇이든 도움이 되어야겠다고 생각하여 현장으로 직행했다. 결사대를 모집했는데, 많은 사람이 참여했다. 그는 선두에 나서서 갱내로 들어가 구조작업을 폈다. 그런데 슬프게도 이 용감한 지휘자는 자기 생명을 잃어버렸던 것이다. 나는 이 사건을 마음에서 지울 수가 없었다. 그리고 그때 선행기금을 창설하자는 생각을 했던 것이다.

그래서 500만불의 기금을 설정하여, 용감한 사람들의 선행에 보답하는 동시에 그 희생이 된 사람, 즉 자기 친구에게 봉사하거나 또는 친구를 구하려다가 쓰러진 사람들의 유가족을 돕기 위해서, 또한 불의의 재난 때문에 가계의 책임자를 잃고 고용주나 다른 사람들의 도움으로 겨우 생활하고 있는 사람들에게 구호금을 보조하기 위하여 사용하기로 했다. 이 기금은 1904년 4월 15일에 설정되었는데, 창설 이래로 모든 점에서 보아 결정적인 성공이었다. 이것은 다른 누구의 발상도 아닌 나 자신의 생각이었기 때문에 나는 아버지와 같은 애정을 가지고 있다. 이런 일은 어느 누구도 생각해낸 사람이 없었으므로 이야말로 '나 자신의 자식'인 것이다. 후에 이런 기금을 나의 모국인 영국에도 창설하고 그 본부를 담팜린에 두었다. 얼마 후에 나는 이 제도를 프랑스, 독일, 이태리, 벨기에, 화란, 노르웨이, 스웨덴, 스위스, 그리고 덴마크에 보급시켰다.

독일에서 이 기금이 어떤 업적을 이룩했는가에 대하여 나는 베를린 주재 미국 대사 J·힐 씨로부터 편지를 받았으므로 여기에 그 일부를 싣겠다.

'내가 이 편지를 드리는 주된 목적은 독일 선행기금의 운영에 대하여 황제께서 얼마나 기뻐하시는지를 귀하에게 전하고 싶기 때문입니다. 폐하는 의외로 이 사업에 깊은 관심을 기울여서, 당신이 이것을 설립함에 있어서의 통찰과 자비로운 마음에 대하여 극구 칭찬하셨습니다. 폐하는 이 기금이 이렇게까지 중요한 역할을 하리라고는 예상하지 않았었는데, 참으로 감명깊은 많은 예를 들면서 이 기금이 없었더라면 적당한 조치가 이루어지지 않았을 거라고 말씀하셨습니다. 하나는 물에 빠진 어린이를 구하러 간 젊은이입니다. 아이를 구해서 보트에 태우기는 했지만, 자신은 기운이 빠져 물에 가라앉아버렸습니다. 한 사내아이를 거느린 그의 아름다운 아내는 이미 선행기금 덕분으로 자그마한 가게를 차려서 생활을 유지하고 있습니다. 아들의 육아수당도 보장되어 있습니다. 이것은 한 예에 지나지 않습니다. (후략)'

영국의 에드워드 황제도 이 기금의 취지에 크게 감동하여 자필로 편지를 써서 나에게 감사의 뜻을 표했다. 황제는 나에게 초상화를 하사하였다.

미국 신문의 일부에서는 선행기금의 취지에 의문을 품어서 첫번째 연보는 비판을 퍼부었었는데, 그것은 이미 과거의 일로서 오늘날에는 대중으로부터 칭찬을 받고 있다. 세론(世論)을 무시하고 이 기금이 사멸된다는 것은 사회가 용납하지 않을 것이다. 과거의 미개한 시대에는 영웅이라고 하면 동포를 상처입히거나 죽이는 행위를 했다. 문명 사회인 오늘날의 참된 영웅은 동포에게 봉사하고 그들을 구하는 사람들이다.

선행기금은 결국 주로 연금제도와 같은 형태를 취하게 되었는데, 이미 많은 사람들이 연금을 받고 있다. 선행을 한 사람들 혹은 그들의 미망인이나 자녀들이 그 대상이 되고 있다. 처음에는 이에 대하여 이상한 오해가 생겼다. 일부 사람들은 이 기금이 영웅적인 행위를 장려하기 위해서 설립된 것으로 오해해서, 보수를 목적으로 하여 영웅적인 행위를 하는 사람들이 나타나는 것을 두려워하고 있었다. 그런 어리석은 일은 없다. 그런 것은 생각하지도 못한 일이었다. 참된 선행자는 보수 따위는 생각하지 않는다. 그들은 의협심에 불타서 자기를 잊고 동포의 위급만이 염두에 있다. 그렇기 때문에 이 기금은 만약 그들이 남을 구하려다가 불구자가 되거나, 또는 불행하게도 목숨을 잃었을 때 그 유족이 거리에서 방황하는 일이 없도록 선행에 대한 충분한 보상을 하기 위해서이다. 기금은 순조롭게 발족하여, 그 목적과 업적이 널리 이해됨에 따라 매년 명성을 높여갈 것이다. 오늘날에는 미국에서만 1430명의 수혜자들이 연금에 의하여 생활을 보장받고 있다.

20. 교육진흥기금

노령인 대학 교수들을 위한 1,500만불의 연금기금은 네번째의 큰 기부였다. 훗날 이것은 카네기 교육진흥재단이라고 불리게 되었다. 1905년 6월에 설립된 이 기금의 운영을 위하여 합중국 교육기관의 총장들 중에서 25명의 위원이 선임되었다.

이 기금은 내가 대단히 정성을 기울인 것이다. 왜냐하면 머지 않아 이 기금의 혜택을 입을 많은 학자들과 나는 이미 친하게 지내고 있었고, 또 나는 그들 자신의 위대한 가치와 그들이 사회에 공헌한 업적의 진가를 잘 알고 있었기 때문이다. 모든 직업 중에서 교직만큼 최고의 지위에 있으면서도 가장 부당하고 가장 보답을 받는 일이 적은 직업은 없으리라. 높은 교육을 받아 청년들을 가르치기 위해 평생을 바치는 사람들이 약간의 동정금을 받는 데 지나지 않는다. 내가 처음으로 코넬 대학의 이사가 되었을 때, 나는 교수들이 박봉인 것을 발견하고 참으로 놀랐다. 그들의 대부분은 내 회사에 근무하는 사무원들의 대다수보다 보수가 훨씬 낮았다. 그들이 노후를 위해서 저축한다는 것은 생각할 수도 없다. 따라서 연금제도가 없는 대학에서는 이미 일을 계속할 수가 없게 되었거나 또는 필요하지도 않은 교수들을 현직에 그대로 두는 수밖에 없었던 것이다. 그렇기 때문에 이 기금이 유용할 것은 의심할 여지가 없다(1919년까지는 이 기금의 총액이 2925만불이나 되었다). 처음으로 발표된 수익자 명단은 문제없이 이런 점을 명확하게 드러냈다. 그들의 대부분은 국제적으로 명성을 얻은 사람들이고, 또한 인류 지식의 집적에 기여한 것이 많은 사람들이었다. 그들과 많은 학자의 미망인들은 나에게 감격에 넘치는 편지를 보냈다. 나는 이 편지들을 결코 버릴 수 없다. 왜냐하면 장래에 내가 우울해지거나 슬픈 일이 있을 때 이 편지를 다시 읽어봄으로써 유일하고 확실한 위안이 될 것이기 때문이다. 담팜린에 있는 나의 친구 토마스 쇼 씨는 영국 평론지에 스코틀랜드의 가난한 사람들의 대부분은 자녀의 대학 교육을 받게 하기 위하여 자기들의 생활을 극단적으로 절약하고 있음에도 불구하고 역시 수업료를 낼 수가 없다고 썼다. 쇼 씨의 기사를 읽고 난 후 나에게 한 가지 안이 떠올랐다. 그것은 5부 이자 사채로 1,000만불을 기부하여 거기에서 나오는 이자의 반액을 가난한 자제의 수업료에 충당하고 나머지 반을 스코틀랜드 대학의 개선에 쓴다는 생각이었다.

이 기금은 스코틀랜드 대학 카네기 기금이라는 명칭이 붙었는데 최초의 이사회는 1902년에 에딘버러의 외무성에서 열렸다. 사회자는 수상인 벌파 경이었다. 나는 어째서 내가 각 대학에서 선임된 사람들에게 이 기금을 위탁하지 않는가를 설명했다. 그들은 아직 사회적으로 눈이 뜨이지 않았기 때문이다. 수상은 여기에 동의했다. 내가 기금의 취지를 설명했을 때 그들은 찬의를 표했지만, 아무래도 그 내용이 막연하므로 자기들의 의무와 책임이 어떤 것인지 구체적으로 밝혀주지 않으면 운영이 곤란하다고 말했다. 벌파 경도 기증자가 신뢰해주는 것은 고맙지만, 자기들로서는 무거운 책임을 지는 것이 타당한지 아닌지 모르겠다는 것이다.

"그런데 말입니다." 하고 나는 말했다. "벌파 씨, 나는 아직도 장래의 사람들을 위해서 법을 만들 수 있는 정치가를 알지 못합니다. 솔직하게 말해서 자기들의 세대를 위해서 법을 만들려는 의원들조차도 그다지 성공했다고 말할 수 없는 경우가 많습니다."

영국 최고의 정치가들이 모인 이 모임의 참석자들은 웃음을 터뜨렸고, 벌파 수상도 그들과 함께 웃었다. 수상은 다음과 같이 말했다.

"분명히 그렇습니다. 사실입니다. 그러나 내가 아는 한 그러한 견해를 가질 만큼 총명한 자선사업가는 당신이 효시일 겁니다."

장래의 일은 아무도 예측할 수 없다. 만약 내가 지금 이 기금에 여러 가지 조건을 붙인다면 먼 장래에 사정이 달라졌을 때는 그것이 오히려 방해가 되어 효과가 적어질지도 모른다. 현명한 방법은 틀만 만들어놓고, 그 내용은 뒷사람들에게 맡긴다는 내 생각에 이사들은 동의해주었다.

1902년에 나는 세인트 앤드루스 대학의 명예총장에 뽑혔는데, 이것은 내 인생에 대단히 중대한 사건이었다. 이제까지 나와는 전혀 인연이 없었던 학원의 세계에 발을 들여놓는 것이 허용되었던 것이다. 처음으로 교수회에 참석하여 창설 이래의 역대 저명한 총장들이 앉았던 오래 된 의자에 앉았을 때 나는 진심으로 감격했다.

스코틀랜드에는 4개의 대학이 있는데, 아내와 나는 4명의 총장과 그들의 가족을 우리 집에 초대하여 1주일을 함께 지내기로 했다. 벌파 경 부처와 엘진 경 부처도 참여했다. 이것이 계기가 되어 매년 스키보에서 '총장주간'을 갖는 것이 관례가 되었다. 우리는 서로 친하게 되었을 뿐만 아니라 대학 사이의 상호 연락도 잘 취할 수 있게 되어 협력하는 정신이 길러져 갔다. 최초의 1주일이 끝났을 때, 랭 총장은 나의 손을 잡고,

"스코틀랜드 대학 총장들은 500년이나 걸려서 처음으로 함께 손잡고 가는 것을 배웠습니다. 1주일을 함께 지낸 것이 문제에 옳은 해답을 주었습니다."하고 말했다.

나는 세인트 앤드루스 대학 학생들의 전원 일치의 찬성으로 제2기 총장 역을 맡게 되었다. 나에게는 매우 기쁜 일이었다. 대학에는 '총장의 밤'이라는 것이 있는데, 학생들이 총장을 독점하고 교수들은 아무도 초대되지 않는다. 이것은 언제나 유쾌한 회합이었다. 첫번째 회합 후에 학생들이 다음과 같이 얘기하더라는 말을 나는 들었다.

"어느 총장은 우리에게 설교를 했다. 어느 총장은 훈시를 했다. 모두 연단에서였다. 그런데 카네기 씨는 우리 사이에 앉아서 모두와 함께 얘기를 했다."

나는 외국의 대학만이 아니고 우리 나라의 고등교육기관도 여러 경우에 원조를 했다. 그러나 하버드 대학이나 콜롬비아 대학 등 5000에서 1만 명의 학생을 수용하고 있는 학교는 더 이상 확장할 필요가 없다고 생각했으므로 손을 대지 않았다. 오히려 잉여의 부는 전문학교같은 단과대학에 필요하다고 생각했다. 따라서 나는 원조의 범위를 정했는데, 이것은 현명했다고 생각한다. 그 일례로 오하이오 주에 있는 캐논 대학에 '스탠튼 기념 경제학 강좌'를 개설했는데, 에드윈 스탠튼 씨는 필라델피아 시에서 내가 전보배달부로 있을 때 그에게 오는 전보를 배달해주면 언제

나 친절하게 말을 걸어주었던 사람이다. 또 내가 스코트 씨의 조수로 워싱턴에서 근무했을 때에도 그는 친절하게 대해주었다. 그 밖에도 대학 도서관을 세우거나 강좌를 개설하거나 소규모 대학을 원조해왔다.

흑인 교육기관인 햄프톤 학원과 타스키기 학원과 나의 인연은 끊을래야 끊을 수 없을 정도로 깊고, 또 많은 보답을 받았다. 우리가 전에 노예로 삼았던 흑인들의 지위를 높이기 위해 이들 교육기관이 큰 역할을 해주었다는 것은 나에게 큰 만족과 기쁨을 주었다. 특히 부카·T·워싱턴과 친교를 맺게 된 것을 나는 드물게 부여되는 특권이라고 생각하고 있다. 자신을 노예의 위치에서 끌어 올렸을 뿐만 아니라 수백만의 자기 민족을 문명의 한 층 높은 단계로 끌어 올리기 위하여 힘쓴 인물에 대하여 머리가 절로 숙여진다. 내가 6만불을 타스키기 학원에 기부하고 며칠이 지나서 워싱턴 씨가 찾아왔다. 그리고 한 가지 제안을 해도 괜찮겠느냐고 묻기에 나는 "사양마시고."하고 대답했다.

"당신은 친절하게도 이 기금의 일부를 나와 아내의 노후 생활을 유지하는 데 확보해두라는 조건을 붙여 주셨습니다. 우리는 대단히 고맙게 생각하고 있습니다. 하지만 카네기 씨, 그 금액은 우리가 필요로 하는 액수를 훨씬 넘어서 우리 민족으로서는 거대한 재산이라고 말해도 될 정도입니다. 만약 이의가 없으시다면 그 조항을 없애고, 단지 '적당하다고 생각되는 배려를'이라고 고쳐주실 수는 없겠습니까? 나는 이사들을 믿고 있습니다. 아내도 나도 아주 조금밖에 필요하지 않습니다."하고 워싱턴 씨는 말했다.

나는 여기에 동의하여 현재와 같이 기금에 대한 규약을 고쳤다. 그래서 이사장이 서류를 정리함에 있어서 내가 워싱턴 씨에게 보낸 원문을 요구하니까 그는 수정된 규약을 건네주고 원문은 내놓지 않았다. 얼마나 고귀하고 또 결백한 인물인가. 이만큼 성실하고 또 자신을 희생해서 남을 위하여 애쓰는 위대한 사람은 없으리라. 인류 최고의 사람으로 지상에 살고는 있지만 신에 가까운 존재였다.

내가 교회에 오르간을 기증하는 것은 상당히 젊었을 때부터의 습관이었다. 아버지가 스웨덴보르그 교회의 열렬한 신도였기 때문에 나는 알리게니 마을의 교회에 오르간을 기증했다. 회원은 100명 미만이었다. 처음에는 교회를 새로 짓기 위한 기부를 청해왔지만, 그렇게 적은 회원을 위해서 많은 돈을 쓴다는 것을 꺼림칙하게 여겼기 때문에 오르간을 기증했던 것이다. 그러자 커다란 카톨릭 교회서부터 마을의 작은 예배당에 이르기까지 많은 곳에서 도움을 요청했다. 어느 교회나 새롭고 좀더 좋은 오르간을 원한다고 했고, 헌 것은 팔아서 교회의 재원으로 하겠다는 경우도 있었다. 몹시 작은 교회인데도 큰 오르간을 주문해서, 가서보니 건물의 천장에 닿는 경우도 있었다. 또 나에게 청하기 전에 오르간을 주문하고는 수표를 보내주면 고맙겠다고 하는 교회도 있었다. 그래서 결국 기증에 대한 엄격한 제도를 마련하기로 했다. 많은 설문을 한 용지를 인쇄하여 거기에 일일이 상세하게 써넣어서 보내오는 것이 아니면 행동으로 옮기지 않기로 했던 것이다. 이 사업은 현재 완전히 기틀이 잡혀서 잘 운영되고 있는데, 교회의 크기에 따라서 오르간의 크기와 형태를 결정하기로 되어 있다.

나는 한번 교회에 오르간을 기증해서 기독교도의 예배를 타락시키고 있다고 몹시 야단을 맞은 일이 있다. 스코틀랜드의 고원지대에 있는 장로교회에서는 지금도 "신이 인간에게 부여한 목소리를 쓰지 않고 피리를 늘어세운 악기로 신을 예배하다니, 괘씸하다."고 말하고 있다. 야단을 맞은 후로 나는 죄를 지으려면 공범자를 만드는 편이 낫다고 생각하여, 새로운 오르간을 원한다면 그 반액을 내가 내고 나머지 반은 교회원이 부담하기로 결정했다. 오르간부에는 요즘도 새로운 신청이 쇄도하고 있다.

자선적인 성격을 띤 나의 모든 사업 중에서 공개하지 않고 내가 개인적으로 처리하고 있는 연금이 나에게 가장 귀중한 보수를 가져오고 있다고 하겠다. 가령 지금 당신이 가장 오래 사귀어 온 친절하고 선량한 사람이 있다고 하자. 그 사람이 자신에게 아무런 과실도 없는데 노경에 이르러서 독립된 생계를 영위할 수 없게 되었다고 하자. 그 사람이 구걸을 하지 않고도 착실한 생활을 유지할 수 있게 해줄 수 있다면 당신은 더할 나위 없이 큰 만족감을 느낄 것이다. 본인이 그만한 가치가 있음은 물론이다. 극히 약간의 돈으로 할 수 있는 일이다. 약간의 원조로 노후의 궁핍에서 행복으로 돌이킬 수 있는 사람이 얼마나 많은가를 발견하고 나는 매우 놀랐다. 내가 실업계에서 은퇴하기 전에도 이런 사람들을 만나 그들에게 도움을 줄 수 있어서 대단히 큰 만족감을 맛보았었다. 연금 수혜자 중에 도와줄 만한 값어치가 없는 사람은 하나도 없다. 이 명단이야말로 참으로 명예로운 사람들의 기록이고, 서로의 정이 담겨 있다. 모두가 훌륭한 사람들이다. 이것은 절대로 공개되지 않는다. 거기에 누구의 이름이 실려 있는지 아무도 모른다. 한 마디도 남들에게는 말하지 않는다.

'신이 나에게 주신 온갖 자비에 보답할 만한 것으로 나는 얼마나 좋은 일을 하고 있는 것일까?'하는 의문은 언제나 내 마음속에서 사라지지 않는데, 연금 명단에 실려 있는 사람들의 이름은 가장 훌륭한 해답이다. 또 그것은 나에게 만족을 주는 해답이기도 하다. 나는 인생의 행복을 나에게 돌아올 몫 이상으로 받아왔다. 그렇기 때문에 나는 신에게 아무것도 갈구하지 않았다. 우리는 우주의 법칙 속에 있으므로 묵묵히 머리를 숙인 채 양심의 지시에 따라야 하고, 아무것도 원하지 말고 아무것도 두려워하지 말며 오로지 자기 임무에 충실하면서 현재에도 또 사후에도 아무런 보수도 원해서는 안 된다.

받기보다는 주는 편이 훨씬 행복하다. 만약 입장이 바뀐다면 사랑하는 친구들은 나와 나의 가족들을 위하여 내가 그들에게 한 것처럼 해줄 것이다. 나는 그것을 믿는다. 나는 감사의 말을 많이 듣고 있다. 어떤 사람들은 저녁에 기도할 때마다 잊지 않고 나에게 신의 은총을 베풀어달라고 빌고 있다고 나에게 얘기해 주었다. 거기에 답해서 나는 가끔 나의 본심을 털어놓지 않을 수 없었다.

"제발 그런 일을 하지 말아주십시오. 더 이상 나를 위해 기도하지 마십시오. 공정하게 심판하는 사람이라면 이미 나에게 내려진 은총의 반 이상은 빼앗아가버릴 것입니다."하고 나는 말한다.

철도은급기금도 같은 성격의 것이었다. 피츠버그 지역의 옛 친구의 대부분과 또 이미 작고한 사람들의 아내는 그 혜택을 입고 있다. 그것은 수년 전에 설치되어서 현재와 같은 대규모로 발전한 것이다. 그것은 내가 펜실베니아 철도회사의 피츠버그 지역 감독으로 있었을 때에 내 밑에 있던 성실한 종업원들과 그들의 미망인으로 원조의 손길이 필요한 사람들에게 주어지고 있다. 이들 철도 종업원 틈에 끼어들었을 때 나는 어린 아이였다. 우리는 서로 이름을 불렀었다. 그들은 참으로 나에게 친절했다. 나는 은급을 받는 사람들의 대부분을 개인적으로 잘 알고 있다. 그들은 내 친구이다.

강철업 종업원 연금으로 공장에서 일하는 사람들을 위하여 기부한 400만불의 기금은 현재 내가 만난 일이 없는 몇백 명의 사람들에게 도움을 주고 있다. 그러나 혜택을 입고 있는 사람들 중에는 내가 상당히 잘 기억하는 사람도 있으므로 이것도 나에게는 의의가 있다.

21. 평화를 위하여

적어도 영어를 사용하는 사람들 사이에서만이라도 평화를 소망하는 염원은 일찍부터 나의 마음속에 있었다. 1869년에 대영제국은 거대한 군함 모나크 호를 진수시켰는데, 이만큼 큰 것은 그때까지 건조된 일이 없었다. 그런데 지금은 어째서였는지 그 이유는 잊었지만, 어쨌든 이것이 영·미의 친선을 가져오는 것이라고 미국에서 선전되었었다. 미국은 이 군함을 맞이하고 싶어했다. 나는 당시 영국 정부의 각료였던 존 블라이트에게 전보를 쳤다. 해외 전신 서비스가 시작된 직후였다. 전문은,

'모나크가 할 수 있는 첫번째 최선의 서비스는 피버디의 유해를 조국으로 보내주는 것이다.'였다.

조지 피버디 씨는 미국의 실업가이고 자선사업가였는데, 1869년에 런던에서 객사했다.

이 전보에는 발송인의 이름이 없었다. 신기하게도 영국 정부는 이것을 채택하여 실행에 옮겨 주었다. 이렇게 해서 모나크 호는 평화의 사도가 되었던 것이다. 그로부터 몇십 년 지나서 나는 버밍햄의 작은 만찬회에서 블라이트 씨를 만나서 그 익명의 전보를 보낸 것은 나였음을 얘기했다. 블라이트 씨는 전보에 서명이 없는 데에 놀랐지만, 자기 신념에 따라서 실행한 것이라고 말했다.

블라이트 씨는 공화국의 친구여서, 남북전쟁 때 미국이 친구를 필요로 했을 때 힘이 되어 주었던 것이다. 그는 아버지의 영웅이었고, 또 공직에 있는 사람으로서 내가 숭배하던 살아있는 영웅이었다. 처음에는 거친 과격주의자라고 몹시 비난받았으나

절개를 굽히지 않고 성실한 걸음을 계속해서 결국 국가가 그의 견해를 받아들이게 되었던 것이다. 언제나 평화를 염원해서, 만약 그의 주장이 통했더라면 크리미아 전쟁은 일어나지 않았을 것이다. 솔즈베리 경이 훗날 인정했던 것처럼 이 전쟁에서 영국은 잘못된 길을 택했던 것이다. 몹시 서툴게 만들어진 그의 흉상이 영국 의사당에 장식되어 있었는데, 내가 블라이트 집안의 허락을 받아 일류 조각가에게 의뢰하여 훌륭한 흉상으로 바꾸어놓을 수 있었던 것을 매우 자랑스럽게 생각하고 있다.

나는 젊었을 때 영국 평화협회에 깊은 관심을 가졌기 때문에 그 정례회의에 자주 참석했다. 훗날 영국 의회의 유명한 노동자 대표가 된 클레머 씨가 의회연맹을 결성했을 때 나는 특히 이 조직에 몹시 끌렸던 것이다. 현재 생존해 있는 사람들 중에서 클레머 씨와 비교될 만한 인물은 한 사람도 없으리라고 생각한다. 그 해에 평화를 위하여 가장 많이 공헌했다고 하여 그는 노벨 평화상을 받았다. 그런데 그는 그 상금 8000파운드 중에서 꼭 필요한 1000파운드만 남기고 나머지는 전부 중재위원회에 기부해버렸다. 얼마나 멋진 자기 희생의 표현인가! 훌륭한 사람에게 금전 따위는 짐이 될 뿐이다. 클레머 씨는 자기 장사에서 생기는 1주 5, 6불의 돈으로 런던에서 간신히 생활하고 있었다. 그럴 때에 거액의 상금이 굴러들어왔는데 그것을 평화를 위하여 던져버렸던 것이다. 이것은 가장 용감하고 또 고귀한 행위이다.

1887년 국제 중재위원회 멤버가 미국에 왔을 때, 나는 그들을 워싱턴 시에서 클리블랜드 대통령에게 소개하는 영광을 얻었다. 대통령은 예를 다해서 그들을 맞이하고, 진심으로 협력을 약속했던 것이다. 그날부터 전쟁 방지의 문제가 내 머리를 가득 채우게 되어 다른 문제는 모두 그림자를 감추어버리게 되었다. 제1회 헤이그 회담은 급전직하로 새로운 방향으로 움직이기 시작했으므로 나는 뛸듯이 기뻤다. 회담은 주로 군축문제를 논의하기 위하여 소집되었는데, 긴급한 현실 문제로서 회담에서는 국제분쟁을 해결하는 항구적인 재판소를 창설했던 것이다. 이것은 인류가 이제까지 한 일 중에서 가장 뚜렷한 평화에의 발걸음으로 나는 커다란 기대를 걸었던 것이다. 나는 다음번에는 전쟁 방지를 위한 국제법령이 설치되기를 원했었는데, 제2회 헤이그 회담이 개최되기 전에 의장인 홀즈 씨의 죽음으로 인해 불가능하게 되고 말았다.

앤드류·C·화이트 씨와 홀즈 씨가 헤이그 회담에서 돌아온 후에 헤이그 시에 평화의 전당을 세우기 위해 필요한 비용을 제공해주지 않겠느냐고 청해왔다. 나는 그런 건방진 짓은 절대로 할 수 없다, 그러나 만약 네덜란드 정부가 전당 세우기를 희망하여, 나에게 그 비용을 부담해주지 않겠느냐고 말한다면 그때 다시 생각해 보겠다고 전했다. 그들은 어떤 나라의 정부라도 그런 제안을 해오기를 기대할 수는 없다고 하면서 주저했다. 그렇다면 나는 이 문제에 대하여 관여할 수가 없다고 말했다.

결국 네덜란드 정부는 워싱턴 시 주재 공사를 통하여 나에게 제안해왔다. 나는 기뻤다. 그러나 나는 신중을 기하여 네덜란드 정부가 견적서를 보내준다면 거기에 따라서 고려해보겠다고 서면으로 회답하고 돈은 보내지 않았다. 정부가 견적서를 보내주었으므로 나는 150만불의 수표를 보냈다. 나는 한 개인이 평화의 전당을 세우기 위한 비용을 제공하는 영예를 차지해서는 안된다는 느낌이 매우 강했던 것이다. 그 목적하는 바는 가장 성스러운 것이므로 이야말로 세계의 가장 신성한 건물인 것이다. 우리가 신을 도울 수는 없다. 나는 평화의 전당을 사람의 손으로 지을 수는 없다고 생각했기 때문이다.

1907년에 몇 명의 친구가 찾아와서 뉴욕에 평화협회를 조직하려고 하는데 나더러 회장을 맡아주지 않겠느냐고 했다. 나는 이미 많은 사업에 관여하고 있었으므로 바쁘다는 이유로 거절했다. 물론 그것은 사실이었지만, 거절했다는 데 대하여 양심의 가책을 받았다. 내가 평화를 위하여 기꺼이 자신을 희생시키지 않겠다면 무엇을 위해서 신명을 바칠 작정인가. 나는 무엇을 위하여 살아가고 있는 것인가. 다행히 며칠 후 목사와 평화를 위하여 헌신적으로 노력하고 있는 사람들이 나의 재고를 촉구하기 위해서 찾아와주었다. 나는 그들의 생각을 알아차리고, 아무 말 하지 않아도 좋다, 나는 양심의 가책에 고민하고 있었으므로 회장의 중임을 수락하여 최선을 다하겠다, 하고 말했다. 그 해 4월에 평화협회의 전국대회가 개최되어, 35개 주의 대표 외에 많은 저명한 외국 대표도 참석하여 협회의 역사를 장식할 수 있었다.

내 최초의 기억은 고향인 담팜린의 시가 사원 경내인 궁전의 폐허를 시의 소유로 보존하는 권리를 획득하기 위한 운동에 대해서였다. 외조부인 모리슨은 이 운동을 개시한 사람이었다. 아저씨들의 시대에도 계속되어서 이 영역을 소유하고 있던 일족과의 투쟁이 끊이지 않았다. 우리 집안은 고적보존운동의 장본인으로 간주되고 있었기 때문에 이 지역에의 출입이 금지되어 있었다. 아저씨들은 어린 나에게 네가 앞으로 부자가 되면 이 지역을 전부 사들여서 공공의 공원으로 시에 기증해야 한다고 자주 말하곤 했다. 나는 그 말이 크게 신경이 쓰여서, 소년시절의 낙원이었던 아름다운 사원의 경내와 궁전의 폐허를 언젠가는 사서 복구시키겠다고 결심하고 있었다.

이 지역은 피텐클리프라고 불리고 있었는데, 내 마음속에는 언제나 그리운 추억으로 남아 있었다. 한번 그것을 팔겠다는 말이 나왔었는데, 너무 비싼 값을 불렀으므로 친구들의 권유에 따라 사지 않았다.

그런데 1902년 가을에 나는 건강을 해쳐서 런던에서 요양하고 있었다. 나의 생각은 다시 고향의 피텐클리프로 달렸으므로 이 문제에 깊은 관심을 가지고 있는 친구 로스 의사에게 전보를 쳐서 와달라고 할까 하고도 생각하고 있었다. 어느날 아침 아내가 내 방에 들어와서 누가 왔는지 맞춰보라고 말했다. 나는 곧 "로스 선생." 하고 말했다. 이심전심이라고 할까 정말로 그가 찾아 왔던 것이다. 우리는 피텐클리프에 대하여 얘기를 나누고, 당시 에딘버러에 살고 있던 쇼 씨를 통하여 소유주와 교섭을 해서, 만일 지금 적당한 가격으로 팔지 않는다면 기회를 잃게 될지도 모른다고 전하기로 했다.

그리고 얼마 후 나는 뉴욕으로 출발했다. 그러자 어느 날 쇼 씨로부터 소유주가 4500파운드에 팔겠다고 하는데 계약을 체결해도 되겠느냐고 했다. 나는 "좋다, 다만 로스 의사와 상의하라."는 답전을 보냈다.

1902년 크리스마스 전야에 나는 쇼 씨로부터 다시 전보를 받았는데 거기에는 다만 '만세, 피텐클리프의 영주'라고 되어 있었다. 나로서는 이 지상에서 그런 칭호를 얻는 것은 가장 큰 명예이다. 나는 이것을 고향의 시에 기증하고, 아름다운 공원으로 만들기 위하여 어떤 노력도 희생도 아끼지 않겠다고 굳게 결심했다. 성의 출입조차 금지되었던 가난한 소년이 지금은 많은 아이들이 자유롭게 뛰어놀 수 있는 광장을 제공하게 된 것이다. 나는 5부 이자 공채로 50만불을 유지비로 기증하기로 했다.

내가 재산 모으는 것을 중지하고, 축적된 것을 분배하는 사업을 시작한 지 13년이 되었다. 만일 내가 생활에 족할 만큼의 재산만 모아서 은퇴했다면 그것은 전혀 의미가 없는 일이었을 것이다. 나에게는 독서하는 습관과 즐거움이 있었다. 나는 저술도 좋아했고, 가끔 강연을 하는 것도 즐거웠다. 또 실업계에서 은퇴하기 전에 교양있는 사람들을 많이 사귀어서 그들과 친교를 맺고 있었다. 은퇴하고 몇 년동안 나는 제강소를 찾아갈 기분이 나지 않았다. 가면 슬프게도 많은 작고한 사람들이 생각나기 때문이었다. 옛날 동료로서 손을 굳게 잡고 얘기를 나눌 친구는 이

제 없었다. 물론 회사에는 아직 한두 사람의 고참이 남아 있어서, 그들은 나를 '앤디'라고 불러주었다.

물론 내가 젊은 동료들을 잊었다고는 생각하지 말아주기 바란다. 그들도 역시 내가 새로운 생활에 익숙해지도록 하는데 중요한 역할을 해주었다. 내가 회사에서 물러나자 그들은 곧 '카네기 고참자 모임'을 조직하고 마지막 한 사람이 남을 때까지 지속시키기로 했는데, 이 모임이 나에게 큰 위안이 되었다. 1년에 한 번 우리는 뉴욕에 있는 나의 집에서 만찬회를 갖기로 되어 있는데, 이것은 나에게 최대의 기쁨이 되고, 그 즐거움은 일 년 내내 계속될 정도이다. 고참들 중에는 멀리에서 찾아오는 사람도 있다. 나의 '동료'에 대한 친근감은 해마다 깊어간다. 그리고 내가 어떤 걱정에 싸여 있을 때, 위로하고 재기를 맹세하게 만드는 것은 그들과의 우정이다.

나와 내 아내는 다정한 친구가 많다. 그 중에는 저명한 남녀도 많이 있다. 내 젊었을 때부터의 '동료'에 대한 친근감은 조금도 변하지 않는다. 아내는 첫번째 고참자회의 만찬에서 "옛날 도료를 첫번째로." 하고 말해서 이 모임의 회원들을 최고의 위치에 두겠다고 약속했는데, 이것은 단순히 말만 앞세운 것이 아니고 그녀의 마음에서 진심으로 우러나온 선언이었다. 내 아내는 모임의 최초 명예회원으로 추대되었고, 우리 딸이 두번째로 추천되었다. 내가 최연장자이기는 하지만, 우리는 모두 '동료'인 것이다. 완전한 신뢰와 공동의 목적이 우리를 굳게 결속시켰다. 목적은 우리 자신을 위해서만이 아니고 외부로도 미치는 사회적인 것이다. 우리는 먼저 친구였었고, 사업상으로 동료가 된 것은 나중이었다. 45명의 동료 중에서 43명은 이렇게 해서 평생의 결속을 맹세했다.

우리의 연중행사 가운데 또 한 가지 기록해두고 싶은 것은 동호인들이 모인 '문학만찬회'였다. 이것도 매년 우리 집에서 열렸는데, 주선 담당은 〈센추리〉지의 편집장인 차드. W. 길더 씨였다. 길더 씨는 그 해 주빈의 저작품 중에서 짧은 문장이나 문구를 찾아내어 그것을 자리 앞에 놓는 카드에 적어둔 그는 이런 일에 능숙해서 문구와 인물이 꼭 들어맞도록 하기 때문에 연회는 화기있고 손님들은 급속도로 친해진다.

어느 해 연회가 있는 날 저녁 길더 씨가 일찍 나타나서 손님들의 배열을 보고 싶다고 말했다. 한 차례 둘러보고는 내 방에 와서, 보기를 잘했다고 나에게 말했다. 그는 존 폴로즈와 어세스트 탐슨 시튼이 바로 옆에 앉도록 된 것을 발견했다. 이 두 사람은 유명한 박물학자로서, 특히 시튼은 《동물기》로 널리 알려져 있었다. 당시 두 사람은 동물과 조류의 습성에 대하여 치열한 논쟁을 펼치면서 어느 한쪽도 양보하지 않았기 때문에 사이가 별로 좋지 않았다. 양인을 나란히 식탁에 앉힌다는 것은 생각할 수도 없는 일이다. 그는 두 사람 자리를 멀리 해두었다고 말했다.

나는 아무 말도 하지 않았지만, 식당으로 살짝 들어가서 좌석에 놓여 있는 카드를 본래대로 되돌려놓고 왔다. 식사가 시작되어 이 두 사람이 나란히 앉는 것을 본 길더 씨의 놀라는 모습이란 참으로 볼 만했다. 그러나 내가 예상했던 대로 두사람은 서로 화해를 해서 전처럼 다시 친해졌던 것이다. 만약 화해시키고 싶다면 사이가 나쁜 사람들을 점잖게 행동하지 않으면 안 될 자리에서 옆에 착석하도록 만드는 일이다.

폴로즈와 시튼은 내가 파놓은 함정에 완전히 걸려들었지만, 양인이 모두 그런 사실은 조금도 모른 채 하루 저녁을 즐겁게 보냈던 것이다. 우리가 누구를 싫다고 말할 때는 대부분의 경우가 상대를 잘 모르기 때문이다. 그렇다면 다투고 있는 사람들을 식사에 초대하여 억지로라도 한 자리에 있도록 할 일이다. 싸움이나 논쟁 따위는 만나서 얘기를 나누면 화해할 수 있는 것인데, 그렇게 하지 않고 여러 사람이나 저널리즘을 통하여 의견의 차

이만을 들어서는 더욱 벌어질 뿐이다. 다투고 있는 사람들도 친구가 중재 역할을 맡겠다고 나서면 감정의 골이 깊어져 평생 불유쾌한 느낌을 갖게 된다. 한번 친해진 친구와 다투거나 소원하게 되거나 하는 것은 인생에 있어서 커다란 손실이다. 그렇지 않아도 인간은 나이가 듦에 따라 친구들이 자꾸 죽게 되면 자기 혼자 남겨졌다는 기분이 들게 마련이다.

내가 실업계에서 은퇴한 것을 진심으로 기뻐하고 환영해준 친구들은 많이 있었지만, 가장 기뻐한 것은 마크 트웨인이었다. 신문이 내 재산에 대하여 크게 떠들고 있을 때 나는 그에게서 다음과 같은 편지를 받았다.

'친애하는 친구여

요즈음 자네는 대단히 좋은 모양이더군. 자네 숭배자인 나에게 1불 50센트를 꿔주지 않겠나? 찬미가를 사기 위해서일세. 만약 꿔준다면 신은 자네를 축복해 줄 것이네. 나는 그렇게 확신하고 있고, 또 그렇게 해주시리라는 것을 알고 있네. 물론 나도 크게 감사하겠네. 만약 다른 곳에서 이런 신청이 있었다면 이것은 고려할 것 없네.'

자네의 친구 마크

추신

찬미가가 아니고 돈을 보내주게. 내가 직접 고르고 싶네.

M.

마크 트웨인이 뉴욕에서 병상에 누워 있을 때 나는 자주 문병을 갔다. 자리에서 일어나지 못할 정도로 중한 병인데도 그는 평소처럼 명랑해서, 우리는 농담을 하면서 유쾌한 한때를 보냈다. 언제인가 내가 스코틀랜드로 떠나게 되었을 때 작별 인사를 하러 갔다. 내가 출발하고 오래지 않아 뉴욕에서 내가 대학 교수를 위하여 은급기금을 설치했다는 것이 발표되었다. 나는 스코틀랜드에서 마크의 편지를 받았는데, '성 앤드류' 앞이라고 된 내용을 소개하기로 한다.

'나의 원광(円光)을 자네에게 보내기로 하네. 나의 병상에서 자네가 한 선행을 알려주었더라면 그때 그 자리에서 바로 자네에게 주었을 텐데, 애석하네. 이 원광은 순수한 양철제인데, 하늘에서 내려왔을 때 내가 관세를 지불했으니까 그 점은 걱정하지 마시도록.'

미국이 낳은 이 유명한 유머 작가는 본명을 새뮤얼 콜레멘스라고 했는데, 세상 사람들은 그의 한면밖에 모른다. 마크 트웨인의 우스꽝스러운 면만을 알고 있는데, 인간적인 매력이 있는 멋진 인물이었다. 정치나 사회의 여러 가지 문제에 대하여 확고한 신념이 있는 사람인 동시에 덕망있는 사람이기도 했다.

마크 트웨인의 70회 탄생일을 축복하기 위하여 많은 사람들이 모였다. 문학가들이 압도적으로 많았는데, 마크는 자기가 곤란했을 때에 힘이 되어준 M·M·로저스 씨를 불러서 자기 옆에 앉히는 것을 잊지 않았다. 저명한 작가들은 일어서서 주인공의 문학적 공헌을 칭송했다. 내 차례가 되었을 때 나는 다른 면에 대하여 얘기했다. 유머 작가로 재산을 모은 후 그는 출판업에 투자를 했는데, 1895년에 이 회사는 파산을 했다. 이것은 마크의 책임이 아니라 동료가 판단을 잘못했기 때문이었다. 그가 할 수 있는 가장 쉽고 또 정당한 조치는 파산선교를 받아서 잔무를 처리하여, 그래도 남는 채무는 말소 처분을 받는 법적 수속을 밟는 일이었다. 그러나 그는 그 길을 택하지 않았다. 그는 사채를 한 푼도 남기지 않고 내놓고, 그 후 5년간 미국 내는 물론이고 세계 일주 강연 여행을 해서 빚을 전부 갚았던 것이다.

위기에 처했을 때 인간의 진가가 드러나는 법인데 마크 트웨인은 이렇게 훌륭한 인물이다. 대중은 그의 애기에 웃으면서

‘재미있는 사람이야.’라고만 할 뿐, 그 뒤에 숨겨져 있는 진정한 모습을 보려고는 하지 않는다.

마크의 아내도 훌륭해서 여걸이라고도 할만한 인물이었다. 고난의 시절에 그를 받쳐주고 있었던 것이 그녀였기 때문에 수호의 천사라고 해도 좋으리라. 고달픈 강연 여행에 그림자처럼 따라다니면서 그를 도왔던 것이다. 이에 대하여 마크는 언제나 친한 친구들에게 얘기하면서 아내에게 감사했다. 그녀가 별세했을 때 내가 문상을 가니까 그는 혼자서 가만히 앉아 있었다. 서로가 한 마디도 하지 않은채 그는 내 손을 꽉 쥐고 눈을 감고 있었는데, 이윽고 "가정의 파멸, 가정은 파멸해버렸네." 하고 중얼거렸다. 나는 대답할 말도 없어서 오랫동안 침묵이 계속되었다. 나는 몇 년이 지난 지금도 이 말을 생각하면 가슴이 아파온다.

자신에게 가장 충실할 것, 이것이 궁극적으로는 우리에게 구원이 되는 것이다. 《햄릿》에서 보로니어스는 이렇게 말하고 있다.

"가장 중요한 일은 자기에게 충실해야 한다는 이 한 가지만 지키면 나머지는 밤이 낮으로 이어지듯이 만사가 자연스럽게 진행되고, 타인에게도 저절로 충실해진다."

22. M·아놀드와 다른 친구들

평생 동안 나는 저명한 사람들을 많이 만났는데, 참으로 매력적인 사람으로 머슈 아놀드를 들지 않을 수 없다. 이 인물과 함께 있을 때, 또 그의 얘기를 듣고 있을 때에 내가 절실하게 느끼는 강한 영향은 매력이라는 말 이외에는 달리 할 말이 없다. 그의 용모는 말없이 가만히 앉아 있을 때조차도 매력적이었다. 그는 시인이고 수필가였으며 위대한 사상가이기도 했다.

1880년에 우리는 함께 마차로 영국 남부를 여행했다. 아름다운 마을에 당도했을 때, 아놀드 씨는 잠시 마차를 멈추어주지 않겠느냐고 말했다. 이곳에 그의 이름을 지어준 케벨 신부의 묘가 있는데, 성묘를 하고 싶다고 설명했다.

'아아 다정하신 케벨 선생님.' 하고 그는 깊은 생각에 잠기면서 말을 이었다. "나는 신학의 문제로 선생에게 몹시 걱정을 끼쳐 드렸습니다. 선생님은 당혹하고 또 깊이 한탄하셨었지만, 내가 옥스포드 대학에서 시 강좌를 담당한다는 얘기가 나왔을 때 일부러 대학까지 찾아가서 나를 지지해주셨습니다." 하고 말했다.

우리는 조용한 묘지로 들어갔다. 은사의 묘 앞에 머리를 숙이고 서있는 그의 모습은 내 뇌리에 깊이 각인되어 있다. 성묘를 마치고 나서 그는 자신의 신학상의 견해에 대하여 얘기하고, 그것이 자기 친구들을 얼마나 슬프게 만들었던가를 나에게 말해주었다. 시대에 앞서 있었기 때문에 학계에서 받아들여지지 않고 대학에서 쫓겨나게 되었던 것이다. 그러나 자기가 믿는 바를 정직하게 쓰지 않고는 견디지 못했다. 오늘날에는 그것이 대중의 양식이 되어 있다. 그는 성서에 있는 기적을 부정했다. 초자연적인 일은 이 세상에 있을 수 없다는 극히 명백한 사실이 커다란 논란을 불러일으켰던 것이다. 당시의 수상 글래스톤은 강경한 반대론을 전개하여 아놀드를 비난 공격했다.

아놀드 씨와 그의 딸은 1883년에 미국에 와서 우리 집에 체재했고 또 알리게니의 산장에 있었으므로 우리는 매우 친해졌다. 뉴욕에서 처음으로 강연회를 가졌을 때 어머니와 나는 공회당까지 함께 마차를 타고 갔다. 모인 사람들은 일급 인사들 뿐이었다. 그러나 아놀드 씨는 공개석상에서 얘기하는 능력이 없었기 때문에 강연은 실패로 끝났다. 굉장한 내용이었음에도 불구하고 청중을 사로잡을 수가 없었던 것이다. 돌아오자마자 그가 한 말은 "자, 여러분의 감상을 들어봅시다. 어땠습니까? 나는 강연자 시험에 합격될까요? 정직하게 말해주십시오." 하는 것이었다.

나는 진심으로 그의 성공을 염원하고 있었으므로, 화술을 특별히 공부해서 몸에 익히지 않는다면 절대로 성공할 가능성이 없다는 것을 과장하지 않고 분명하게 말했다. 전문가에게 배우지 않으면 안 된다고 내가 강경하게 말했으므로 그는 그렇게 하겠다고 했다. 우리가 모두 대충 의견을 말한 후에 그는 나의 어머니에게,

"그럼 카네기 부인, 여러분의 비평을 들어서 잘 알겠습니다만, 미국에서의 내 첫 강연을 들으신 당신의 감상을 부탁합니다." 하고 말했다.

"너무 설교조였어요. 아놀드 씨." 하고 어머니는 천천히 부드러운 어조로 말했다. 정곡을 찔렀으므로 아놀드 씨는 그후에도 자주 이 얘기를 하면서 어머니의 정확한 비평을 칭찬했다. 서부 지방의 강연을 마치고 뉴욕으로 돌아왔을 때 그의 화술은 완전히 틀이 잡혀서, 브루클린 음악원에서 한 강연은 대성공이었다. 내 충고에 따라 그는 보스턴에서 화술 교수에게 몇 번 수업을 받았기 때문에 그 후로는 만사가 잘 되었던 것이다.

1887년에 아놀드는 스코틀랜드에 있던 우리를 방문했다. 어느 날 스포츠에 대하여 얘기하고 있을 때, 그는 수렵은 하지 않는다고 말했다. 날개를 펴고 맑게 갠 푸른 하늘을 높이 날으는 새는 어떤 것이라도 쏠 수는 없다고 했다. 그러나 낚시는 그만둘 수가 없다고 덧붙였다. "거기에 딸려 있는 액세서리가 좋아서 말이오." 하고 말했다. 어느 공작이 매년 두세 번씩 낚시에 초대해주는데, 그것이 대단한 즐거움이라고 말했다. 이 친절한 공작이 누구였는지 지금은 잊어버렸지만, 어쨌든 당시에 이 인물은 별

로 평판이 좋지 못한 짓을 하고 있었으므로 그것이 화제가 되었다. 도대체 어째서 그런 사람과 친교를 맺느냐고 물었을 때, 아놀드는 다음과 같이 대답했다.

"하지만 여보게, 우리에게 공작은 상당한 사회적 존재니까 말일세. 머리가 나쁘건 하는 것이 문제가 되건 작위는 역시 고마운 것일세. 우리는 모두 점잖게 꾸미고 싶은 거야. 속물이지. 수백 년의 역사가 그렇게 만들었어요. 어쩔 수 없는 거야. 우리 핏속에 흐르고 있는 것이지."

그는 좀 비웃는 듯이 말해서 결코 자신이 완전히 속물주의로 치우쳐 있지 않다는 것을 드러냈다. 그는 속물이 아니었다. 그러나 오랜 전통을 지닌 명성에 등을 돌릴 수는 없었던 것이다. 그는 부와 계급을 소유한 사람에게 흥미를 가지고 있었다. 뉴욕에 있을 때, 그는 반다빌트를 꼭 한 번 만나보고 싶다고 말했다. 나는 그 사람도 다른 일반 사람과 조금도 다를 것이 없다고 그에게 말했다. 그러자,

"그건 잘 알고 있어요. 하지만 세계 제일의 부자를 알고 있다는 것은 무엇인가 의미가 있네. 자기 손으로 커다란 부를 이룩해 낸 인물은 선조로부터 작위를 물려받은 것과는 다르겠지." 하고 말했다.

당시 미국에서 대단히 인기가 있던 유머 만담가는 조시 빌링스인데, 본명은 쇼우라고 했다. 나는 쇼우 씨를 잘 알고 있었고, 또 그가 아주 좋았다. 그래서 언젠가 아놀드와 쇼우 두 사람을 만나게 해주려고 생각하고 있었다. 최고의 문화인인 아놀드와 다듬지 않은 다이아몬드이기는 하지만 어쨌든 진짜 다이아몬드인 쇼우는 재미있는 쌍이 되리라고 생각했기 때문이다. 다행히 어느날 조시가 우리가 살고 있던 윈저호텔로 찾아왔다. 얘기를 나누는 동안에 그가 아놀드의 숭배자임을 알았다. 그래서 나는,

"자네는 오늘 밤에 그 사람과 함께 식사를 하는 거야. 부인네

들이 외출하기 때문에 아놀드와 나는 집에서 식사를 하기로 되어 있네. 자네가 와주면 삼위일체가 되어서 재미있겠네.” 하고 나는 말했다.

조시는 겸손한 사람이라 주저하면서 여간해서 승낙하지 않았다. 나는 억지를 부려서 어떤 핑계도 소용없으니 나를 기쁘게 해주기 위해서라고 생각해서 와달라고 하여 결국 승낙을 받아냈다. 식탁에서는 내가 가운데 앉았는데, 이것은 참으로 즐거운 회합이었다. 아놀드는 쇼우의 말솜씨에 대단히 흥미를 가졌고, 특히 서부의 여러 가지 재미있는 얘기에는 배를 움켜쥐고 웃었다. 쇼우는 합중국의 인구 1만 남짓인 도시에서 15년간에 걸쳐 도처에서 강연을 하고 다녔기 때문에 화제가 풍부했다.

아놀드는 어떻게 해야 청중을 사로잡을 수 있는지 알고 싶다고 말했다.

“글쎄요 …….”

“너무 많이 웃기면 안 됩니다. 웃다가 보면 자신이 웃음거리가 되었다고 생각하게 됩니다. 무엇인가 재미있는 말을 한 후, 갑자기 정색을 하고 아주 진지한 표정을 짓습니다. 이를테면, 인간의 생애에는 두 가지 전혀 예상도 하지 않은 일이 일어나는 법입니다. 누구든 그 예를 들어주지 않겠습니까, 하고 말합니다. 여러 가지가 나오겠지만, 마지막에 누군가가 ‘죽음’이라고 말합니다. 그럼 누가 한 가지 더 들어보라고 하면 재산, 행복, 권력, 결혼, 세금 등등 온갖 것이 나오지요.”

거기에서 조시는 갑자기 진지한 표정을 짓고는,

“이 세상에 두 가지 아무도 예상하지 못한 것이 튀어나오는 일이 있는데, 그것은 쌍둥이입니다, 하고 말합니다. 집이 흔들릴 정도로 웃음이 터지지요.” 하고 말했다.

아놀드도 배꼽이 빠지게 웃었다. 오래도록 기억에 남는 저녁이었다. 아놀드는 이렇게 말했다.

"쇼우 씨, 언젠가 영국에 강연하러 오시게 된다면 크게 환영
하겠습니다. 그리고 처음에 강연회 할 때는 꼭 나에게 사회를 맡
겨주십시오. 무슨 공작이니 하는 따위의 바보가 당신을 소개하
는 편이 나보다는 틀림없이 도움이 되겠지요. 그러나 내가 꼭 맡
고 싶군요."

문화의 사도로서 자타가 공인하고 있는 머슈 아놀드가 미국
제일급의 어릿광대를 영국의 세련된 청중에게 소개하는 광경을
상상만 해도 우스워서 견딜 수가 없었다. 그 후 아놀드는 만날
때마다 재미있는 쇼우 씨는 어떻게 지내고 있느냐고 묻는 것을
잊지 않았다.

어느 날 나는 알리게니 산맥의 클레슨에 있는 내 별장에서 아
놀드를 끌어내, 연기로 어두컴컴해져 있는 피츠버그 시를 구경
하러 나섰다. 에드가 톰슨 제강소에서 정거장으로 갔는데, 역에
서는 긴 계단을 두 개 오르내리지 않으면 안 되었다. 육교를 삼
분의 이쯤 올라갔을 때 그는 갑자기 걸음을 멈추었다. 숨이 찼기
때문이었다. 난간에 기대어서 손을 심장 위에 얹고는,

"아아, 이것이 언젠가는 나의 목숨을 빼앗을 것이네. 아버지
도 이것으로 쓰러졌어." 하고 말했다.

나는 그때까지 그가 심장이 약하다는 것을 몰랐다. 그리고 내
가 이것을 잊어버리기도 전에 런던에서 그가 갑자기 사망했다는
소식을 들었던 것이다. 그는 자기의 죽음을 예측하고 있었던 것
일까, 나에게 있어서 이것은 커다란 손실이었다.

23. 영국의 정치적 지도자들

런던에서 로즈베리 경이 글래드스톤 수상에게 나를 소개하기 위하여 만찬에 초대해준 일이 있었다. 로즈베리 경은 글래드스톤 내각 각료의 한사람으로서, 정계의 엘리트로 주목받고 있던 인물이었다. 나는 세계의 제일인자로 알려져 있는 영국의 재상을 만날 기회가 주어진 것을 매우 기쁘게 생각했다. 이것은 분명히 1885년의 일이었다고 생각한다. 왜냐하면 나의 저서 《민주주의의 승리 —— 공화국 50년의 발자취》가 출판된 것이 그 이듬해로, 나는 그것을 준비하기 위해서 수집한 통계를 글래드스톤 수상에게 얘기했던 것을 기억하고 있기 때문이다.

그로부터 얼마 후에 나는 글래드스톤 수상에게서 처음으로 만찬회의 초대를 받았는데, 이미 다른 사람과 약속이 있었으므로 거절하지 않으면 안 되었다. 임금의 초대는 강제적인 것이어서 무슨 일이 있더라도 참석을 해야 하게끔 되어 있지만 대영제국의 실권을 주고 있는 재상의 초대이다. 그러나 국왕은 아니다. 나는 몹시 참석하고 싶었지만, 결국 선약을 존중해서 거절했다. 이것이 사교상의 예의라고 알고는 있었지만, 이때만큼 자신을 억제하는 데. 힘들었던 적은 없다. 왜냐하면 만나서 얘기나누기를 가장 원했던 것은 이 인물이었기 때문이다. 그러나 다행히 나는 다시 기회를 얻어서 만나볼 수가 있었다. 로즈베리 경은 내가 고향 마을에 기증한 도서관의 개관식에 와주었는데, 이것은 내가 기증한 수많은 도서관 중에 가장 처음에 기증한 것이었다. 그는 또 1905년에 스트로소웨이에 기증한 도서관의 개관식에도 참석했다. 뉴욕을 방문했을 때 나는 마차로 허드슨 강가의 리버사이드 드라이브에 안내했는데, 온 세계에서 이렇게 아름다운 도시는 없다고 하면서 매우 감격했었다. 그는 참으로 유능하고 재치도 뛰어난 인물이었는데, 사물의 판단에 있어서는 아직도 보수적이었다. 그가 귀족의 자제로 태어나서 아무런 고생도 모른 채 금으로 도금한 상원의 의석을 털썩 차지하는 대신에, 만약 그가 근로계급의 아들로 태어나 젊어서 하원의 의석을 획득하고 있었다면 인생의 험한 파도에 시달려서 강인한 인간으로 자라났을지도 모른다. 그러나 그렇지 않았기 때문에 사소한 일에도 상처받기 쉬웠고 정치생활에 있어서도 끈기가 모자랐다. 그는 능변가이고 우아한 스타일의 소유자였다.

어느날 아침, 나는 미리 연락해두었던 대로 그를 방문했다. 인사가 끝나자 그는 봉투를 집어서 나에게 주었다. 나는 방으로 들어왔을 때 그것이 내 눈에 띄도록 놓여 있는 것을 놓치지 않았다.

“당신 비서의 목을 잘라야 되겠소.” 하고 그는 대뜸 말했다.

“대단한 주문이시군요. 그 사람은 나에게 없어서는 안 될 인물이고 또 그는 스코틀랜드인입니다. 그가 무슨 마음에 들지 않는 짓을 한 겁니까?” 하고 나는 물었다.

“이건 당신 필적이 아니오. 비서가 쓴 겁니다. 로즈베리라는 철자법을 틀리는 사내를 당신은 어떻게 생각하겠습니까?”

만약 내가 그런 일에 신경을 쓰고 있었다면 나는 인생을 견뎌내지 못했을 거라고 말했다.

“내가 집에 있으면 많은 우편물이 옵니다. 매일 오는 편지 중 대체로 2할에서 3할 정도는 카네기라는 내 이름이 틀리게 적혀 있습니다. 카르네키헤이라고 쓰는가 하면 카르나네, 카란기 등 정말 상상도 못할 철자도 있습니다.”

그러나 로즈베리 경은 아주 진지하다. 이런 사소한 일이 사람의 기분을 건드리는 것인데, 행동하는 사람이라면 그런 조그마한 일은 일소에 붙여버리는 것을 배워야 한다. 그렇게 하지 않으면 자기 자신이 작아져버린다. 내심은 매력이 있는 인품인데, 대인관계가 나쁘고 감정적이며 기분에 좌우되고 또 약간 거만하다. 이런 성격은 하원에서 몇 년쯤 시달리다 보면 시정될 텐데, 하고 나는 생각했다.

혁신적인 인물로서 상원을 놀라게 하고, 또 물의를 일으킨 일도 있는 그였기 때문에 나는 언젠가 민주적인 내 생각을 설명하여 그의 반성을 촉구하려고 했던 적이 있다.

"용기를 내서 하원의원으로 입후보하는 것입니다. 당신의 세습적인 계급을 버리고, 시민의 권리가 아닌 특권이 주어져 있는 것은 반가워하지 않는다고 선언하는 거예요. 그렇게 하면 당신은 대중의 진정한 지도자가 될 수 있습니다. 귀족으로 있는 한 당신은 리더가 되지 못합니다. 당신은 아직 젊고 재주가 있으며, 사람을 끄는 힘을 지니고 있고 또 웅변가입니다. 이런 결심만 한다면 수상이 되는 것은 확실합니다."

그런데 그는 내가 한 말에 상당히 감명을 받았음에도 불구하고 차분한 어조로,

"하지만 하원에서는 내가 귀족이기 때문에 받아들이지 않을 것입니다." 하고 말했다.

"그렇게 해야 합니다. 만약 내가 당신 입장에 놓인다면 한번 도전해보겠습니다. 거부당하더라도 공석이 생길때까지 기다렸다가 다시 출마하는 겁니다. 세습적인 특권을 반납하고 시민이 된 자는 선거에 의한 어떤 지위에도 앉을 수 있다는 것을 주장합니다. 데모크라시는 바람직하지 않은 선례를 타파하고 새로운 선례를 만드는 사람을 중시하는 것입니다." 하고 나는 말했다.

우리는 이 문제에 대하여 더 이상 얘기를 계속하지 않았다.

로즈베리는 대단한 인물이었지만, 귀족으로 태어났다는 사실이 그에게 방해가 되었던 것이다. 그에 반하여 내 친구인 존 모

레는 서민의 아들로 태어났는데, 외과 의사였던 그의 아버지는 가난해서 아들을 대학에 보내기 위하여 몹시 고생했다. 그러나 오늘날 그에게는 작위가 수여되었고 명예훈장이 수여되었다. 그의 위대한 공적에 의한 것인데, 그는 전과 조금도 다름없이 소박한 생활을 계속하고 있다. 봅 리드는 하원의원으로 오래 있었는데, 그는 현재 롤번 경이다. 나는 홀덴 경이나 수상인 로이드 조지 등 서민계급에서 올라간 사람들을 많이 알고 있다. 그들은 모두 대중적인 사람들이고 가장 민주적인 인물들이다.

세계 제일급의 시민으로 알려져 있던 글래드스톤이 서거했을 때, 누가 그의 뒤를 이을 것인가가 영국인의 큰 문제거리였다. 허코트일까, 아니면 캔벨 버나맨일까. 전자 앞에 가로놓인 크고 또 치명적인 장어는, 그는 굉장히 성미가 급해서 자신을 억제할 수가 없다는 사실이었다. 이것은 리더로서는 가장 바람직하지 못한 성격이어서, 영국은 침착하고 판단을 그르치지 않는 인물을 필요로 하고 있었다.

나는 허코트와 친하게 지내고 있었고, 그도 또한 참으로 열렬한 아메리카 공화국의 찬미자였다. 그러나 나와 동향인 캔벨 버나맨이 1898년 12월에 자유당의 당수로 선출되었을 때 나는 진심으로 기뻐했었다. 그는,

"이번에 내가 당수로 선출된 것은 나의 간사장인 베일리 모리슨의 노력에 의한 것이다." 하고 감사의 뜻을 표현했었다.

베일리는 내 고향의 혁신파 지도자로서 나의 외삼촌이다. 당시로서는 나의 가족은 모두 혁신적이었다. 카네기 가도 모리슨 가도 새로운 공화국의 열렬한 찬미자였다. 그들은 워싱턴과 그의 동료들을 숭배하고 있었다. 나는 영국과 미국은 혁명에 의해서가 아니라 혁신에 의해서 진보 발전한다는 금과옥조의 나라들로 굳게 맺어지리라는 것을 믿어 의심치 않는다. 이러한 생각은 미국의 영토에 널리 보급되어 있다. 사랑하는 옛 조국인 암탉은

병아리 대신 오리 새끼를 안고 있다. 그 새끼는 거친 파도를 헤치고 바다로 헤엄쳐 나가기 시작했으므로 어미닭은 무척 걱정을 했다. 어미닭은 너무나 걱정스러운 나머지 미쳐버릴 것처럼 바닷가에서 울부짖고 있다. 그러나 그도 언젠가는 헤엄치는 것을 배워서 파도를 헤쳐갈 수가 있을 것이다.

한번 명예시민이 되어 시의 열쇠를 수여받으면 그 후로는 자동적으로 이 영예가 주어지는 것처럼 생각될 정도이다. 1906년에 나는 본거를 런던에 두고 있었는데, 어느 때는 6일간 계속해서 6개의 도시에서 명예시민이 되었고, 다음 주에는 2번 이 명예를 안게 되었다. 대체로 하루가 걸리는 행사여서 아침 일찍 기차로 떠났다가 저녁 때에 돌아오게 된다. 이러한 의식은 단조로워서 싫증이 나리라고 생각될지도 모르지만, 실은 각 도시가 모두 특징이 있고 상황도 다르기 때문에 결코 그렇지는 않다. 나는 시정을 맡은 시장이나 시의회, 그리고 유력자 중에 참으로 훌륭한 사람들이 많은 것을 발견했다. 집단은 모두 각자의 개성을 뚜렷하게 가지고, 독자적인 문제에 대책을 강구하여 성공하기도 하고 실패하기도 한다. 문제는 많이 있지만, 그 중에 한 가지 다른 모든 것을 초월해서 시민의 관심을 불러일으켜 개선하고 싶은 것이 있다. 영국의 시·읍·면은 각자가 하나의 완전히 고립된 세계를 이루고 있다. 시의회는 소형의 내각이고, 시장은 국무총리이다. 내정문제에 대하여 시민들은 열심히 논란을 벌이고 있다. 외교도 간과되지는 않는다. 이웃 시·읍·면과의 사이에 수도, 가스, 전기 등 공공사업에 관해서 다소의 관계는 맺고 있지만, 이 점에서 아직은 상호의 복지를 위하여 충분히 제휴하고 있지 않다는 생각이 든다.

도시의 정치를 보면 구세대와 신세대의 차이가 매우 뚜렷해진다. 구세대의 가족은 몇 대에 걸쳐 태어난 장소에서 살면서 그 땅에 애착을 가지고 있다. 아버지가 시장에 추대되면 그 아들도 다시 이 영예를 얻으려고 노력한다. 이것이 자기가 태어난 고향에 대한 애정이 되어서 향토의 긍지를 드높이는 것이다. 시의원이 되려는 것은 자기 일생 동안 무엇인가 향토에 봉사하고 또 자손에게 좋은 사회를 물려주고 싶기 때문이다. 따라서 시의 가장 훌륭한 인물이 시정에 참여하게 된다. 이것이 그들이 원하는 바여서 그 이상의 것은 바라지 않는다. 왜냐하면 국회의원이 되기 위해서는 아무런 보수도 없이 런던에 체류하지 않으면 안 되므로 대개 재산이 있는 사람에 한정되어 있기 때문이다. 그러나 이것도 시간문제여서, 머지 않아 영국도 다른 나라처럼 입법부 의원에게 봉급을 지급하게 될 것이므로 사태는 달라지게 된다(1908년에 이것이 실현되어, 의원은 연봉 400파운드를 받게 되었다).

그렇게 되면 영국의 의회도 틀림없이 세계의 다른 나라와 마찬가지로 종일 열리게 될 것이다. 지금까지 선출된 의원들은 하루 종일 각자의 사업에 종사하다가 지쳐서 돌아와서는 저녁 식사를 마친 후에 나라의 정치를 다루고 있었는데 아침에 맑은 머리로 국사를 의논한다는 것이 얼마나 좋을지는 말할 필요도 없다.

영국 도시의 의회에는 최고의 인물들이 뽑혀 있는데, 그들은 고결하고 공공심이 풍부한 사람들이며, 또 가정을 자랑스럽게 여기는 충실한 가장이다. 합중국도 최근에 이런 방향으로 나가고 있는데, 영국에 비하여 아직 뒤떨어져 있다. 그러나 인구가 조밀해짐에 따라서 대중은 한 곳에 정착하게 될 것이다. 그렇게 되면 우리도 향토애를 갖게 되어 자기가 태어난 장소를 조금이라도 좋게 만들어 후세에 남기겠다고 생각하게 될 것이다. 나는 오랜 도시를 많이 방문했는데, 대개 시장은 서민 출신으로 이마에 땀을 흘리면서 노동을 해온 사람들이었다. 시의회 사람들도 대체로 이런 종류의 사람들이다. 그들은 아낌없이 무보수로 자기네 향토를 위하여 일하고 있다. 그들과 만나서 얘기를 나누는 것이 나에게 큰 즐거움이고 또한 명예였다.

그런 이유로 도시의 명예시민으로 뽑힌다는 것은 영국의 지방 자치제에 대하여 참된 이해를 주고, 또 영국의 애국심에 깊이 접촉할 기회를 주었던 것이다. 따라서 나는 여러 가지 의례적인 일도 결코 지루하지가 않았다. 나는 시장들과 함께 있는 것이 즐거웠고, 또 커다란 감격이기도 했기 때문에 우리가 통과하는 큰 거리에 시민들이 늘어서고 창문에서 깃발을 흔들어 환영해주는 것을 조금도 쑥스럽다고 생각한 일은 없다. 시장의 인사말에서도 지역 사람들이 무엇을 생각하고 무엇을 하려고 하는가를 가르쳐주는 것이어서 나는 크게 배우는 바가 있었다.

따라서 결론은 대영제국의 지방자치제는 참으로 건전하고, 또 최고의 인물들에 의해서 잘 다스려지고 있다는 사실이다. 일반 대중의 투표권이 이만큼 현명하게 양심을 가지고 사용되고 있는 곳은 세계에서 영국뿐이라고 해도 과언이 아니다. 이 유권자의 건전함이 대영제국의 기반이 된 것이다. 시·읍·면의 의원들을 그대로 국회로 옮기더라도 그들은 훌륭하게 또 능률적으로 나라의 정치를 수행해갈 것이다. 장차 국회의원이 적당한 보수를 받는 제도로 바뀌면 이 사람들은 웨스트민스터 의사당에 자리를 차지하게 될 것이고, 그것은 대영제국에 있어서 참으로 다행한 일이라고 나는 생각한다.

24. 글래드스톤과 모레이

1892년 4월에 아내와 내가 글래드스톤 씨의 사저를 방문했을 때, 8년 전에 내가 쓴 《미국인의 마차 여행》이라는 제목의 영국

견문기를 대단히 칭찬해주셨다. 어느 날 그는 새로 세운 도서실에서 책을 정리해야 하는데 함께 가지 않겠느냐고 했다. 그는 자기 도서에는 아무도 손을 대지 못하게 하고 모두 손수 정리하고 있었다. 그렇기 때문에 이곳에서 우리는 누구의 방해도 받지 않고 얘기할 수가 있다는 것이다. 책장을 구경하다가 진귀한 책을 한 권 발견하고 나는 주인에게 말을 걸었다. 그는 도서실의 사다리 꼭대기에 올라가서 무거운 책을 이리 저리 옮기고 있었으므로 나는 크게 소리를 질러야 했다.

"글래드스톤 씨, 여기서 《담팜린 인물지》라는 책을 발견했는데, 이 저자는 제 아버지 친구입니다. 여기에 나오는 몇 사람의 인물을 나는 어렸을 때 보아 알고 있습니다." 하고 나는 말했다.

"그렇습니까?" 하고 그는 대답하고,

"거기서 왼쪽으로 세번째 책을 보십시오. 담팜린 출신이 쓴 책이 또 한 권 있어요." 하고 말했다.

시키는 대로 보니까 나의 《미국인의 마차 여행》이 있었다. 그러나 나의 손이 이 책에 닿기도 전에 사다리 꼭대기로부터 오르간과 같은 장엄한 목소리가 들리면서,

"마호멧 교도에게 있어서 메카가, 불교도에게 있어서 비나레스가, 기독교도에게 있어서 예루살렘이 성지인 것처럼 담팜린은 나에게 있어서 전부이다." 하고 말하는 것이었다.

나는 분명히 이 소리를 들었지만, 이것이 나 자신이 쓴 것이라는 사실을 내 머리가 포착하기까지는 약간 시간이 걸렸다. 영국 남부의 여행을 마치고 마차로 고향에 가서 담팜린에 당도하여 고향의 모습을 보는 순간의 느낌을 나는 이렇게 적었었다.

"도대체 어떻게 해서 이 책을 구했습니까. 이 책이 나왔을 때 나는 아직 뵙는 영광을 얻기 전이었기 때문에 드릴 수가 없었습니다." 하고 나는 물었다.

"그래요." 하고 그는 대답했다. "당시는 서로 만날 기회가 없

었지요. 그러나 누구였더라, 그렇지, 로즈베리였다고 생각합니다. 이 책에 대하여 나에게 얘기해주었으므로 사다가 읽었습니다. 몹시 감격했어요. 특히 당신이 담팜린을 찬미하는 대목이 인상에 깊이 남았습니다. 평생 잊을 수가 없어요.”

책이 출판되고 8년, 글래드스톤이 읽은 지도 8년은 지났을 것이다. 그의 기억력이 대단함을 이 한 가지가 잘 말해주고 있다. 내가 지금 이 사실을 쓰는 것을 저자의 허영이라고 생각하지 말아주기 바란다. 물론 나는 매우 고맙게 생각했는데, 동시에 이 위대한 인물의 애국심의 일단으로 기록해두고 싶었기 때문이다.

대중은 공직에 있는 사람들의 종교적인 관심에 대하여도 의심스러운 눈으로 지켜보는 모양이다. 일요일에 교회에 가는 것도 달리 목적이 있기 때문이라고 오해받기 쉽다. 정직하게 말해서 글래드스톤 씨를 알기 전에는 나도 이 노회한 신사는 이렇게 해두면 표를 잃지는 않을 것이라고 계산하고 있을지도 모른다고 생각했던 일이 있다. 그러나 그의 진가를 알게되고부터는 이러한 의심은 완전히 사라졌다. 그처럼 경건하고 또 성실한 인물은 드물 것이다. 그는 하원에 예산을 제출할 때 수상으로서 그 설명에 장시간 정력을 쏟게 되는데, 언제나 ‘성령의 힘’에 의하여 지탱해주도록 기도하고 있다고 자기 일기에 씌어 있다. 어떤 사람은 천지 우주의 창조자인 신이, 지상의 작은 한 점에도 미치지 못하는 글래드스톤 씨의 예산에 관심을 기울인다는 건 생각할 수도 없는 일이라고 말할지도 모른다. 그러나 귀중한 것은 마음가짐이다. 신을 우러르는 태도가 인간에게 위대한 일을 성취시키도록 하는 것이 아닐까.

1887년 6월, 빅토리아 여왕의 즉위 50주년 축제 때에 우리는 피카데리 가에 있는 월버튼 경 댁에서 글래드스톤 부처를 주빈으로 하는 만찬회에 참석하기로 되어 있었다. 나는 시간적인 여유를 충분히 두고 마차로 메트로폴 호텔을 나섰는데, 거리에 군중이 많이 나와 있었으므로 움직일 수가 없어서 마차를 버리고 걷기 시작했다. 한길로 나와도 전진할 수가 없었기 때문에 경관을 붙들고 어디에 가는지를 얘기하고는 데려다 달라고 부탁했다. 그는 직권을 발동하여 군중을 헤치고 앞으로 나아갔으므로 우리는 그 뒤를 따라서 갔다. 그래도 우리가 월버튼 댁에 도착한 건 9시가 넘어서였다. 만찬회는 11시까지 계속되었다.

글래드스톤 씨는 하이드 파크를 지나서 뒷길로 돌아 겨우 왔다고 했다. 당시에 부처는 칼톤 테라스에 살고 있었는데, 같은 길로 해서 돌아가겠다고 말했다. 나는 미국 하원의 의장을 지낸 일이 있는 블레인 씨와 함께였다. 우리는 거리를 구경하고 싶어졌다. 그래서 군중에 시달리면서도 걸어서 호텔로 돌아가기로 했다. 거리로 나와서 사람의 흐름에 따라 천천히 움직이고 있었는데, 리홈 클럽 근처까지 왔을 때 오른쪽에 있는 건물 가까이서 목소리가 들려왔다. 나는 블레인 씨에게 "저건 글래드스톤 씨 목소리예요." 하고 말했다.

"그럴 리가 없어요. 댁으로 돌아가겠다고 해서 조금 전에 헤어지지 않았습니까?"

"그런 것은 아무래도 좋습니다. 나는 얼굴보다도 목소리를 기억하고 있습니다. 저건 글래드스톤 씨 목소립니다."

그래서 나는 그에게 두세 걸음 뒤로 물러가라고 말했다. 우리는 건물 옆쪽으로 몇 걸음 물러섰다. 그리고 머리와 얼굴을 완전히 숨긴 사람에게,

"이런 한밤중에 도대체 무얼 하고 계시는 겁니까?" 하고 말했다.

글래드스톤 씨를 발견했던 것이다. 나는 그가 시종에게 작은 소리로 얘기하는 것을 들었다고 말했다. 그는,

"젊은이가 이런 시간에 어정거려서는 안 돼. 빨리 돌아가서 자도록 해요." 하고 말했다.

우리는 몇 분간 함께 있었는데, 그는 머리와 얼굴을 가린 망토에 신경을 쓰고 있었다. 그때는 이미 한밤중이 지났었는데, 여든이 넘은 노수상이 마치 소년처럼 부인을 집으로 무사하게 바래다 주고 거리를 구경하려고 몰래 빠져나왔던 것이다.

만찬회에서 글래드스톤 씨와 블레인 씨는 의회의 운영에 있어서 영국과 미국의 차이를 얘기했다. 그는 특히 하원의 의사진행에 있어서 미국이 불필요한 논의를 계속하지 않도록 제한한 것에 관심을 갖고 거기에 대하여 상세하게 묻고 있었다. 물론 노재상은 이런 일만이 아니고, 세상의 일반적인 문제에 대해서도 관심을 가져서 꼬치꼬치 묻는 것이었다. 이를테면 미국에서는 철근콘크리트 건물을 세울 때 3층과 4층의 공사를 하면서 5,6층을 사용할 수 있도록 하는데 어째서 그런 일이 가능한가 하는 등의 것이었다. 내가 설명하니까 극히 만족스러운 모양이었다. 사물을 철저하게 추궁하는 것이 그의 버릇이었다.

모레이 씨는 이 무렵에 이미 작위를 받았었지만, 언제나 내가 부를 때는 '정직한 존'이었다. 우리는 오래 전부터 사귀었는데, 그는 〈포트나이틀레 평론〉지의 편집장으로 나의 수필을 실어주었던 것이다. 이것은 내가 영국 잡지에 처음으로 기고한 기념할 만한 사건이어서, 그 후 우리의 친교는 더욱더 깊어갔다. 오랜 세월에 걸쳐서 우리는 일요일 요후에 서로 마음이 내키는대로 짧은 편지를 교환하기로 했었다. 물론 때로는 장문의 편지도 있다.

우리는 성격이 조금도 닮지 않았다. 아니, 오히려 정반대라고 하는 편이 낫다. 그런데도 우리가 서로 강하게 끌렸던 이유는 상이한 것은 얻는 점이 많기 때문이었다. 나는 낙천적이다. 나에게 오리는 모두 백조가 된다. 그런데 존 모레이는 비관적이다. 장래의 위기를 지레 짐작하여 그것을 진지하게 검토한 후 어두운 면을 강조한다. 때로는 있지도 않은 위기를 생각해내서 걱정하고 있다. 나에게 있어서 세상은 밝고 또 진짜 낙원인 것처럼도 생각되었다. 그렇기 때문에 나는 언제나 유쾌하고, 나의 행운에 언제나 깊이 감사하고 있었다. 모레이는 반대로 뛸듯이 기뻐하는 일 따위는 여간해서 없었다. 그의 판단은 언제나 신중하고, 눈은 항상 태양의 흑점을 보고 있었다.

언젠가 나는 무엇이든지 마음에 들지 않아서 불평만 하고 있는 비관론자와 무엇이든지 마음에 들어서 항상 기분이 좋은 낙관론자의 얘기를 한 일이 있다. 이 두 사람은 천국에 들어가는 것이 허용되었으므로 천사가 축하의 말을 했다. 그런데 비관론자는,

"정말 좋은 곳이군요. 그런데 어찌 된 셈인지 이 내용이 나에게는 절실하게 느껴지지가 않는군요." 하고 대답했다. 이 얘기에 내 친구는 대단히 흥미를 가졌지만, 자기 인생관을 고치려고는 하지 않았다.

오랫동안 나는 모레이에게 미국을 방문하도록 권했었다. 결국 그는 1904년에 합중국의 대부분을 사찰했다. 나는 미국의 저명한 사람들을 되도록 많이 만나게 하려고 애썼다. 어느 날 나는 일라이 루트 상원의원에게 부탁하여 모레이와 만나도록 했다. 두 사람의 회견은 긴 시간이 걸렸다. 루트 씨가 돌아간 후에, 모레이는 대단히 기뻐하며 이렇게 훌륭한 정치가를 만날 수 있었던 것은 다행한 일이었다고 말했다. 견실한 판단력으로 합중국의 정치에 대해서 그만큼 잘 알고있는 사람은 드물기 때문에 나도 매우 기뻤다.

모레이는 루즈벨트 대통령을 백악관으로 방문하여, 그곳에서 이 굉장한 인물을 상대하며 며칠을 지냈다. 돌아온 후에 모레이는,

"나는 미국의 이대 불가사의를 보았어요 —— 루즈벨트와 나이아가라 폭포입니다." 하고 말했다.

멋진 표현인데, 사실 그대로이다. 양쪽이 모두 노호(怒號)하고 거칠게 날뛰며 거품을 튀기는 불가사의한 존재로서, 쉴줄을 모르고 하늘에서 내려진 사명을 수행하고 있는 것이다.

모레이가 휴양을 하기 위해서는 스코틀랜드 스키보에 있는 나의 집이 가장 적합했다. 이것은 우리 부부에게 아주 다행한 일이었다. 그는 여름마다 몇 차례 방문하여 가족의 일원이 되어 주었다. 모레이 부인도 함께였다. 그는 나와 마찬가지로 요트놀이를 매우 좋아했다. 두 사람에게 이것은 큰 기쁨이었고, 또 행운이었다. 아무리 위대해지더라도 우리 사이에서 그는 언제나 '정직한 존'인데, 그와 함께 있는 것은 든든한 반석 위에 서 있는 듯한 기분이었다. 신중하게 전후좌우를 잘 살피면서 나아가는 동시에 대범한 기운도 가지고 있었다. 그의 마음속에 숨겨져 있는 자비심이 그대로 나타나는 기회는 별로 없었다. 아주 드물기는 했지만, 필요하다면 자기 존재와 능력을 상대방에게 뚜렷하게 인식시킬 줄도 알았다.

쳄벌레인과 모레이는 혁신적인 사상 친구인데, 나는 영국에 체류하는 동안 두 사람과 자주 만나서 얘기를 나누었다. 자치문제가 일어났을 때 영국에서는 미국의 연방조직에 대한 관심이 높아졌다. 나는 자주 부탁을 받고 여러 도시에서 강연하면서, 합중국의 연방은 독립된 지방자치제의 정부가 어떻게 하여 가장 강력한 정부를 구성하고 있는가를 설명했다. 쳄벌레인 씨의 요청에 응해서 나는 아나·L·도우스 여사의 《우리는 어떻게 통치되고 있는가》라는 책을 참고본으로 증정했고, 모레이와 글래드스톤, 그 밖에 여러 사람들과 이 문제에 대하여 얘기를 나누었다.

최초의 아일랜드 자치 제안은 대표를 영국 의회로부터 추방한다는 것이었기 때문에 나는 반대했다. 내가 글래드스톤 씨와 만났을 때, 그는 내가 이런 생각을 가지고 있는 것이 매우 안타깝다고 말했으므로 논란이 크게 일었다.

"만약 아일랜드 사람들이 의회에 들어오기를 거부한다면 어떻게 합니까?" 그는 물었다.

"문명의 모든 이기(利器)를 동원해야 합니다. 우선 우편을 정지시켜버리는 겁니다." 하고 나는 대답했다.

그는 잠시 가만히 생각하다가,

"우편을 정지시켜버린다." 하고 내 말을 되풀이했다. 이것은 마비상태를 가져오는 것임을 알고 잠시 잠자코 있었는데, 곧 화제를 바꾸어 버렸다.

그 후 나는 가끔 이 노정치가를 만나서 국가나 교회의 갈길에 대하여 간담을 했다. 언젠가 나는 장차 넓은 영토를 가진 나라들에 비하여 영국의 인구는 상대적으로 감소되어 가리라는 데 대하여 얘기했다.

"당신은 영국의 장래를 어떻게 봅니까?" 하고 그는 물었다.

나는 고대에 번영했던 국가 중에서 희랍을 예로 들어 얘기했다. 그리고는 과거 수백 년 사이에 초서, 세익스피어, 스펜서, 밀턴, 스코트, 번 등의 문호가 출현한 일, 과학에서는 베이컨이나 다윈, 사상계에서는 흄, 그 밖에 각 부문에 뛰어난 인물이 배출되었다. 천재는 물질적인 자원에 의한 것은 아니다. 대영제국이 이제 공업국으로서 우위를 유지할 수 없게 된다 하더라도, 희랍의 예를 본받아서 세계 각국 사이에 도의가 우세함을 자랑할 수 있다고 나의 의견을 말했다.

글래드스톤 씨는 "도의의 우세, 도의의 우세." 하고 내 말을 되풀이하면서 깊은 생각에 잠겼다.

나는 단 한 사람과 얘기를 나누어서 이렇게 많은 것을 얻은 적은 처음이다. 나는 다시 그의 사저를 방문했다. 그러나 마지막 방문은 1897년 겨울 남프랑스 칸느의 랭달 경의 댁이었는데, 병이 상당히 중했다. 하지만 아직도 매력은 다분히 지니고 있었고, 내 동생 처 루시와 특히 친했다. 그녀는 처음으로 만났지만 노정치가에게 마음이 몹시 끌렸다. 그래서 우리가 그곳을 물러나와 돌아오는 길에 그녀는 "병든 독수리예요, 병든 독수리예요." 하고 작은 소리로 중얼거리고 있었다. 나는 그날의 수척한 인류의 지도자를 표현하는데 이만큼 적절한 말은 없으리라고 생각했다. 그는 위대한 인물이었을 뿐만 아니라, 선량한 사람이었고, 또 언제나 고매하고 순수한 이상을 가지고 살아가는 사람이었다. 그가 '세계 최고의 시민'이라는 칭호를 얻은 것은 당연했다.

1881년에 영국에서 나는 새뮤엘 스토리라는 하원의원과 공동으로 사업을 시작했다. 그는 유능한 인물로서 혁신계에 속하고, 또 공화제의 열렬한 지지자였다. 우리는 영국 신문을 18개나 사들여서 혁신계의 노선에 따라 정치적 계몽운동을 시작했다. 해스모어 에드워드와 그 밖의 사람들이 우리에게 협력해 주었는데, 결과는 별로 재미가 없었다. 내 영국인 친구들 사이에 조화가 이루어지지 않았으므로 나는 결국 이 사업에서 손을 떼기로 결심했고 다행히 큰 손실을 입지는 않았다.

나의 세번째 창작활동은 《민주주의의 승리》라는 제목의 저서였다. 이것을 쓰려고 결심한 것은 흔히 사회의 사정에 정통한 외국인이, 영국인조차도 미국에 대하여 아무것도 모르고, 더구나 아주 조금이나마 알고 있는 것은 얼마나 편견으로 가득찬 것인가를 깨달았기 때문이었다. 내가 만난 저명한 영국인들이 새로운 공화국에 대하여 아무것도 모르는 데에는 놀랄 뿐이었다. 1882년에 내가 처음으로 글래드스톤 씨와 만났을 때의 일을 나는 잊을 수가 없다. 그때 내가 영어를 쓰는 사람들의 대다수는 현재 공화제의 지지자이고, 군주제의 신봉자는 소수 그룹에 속한다고 말했을 때 그는,

"그것은 어떤 뜻입니까?" 하고 물었다.

"그것은 말입니다, 글래드스톤 씨. 합중국은 영국 본토의 인구와 영어를 쓰는 식민지 사람들을 합친 것보다도 훨씬 많은 사람들을 통치하고 있다는 얘기입니다." 하고 나는 대답했다.

"호오, 그런가요? 당신네 나라의 인구는 얼마쯤입니까?"

"6600만 명입니다. 귀국의 인구는 그 반도 되지 않습니다."

"아아 그렇습니까. 놀랍군요."

양국의 재정에 있어서도 나의 의견은 이 노재상을 아연하게 만들었다. 1880년의 국세조사에 의하면 건국 100년을 맞은 합중국은 쉽게 영국과 아일랜드를 사들여서 표기된 자본금과 투자한 금액을 지불하고, 또 대영제국의 외채를 갚을 수 있었다. 그래도 또한 국고에 충분한 돈이 남게 된다. 그러나 더욱 놀라운 사실을 내가 밝힐 수 있었던 것은 우리가 자유무역에 관해서 얘기했을 때였다. 나는 미국이 세계 최대의 공업국임을 지적했다(훗날 홀덴 재무장관이 같은 착각을 해서 영국이 세계 최대의 공업국이라고 말했다가 나의 정정에 의하여 사과했다). 나는 물홀의 통계를 인용하여, 1880년에 영국의 공업생산 총액은 8억 1600만불이었는데 미국은 11억 2600만불에 이르렀다고 말했다. 글래드스톤은 내 말에 단 한마디, "정말 놀랍군." 하고 말했다.

내가 다른 숫자를 예로 들었을 때 그는,

"어째서 누군가가 이런 문제에 대하여 간단한 숫자로 사실을 세상 사람들에게 알려주지 않는 것일까?" 하고 물었다.

나는 사실은 그 무렵에 이미 《민주주의의 승리》를 집필하기 위해서 자료를 수집해놓고 있었으므로 내가 원하는 서비스를 해주려는 생각이었다. 그래서 그에게 그것을 알려주었다.

앞서 나는 《세계 일주》와 《마차 여행》이란 제목의 두 권의 책을 썼는데, 그것은 내 여행의 추억과 기록이었기 때문에 조금도 힘이 들지 않았다. 그러나 1882년에 손을 댄 《민주주의의 승리》

는 그 기초조사부터가 정말 용이하지 않은 작업이었다. 정확하고 치밀한 조사가 요구되었다. 통계는 모두 재검토해서 취사선택해야 했다. 그러나 해나가는 동안에 점점 흥미가 생겨서 몇 개월동안 내 머리는 통계로 가득 차버리고 말았다. 나도 모르게 시간이 빨리 지나가서 아직 점심때라고 생각되는데 벌써 저녁 때가 되어 있었다. 생각해보면 내 생애에서 두번째 큰 병은 이 작업의 무리가 원인이 되었던 모양이다. 이 조사 연구에 종사하고 있는 동안에도 나는 내가 관계하고 있는 여러 가지 사업도 돌보지 않으면 안 되었다. 숫자 같은 매혹적인 것에 손을 대기 전에는 충분히 주의하지 않으면 안 되리라고 생각한다.

25. 스펜서와 그의 제자

20세기 후반에 사상적으로 큰 영향을 남긴 사람은 허버트 스펜서일 것이다. 철학자, 사회학자로서는 물론이고, 그는 새로운 진화론적 철학을 수립한 사람이다. 1882년에 스펜서와 그의 친구인 로트 씨와 나는 셀비어 호로 리버풀항을 출범하여 뉴욕으로 향했다. 나는 모레이 씨로부터 스펜서에게 보내는 소개장을 가지고 있었는데, 실은 그 전에 런던에서 이 철학자를 만났었다. 나는 그에게 반해 있는 많은 제자 중의 한사람이었다. 여행에 익숙한 나는 이 두 사람의 시중을 맡았다. 항해 중에 우리는 식사를 함께 했다.

어느 날 우리의 화제는 저명한 사람들을 처음 만났을 때의 인상으로 옮겨졌다. 그들은 우리가 상상했던 것과 같았는가, 그렇지 않으면 달랐는가. 각자가 자기 경험을 애기했다. 내 경우는 상상하고 있었던 것과 전혀 달랐었다.

"호호." 하고 스펜서 씨는 놀란듯한 표정으로 "가령 내 경우 말인데요. 역시 그랬었습니까?" 하고 물었다.

"그렇습니다." 하고 나는 대답했다. "선생의 경우는 특히 더 했습니다. 나는 내가 존경하는 선생에 대하여 모든 사태에 초연해서 부동의 심경으로 불타와 같이 심사묵행(沈思默行)하고 있는 위대한 철학자를 상상하고 있었습니다. 체시아나 치다 치즈 때문에 몹시 흥분하는 선생이리라고는 생각도 못했었습니다."

전날 급사가 체시아 치즈를 가지고 오니까 스펜서는 몹시 신경질이 나서 "치다, 치다 말이야. 체시아가 아니야. 치다라고 하지 않았나." 하며 급사에게 고함을 질렀던 것이다.

내 애기에 모두 웃음을 터뜨렸는데, 특히 스펜서는 참을 수 없다는 듯이 배를 움켜쥐고 웃었다. 이것은 그의 《자서전》에 나와 있다.

스펜서는 재미있는 애기를 듣는 것을 몹시 좋아했고, 또 잘 웃었다. 미국 애기를 무엇보다도 좋아하는 것처럼 보였는데, 나는 재미있는 애기를 많이 알고 있었으므로 얘기해줄 수가 있었다. 그때마다 그는 폭소를 터뜨렸다. 그는 특히 미국 서부지역에 대해서 알고 싶어 했는데, 당시 유럽에서는 큰 관심을 불러일으키고 있었다. 내가 텍사스에 대해서 한 얘기를 그는 특히 즐거워했다. 실망한 이민이 미국으로부터 조국에 돌아왔을 때, 당시의 황량한 신대륙에 대하여 누가 물으니까.

"이봐요, 텍사스에 대해서 내가 할 말은 이것뿐이에요. 지금 내가 텍사스와 지옥을 가지고 있다고 한다면 나는 텍사스를 팔아버리겠어요." 하더라는 것이다.

초기에 비해서 지금은 얼마나 변했는가. 오늘날 텍사스의 인구는 400만을 넘고, 옛날의 광막한 땅은 1882년에는 전세계가 생산하는 것 이상의 대량의 면을 산출하고 있다.

이 철학자를 피츠버그에 있는 나의 집으로 초대했을 때, 대문을 들어서서 현관으로 가다가 나는 또 하나의 미국에 대한 얘기가 생각났다. 손님이 정원의 좁은 길을 걸어서 문을 열었을 때 커다란 개가 짖으면서 덤벼들었다. 손님은 당황하여 물러서서 물리기 직전에 정원 문을 닫았다. 그러자 집안에서 주인이,

“괜찮아요. 짖는 개는 물지 않는다고 하지 않습니까?” 하고 말했다.

“글쎄요.” 손님은 떨면서 이렇게 말했다. “나나 당신이 알고 있듯이 개도 그것을 알고 있습니까?”

어느 날 우리가 응접실에 앉아 있는데, 큰 조카가 살짝 문을 열고 들여다 보는 것이 보였다. 나중에 모친이 어째서 그런 짓을 했느냐고 물으니까 11세 소년은,

“어머니, 나는 문법을 공부할 필요가 없다고 책에 쓴 사람을 보고 싶었습니다.” 하고 대답했다. 스펜서는 이 말을 듣고 대단히 기뻐하며 그후에 자주 사람들에게 이 얘기를 했었다. 내 조카의 장래를 기대했던 모양이다.

내가 런던에 체류중이던 어느 날, 우리는 트라팔가 광장이 내려다보이는 그랜드 호텔 방에 앉아 있었다. 근위병이 거리를 걷고 있는 것을 보고 우리는 다음과 같은 대화를 나누었다.

“스펜서 씨, 이 19세기에 세계의 모든 나라 중 최고의 문화를 자랑하고 있는 이 나라에서 아직도 군인을 지망하는 젊은이들이 있다는 사실은 언제나 나를 슬프게 만들고 또 화나게 만듭니다. 더구나 저 기묘한 복장을 한 근위병이 최근까지도 신사의 유일한 직업으로 생각되고 있었다는군요. 사람을 죽이는 가장 확실한 수단방법을 배운다는 것이니까요.”

이에 대하여 스펜서 씨는 다음과 같이 대답했다.

“나도 이 문제에 대하여 생각하고 있는데, 어째서 화를 내지 않는지 얘기하지요. 나는 속이 끓어오르면 에머슨의 얘기를 생각해내서 마음을 가라앉힙니다. 어느날 밤 에머슨은 보스톤 시

의 파니발 공회당에서 용감하게 노예제도 폐지의 강연을 했는데, 야유 때문에 연단에서 내려오지 않을 수 없었습니다. 집으로 돌아오는 도중에 자꾸 화가 나서 견딜 수가 없었습니다. 집에 당도하여 뜰의 쪽문을 열고 뜰과 검소한 자기 집 사이에 가지를 뻗고 무성하게 자라있는 높다른 느릅나무 사이를 빠져나가면서 문득 하늘을 쳐다보았던 것입니다. 그러자 많은 별들이 가지 사이에서 반짝이고 있었습니다. 별들은 '뭡니까, 그렇게 화를 내고, 조그마한 인간이여.' 하고 속삭이는 것이 아니겠습니까, 하고 에머슨이 나에게 얘기해주었습니다."

나는 이 얘기를 매우 기쁘게 들었다. 그리고 가끔 "뭡니까, 그렇게 화를 내고, 조그마한 인간이여." 하고 자신을 타이르는데, 그것만으로도 충분히 효과가 있다.

스펜서 씨의 미국 방문은 일급 요정인 델모니코에서 열린 그의 환영연에서 절정에 달했다. 나는 마차로 그를 안내했는데, 훌륭한 사람이 이렇게 허둥대는 것을 본 일이 없다. 그는 연회에서 할 강연 외에 아무것도 생각할 수가 없었다. 아마 그때까지 공개석상에서 얘기한 일이 별로 없었기 때문이리라. 그래서 그는 처음으로 자기를 인정해준 미국 사람들에게 뜻있는 얘기를 하지 못하는 것이 아닐까 하고 겁내고 있는 것 같았다. 그때까지 여러번 연회에 참석한 일은 있었겠지만, 이때만큼 저명인사가 많이 모인 회합은 없었다. 그것은 획기적인 모임이어서, 스펜서의 공적에 대하여 각 분야의 최고의 인물들이 찬사를 보냈다. 끝으로 종교계의 강력한 지도자인 헨리 워드 비처가 일어서서 다음과 같이 말했다.

"내 육체의 탄생은 아버지와 어머니에게 신세를 졌습니다만, 지성의 탄생에 있어서는 당신에 의해서였습니다. 인생의 위기에 직면해서 흙탕물 속에 있던 나에게 당신이 안전한 길을 가르쳐주셨습니다. 당신은 경애하는 나의 스승입니다."

비처는 천천히 엄숙한 어조로 말했는데, 나는 그 속에 숨겨져 있는 깊은 감동을 이때만큼 강하게 느낀 일이 없다. 그는 진심으로 감사하고 있었던 것이다. 스펜서 씨는 그의 말에 몹시 감동했다. 비처의 이 말에는 여러 가지 함축성이 있어서 후에 물의를 일으키게 되었다. 그로부터 얼마있지 않아 그는 일련의 설교를 하여 진화론에 대한 자신의 견해를 밝혔다. 그가 스펜서를 스승이라고 부르며 그의 영향을 공공연하게 발표했을 때, 종교계는 놀라고 또 당황했으므로 이 설교에 의해서 어떤 결론이 나올지 주목되고 있었다. 비처 씨의 결론은 자기는 어느 점까지는 다윈이 주장하는 진화론을 믿지만, 창조주가 인간에게 부여한 최고의 기능에 도달할 때 모든 생물 중에서 인간만이 성령에 의하여 신격으로까지 향상될 수가 있다는 것이었다. 그는 자기를 비판하는 사람들에게 이렇게 대답했다.

스펜서는 기계에 대단히 흥미를 가지고 있었다. 나의 공장을 방문했을 때에도 새로운 기계나 기구에 감탄해서, 훗날 자주 이런 것에 대하여 언급하면서 미국의 발명력과 전진하는 힘을 높이 평가했다. 물론 그가 미국에서 특히 정중하게 대접받고 환영받았던 것을 기뻐하는 것은 당연했다.

나는 영국에 갈 때마다 스펜서를 방문하기로 했었다. 바다가 보이는 브라이튼으로 옮기고 나서도 자주 방문했는데, 그는 바다를 보면 마음이 진정된다고 말했었다. 하나 하나의 행동에 또 말에 그는 아주 세심한 주위를 기울이고, 아무리 작은 일이라도 자기 양심의 명령에 따른다는 것을 철칙으로 삼고 있었다. 종교적인 문제에 있어서도 마찬가지였지만, 신학 분야에 이르면 의식이나 계율에 대해서는 무관심했다. 왜냐하면 그것은 참된 의미에서의 성장을 방해하는 잘못된 조직이라고 생각하고 있었기 때문이다. 상벌이라는 관례 따위는 인간의 탐욕을 이용하려고 하는 천한 것이라고 단정하고 있었다.

스펜서는 언제나 평정을 잃지 않는 철학자였다. 평생 그는 도의에 반하는 행위를 한 일이 없고, 남에게 의리를 저버리는 짓도 하지 않았다. 그는 정말 양심적인 사람이어서 나는 온갖 기회를 통하여 이 인물을 알려고 애썼고, 또 그와 다윈만큼 나에게 큰 영향을 준 인물은 없었다. 우리는 신학이나 사회의 법도에 반항하여 온갖 것을 부정하려고 한다. 나는 다행히 위대한 사상가들의 저서에 의해서 반성하고 겸허한 자세로 되돌아갈 수가 있었다. 나는 태양의 표면에 나타나는 작은 먼지의 하나일지도 모른다. 아니, 이 웅대하고 불가사의한 또 신비적인 우주 속에서는 그보다도 더욱 작은 것일지도 모른다. 나는 더욱더 자신을 비하시켜버린다. 그러나 벤자민 프랭클린이 말한 것처럼 '신을 예배하는 최상의 태도는 인류에의 봉사이다.'가 참된 진리라고 생각한다. 그렇다고 해서 끊이지 않는 인간의 영생에의 희망을 방해하는 것은 아니다.

26. 정계의 친구들

교우에 의하여 그 사람의 인품을 판단할 수도 있지만 그 사람이 하는 얘기에 의해서 인품을 알 수도 있다. 내 친구 조젭·G·블레인은 내가 아는 사람들 중에서도 가장 얘기를 잘 하는 사람이었다. 본래 기지가 뛰어난 명랑한 성격으로, 어떤 경우에도 유머가 풍부하고 그 자리에 꼭 들어맞는 얘기를 했다. 그에게서 들은 재미있는 얘기가 많이 생각나는데, 그 중에서도 다음 얘기가 가장 나의 흥미를 끌었다.

아직 노예제도가 있었던 시절이라, 남부의 흑인 노예들이 지하조직을 통하여 자주 도망치던 무렵이다. 갤리폴리스에 가까

264

운 오하이오 강 기슭에 민주당원인 프렌치라는 판사가 살고 있었다. 노예제도를 반대하는 친구들에게 강을 건너서 도망쳐 오는 노예를 자기 집으로 데려오도록 부탁해두었다. 왜냐하면, 프렌치 판사는 어째서 노예가 도망치는지를 몰랐기 때문이다. 그래서 잡힌 노예와 판사 사이에 다음과 같은 대화가 교환되었다.

    판사 : 자네는 켄터키에서 도망쳐왔다고 했지? 나쁜 주인이 었나?

    노예 : 아닙니다, 판사님. 아주 좋은 사람이었습니다. 친절한 분이었습니다.

    판사 : 심하게 혹사당했겠지?

    노예 : 아닙니다, 나리. 하루도 심하게 혹사당한 일은 없습니다.

    판사 : 그럼 음식을 충분하게 주지 않았겠지.

    노예 : 켄터키에서 먹을 것이 모자란다는 것은 말도 안 됩니다. 다 못먹을 정도로 충분합니다.

    판사 : 의복이 부족했겠지.

    노예 : 판사님, 나에게는 지나칠 정도로 훌륭했습니다.

    판사 : 불결한 집에서 살도록 했겠지.

    노예 : 아닙니다, 판사님. 켄터기의 자그마하고 귀여운 오두막집을 생각할 때마다 나는 눈물이 나서 견딜 수가 없습니다.

이 말을 듣고 판사는 고개를 갸우뚱거리면서 잠깐 생각하고 있다가,

    판사 : 착한 주인 밑에서 혹사 당하는 일도 없이 음식도 충분히 먹고, 입는 것도 불편 없이 좋은 집에서 살고 있었다는 말이군. 그렇다면 어째서 도망치려고 생각한 것인가? 전혀 이유를 알 수가 없지 않나.

    노예 : 말씀하시는 그대로입니다. 그곳의 내 자리는 지금 비어

있습니다. 판사님, 곧 달려가면 일자리를 얻을 수 있습니다.

판사는 어째서 노예들이 도망치는가를 겨우 알게 되었다. 아무리 좋은 대우를 받더라도 자유가 없으면 인간은 만족할 수 없는 것이다. 이렇게 많은 흑인이 온갖 위험을 무릅쓰고 자유를 찾는다는 사실은 그들이 공화국의 시민이 될 자격을 갖추고 있다는 가장 훌륭한 증거라고 생각한다.

블레인 씨는 스코틀랜드 별장에서의 생활이 정말 즐거운 모양이었다. 다시 소년 시대로 돌아간 것처럼 우리는 춤추고 뛰며 잘 놀았다. 낚시질을 한 일이 없다고 해서 나는 로크 라간으로 데리고 갔다. 처음에는 잘 되지 않았는데, 이것은 누구나 마찬가지이다. 그러나 그는 곧 요령을 익혀서 능숙해졌다. 그가 처음으로 한마리를 낚았을 때의 기뻐했던 모습을 나는 평생 잊을 수 없을 것이다.

"당신은 인생의 새로운 즐거움을 나에게 가르쳐주었습니다. 내가 자주 가는 메인 주에는 강이 많습니다. 이제부터 휴가 때는 그곳에 가서 송어 낚시를 해야겠어요." 하고 그는 말했다.

6월의 스코틀랜드에는 밤이 없다고 할 만하다. 우리는 잔디 위에서 밤 늦게까지 춤을 추었다. 스코틀랜드 민요를 부르면서 스코치 릴이라는 경쾌한 춤을 추었다.

2주일간을 우리가 즐겁게 지내고 있는 동안 미국에서는 대통령 선거의 해여서 정당들은 후보자를 지명하기 위하여 법석을 떨고 있었다. 블레인 씨도 일부 인사들로부터 권유를 받았지만, 부통령에 오하이오주 출신인 셔먼 씨가 나서지 않는다면 싫다고 하면서 입후보를 거절했다. 우리가 마차로 스코틀랜드 북부를 여행하고 있는 동안에 해리슨이 대통령 후보에, 모튼이 부통령에 지명되었다는 뉴스를 들었다.

그래서 블레인 씨가 합중국에서 최고의 지위를 차지할 기회는 사라지고 말았다. 그러나 그는 국무장관으로 해리슨 내각에 입각하였고, 그의 범남미(汎南美)회의는 획기적인 성공을 거두었다. 나는 이때 처음으로 공직을 맡았는데, 이 회의에 합중국 대표 일원으로 나갔다. 이 경험은 내가 남미의 공화국과 그 나라들이 가지고 있는 여러 가지 문제를 이해하는 데 도움이 되어 대단히 재미있었다. 어느날 아침 새로운 헌장이 발표되고, 브라질이 17번째의 공화국으로서 범남미 연합에 가맹했다고 보도되었다. 내가 자서전을 쓰고 있는 지금은 21개의 국가가 공화국으로 되어 있다. 브라질의 가맹이 선언되자 회의장은 요란한 박수가 터졌고 갑자기 활기를 띠면서 새로운 대표를 맞았다.

남미 제국의 대표들은 미합중국이 무엇을 생각하고 있으며, 무엇인가를 기도하고 있는 것이 아닐까 하고 의심하고 있는 것을 발견했다. 그들의 독립정신은 사소한 점에서도 잘 나타나고 있었으므로 그것을 인정하고 존중하는 것은 우리의 의무였다. 이 점에서 우리는 성공했다. 그러나 미국 정부는 이웃인 남미 공화국들의 감정을 다치지 않도록 세심하게 주의하면서 행동하지 않으면 안 된다. 그들을 지배할 것이 아니라 평등한 입장에서 우호적으로 협력한다는 태세를 취해야 한다.

회의에서 나는 마뉴엘 퀸타나 옆에 자리를 잡았는데, 그는 후에 아르헨티나 대통령이 되었다. 그는 회의의 운영 방법에 대단히 깊은 관심을 나타냈는데, 어느 날 그는 사소한 일에 불평을 해서 그것이 원인이 되어 의장인 블레인 씨와 격한 논쟁을 벌였다. 논쟁의 원인은 아무래도 통역을 잘못한 데서 온 것이라고 생각했다. 그래서 나는 자리에서 일어나 연단의 의장 뒤쪽으로 지나치면서 살짝 "휴회를 선언하면 의견이 차이는 곧 조정될 것이오." 하고 작은 소리로 말하고는 연단에서 내려왔다. 그는 수긍했다. 나는 내 자리로 돌아와서 휴식을 제안했다. 휴식 시간에 의견의 차이는 조정되어서, 그 후로는 만사가 순조롭게 진행되었다.

그날 회의가 끝나서 퇴장하려고 할 때, 내가 대표석 옆을 지나가는데 한 대표가 나를 껴안았다. 그리고 한쪽 팔로 나의 허리를 안고 한쪽을 나의 가슴에 얹고는, "카네기 씨, 당신은 여기보다 이쪽이 더 따뜻하군요."하고 말하면서 포켓을 가리켰던 손을 나의 가슴으로 옮겼다. 남쪽에서 온 우리의 형제들은 자기 감정을 분명하게 표현하는 재주를 터득하고 있다. 온화한 기후는 따뜻한 마음씨를 길러주는 모양이다.

1891년에 나는 해리슨 대통령을 안내하고 워싱턴 시에서 피츠버그 시로 향했다. 내가 알리게니 시티에 기증한 카네기홀과 도서관의 헌납식에 참석하기 위해서였다. 우리는 기차로 갔는데, 대통령은 연도의 풍경을 특히 좋아했다. 어두워져서야 피츠버그에 도착했는데, 새빨갛게 타오르는 용광로와 여러 줄기의 짙은 연기와 불기둥은 대통령을 놀라게 했다. 근처에 있는 산 위에서 내려다보면 피츠버그는 '지옥의 가마솥 뚜껑을 열어 놓은 것' 같다고들 흔히 말했는데, 대통령도 그렇게 생각했던 모양이다. 피츠버그를 방문한 대통령은 해리슨이 처음이었다. 그러나 대통령의 조부이고 역시 합중국의 대통령이었던 윌리엄 해리슨이 워싱턴으로 가는 도중 기선을 타고 운하를 내려가면서 이곳을 통과한 일은 있다.

대통령이 왔으므로 헌납식에는 많은 사람이 모여서 만사가 잘 진행되었다. 이튿날 아침에 대통령은 우리 제강소를 구경하고 싶다고 말했으므로 내가 안내하여 공원들로부터 크게 환영받았다. 한 부문에서 다른 곳으로 옮겨갈 때마다 나는 부장을 대통령에게 소개했다. 끝으로 내가 공동출자자인 슈와브 씨를 소개하니까 대통령은 나를 돌아보면서,

"카네기 씨, 도대체 어떻게 된 일입니까? 당신은 나에게 공

원들만 소개하지 않습니까." 하고 물었다.

"그렇습니다, 대통령. 하지만 이 공원들이 어떤 인물인지 깨달으셨겠지요." 하고 나는 말했다.

"그래요. 대단한 능력이 있는 사람들이군요, 모두가 다." 하고 그는 대답했다.

그렇다. 온 세계를 찾아보아도 이 공장에 있는 젊은이들 만큼 능력있는 직원을 발견할 수는 없을 것이다. 그들은 공원으로 출발하여 공동출자자의 위치로 승격한 사람들인 것이다. 회사는 모험도 헛된 투자도 하지 않았다. 모두가 책임을 함께 지고 이익을 함께 나누고 있는 것이다. 그들을 파트너로 만든 것은 많은 봉급을 주고 외부에서 회사의 경영자를 고용해오는 것과는 전혀 다른 방법이다.

대통령이 피츠버그가 아니라 강을 사이에 둔 알리게니 시티를 방문했다는 사실은 매우 좋은 결과를 초래했다. 앞서 내가 피츠버그 시에 도서관과 공회당을 기증하겠다고 제안했을 때 시의원들은 거절했다. 그러나 대통령이 방문을 하고 나자 알리게니 시티에서 자기들에게 주지 않겠느냐고 청해왔으므로 나는 승낙했다. 그래서 대통령이 도서관과 공회당의 헌납식에 알리게니를 방문하고 피츠버그 시는 완전히 무시되어버렸으므로 견딜 수 없게 된 것이리라. 식이 있던 이튿날 시의 책임자들이 나를 찾아와서, 다시 피츠버그 시에 제안했던 것을 재고해줄 수는 없겠느냐고 부탁했다. 만약 그렇게 해준다면 시는 그 유지비로 많은 예산을 편성하여 훌륭한 건물로 만들겠다는 것이었다. 물론 나는 기꺼이 그 청을 받아들여서, 250만불을 기부하겠다고 말했던 것을 이번에는 1000만불을 제공하기로 했다. 내 계획이 확대되었던 것이다. 이렇게 해서 피츠버그 시의 카네기 협회가 발족했다.

피츠버그 시의 유력한 인사들은 예능 부문에 힘을 기울여서 많은 돈을 지출하고 있다. 이 공업의 중심지는 과거 몇 년 동안에 굉장한 교향악단을 육성해왔다. 현재 미국에서 자랑할 만한 오케스트라를 가지고 있는 것은 보스톤과 시카고뿐이다. 자연관찰자의 클럽도 생겼고, 미술학교도 창설되었다. 이번에 공공도서관, 미술관, 박물관 음악당—— 커다란 전당에 이 사부합창이 이루어진다는 것은 내 생애의 커다란 만족이었다. 이것은 나의 기념비이다. 왜냐하면 이곳에서 나는 소년시절을 보냈고, 이곳에서 인생의 출발을 했던 것이다. 나는 이 오랜 연기로 덮인 피츠버그 시를 마음속 깊은 곳으로부터 열애하는 사람의 하나이다.

허버트 스펜서가 피츠버그에 있는 나의 집에 체류하고 있을 때 시에서 나의 기증을 거절했으므로 그는 그 경위를 잘 알고 있었다. 그래서 세번째로 기증 신청을 받고 그것을 승낙했다는 말을 듣고는, 어째서 내가 그런 짓을 했는지 모르겠다, 자기 같으면 절대로 그렇게는 하지 않는다, 시는 그만한 가치가 없다, 고 편지를 써서 보냈다. 그래서 나는 이 철학자에게 다음과 같은 편지를 썼다. '만약 내가 처음에 기증을 제안했을 때 시민들에게 감사하다는 말을 듣고 싶어서였다면 아마 나도 그쪽에서 청해왔을 때 거절했을 것이다. 그러나 그것은 자신의 명예를 위한 것도 나를 기념하기 위한 것도 아니고 오로지 피츠버그 시 사람들을 위해서라고 생각했기 때문이었다. 나는 이 사람들 사이에서 재산을 만들었으므로, 그들 안에 숭고한 것에 대한 커다란 동경을 남기고 싶다고 생각했을 뿐이고, 그 밖에는 아무런 의도도 없었다. 지금 운명의 친절한 배려에 의하여 그 소망이 이루어진 것이다. 피츠버그 시는 스스로의 손으로 그것을 해주었다.'

27. 워싱턴의 외교

해리슨 대통령은 원래 군인이었기 때문에 대통령으로서도 언제나 강경해서 전쟁도 불사하겠다는 태도를 보이는 경향이 있었다. 이런 태도를 친구들의 일부는 매우 걱정하고 있었다. 베링 해의 어업권 문제로 캐나다의 지시에 따라 영국의 솔즈베리 경이 블레인 협정을 철회하지 않으면 안 되게 되었을 때, 대통령은 조정에 응하려 하지 않고 잘못되면 극단적인 방법으로 나가도 좋다는 태도를 나타냈다. 그러나 온건한 의견이 주효했다. 남미 문제에 무력을 사용해도 상관없다는 각오하에 있던 두 나라 수뇌들을 어떻게 해서 화해시킬 수 있을까 하는 생각을 하며 나는 워싱턴으로 갔다. 왜냐하면 제일회 범남미 회의의 대표로서 나는 남미 사람들과 친교를 맺어 친하게 지내고 있었기 때문이다.

수도에 도착하여 쇼럼 호텔로 들어가다가 마침 재수좋게 미주리주 출신인 헨더슨 상원의원과 마주쳤다. 그도 회의 대표의 한 사람이었다. 그는 걸음을 멈추었고, 우리는 인사를 나누었다. 그리고 거리 저쪽을 보면서,

"대통령이 저기에 있네. 자네를 오라고 하네." 하고 말했다.

나는 길을 건너서 찾아갔다.

"안녕, 카네기, 언제 도착했나?" 하고 그는 말했다.

"이제 방금입니다. 호텔에 들어가는 참이었습니다." 하고 나는 대답했다.

"무엇 때문인가?" 하고 그는 거칠게 말했다.

"각하와 얘기를 하기 위해서입니다."

"그런가? 그럼 이리 오게. 걸으면서 얘기할 수 있네." 하고

그는 말했다.

대통령과 나는 팔을 끼고, 우리는 황혼의 워싱턴 거리를 한 시간쯤 걸었다. 그 동안에 활발하게 논쟁을 벌였다. 나는 대통령에게 지금까지의 경위를 되풀이해서 설명하고, 남북 양 아메리카 대륙의 가족으로서 만약 의견의 차이가 있다면 평화적 협정에 의하여 처리해야 한다는 생각이었다, 그런데도 지금에 와서 대통령은 다른 수단을 취하려고 하면서, 사소한 분쟁을 핑계삼아 작은 나라인 칠레를 무력으로 억누르려고 하는 것이 아닌가, 나는 놀라움과 동시에 대단히 애석하게 생각하고 있다,고 말했다.

"자네는 뉴욕 사람이니까 장사와 달러에 대한 것밖에 생각하지 않는 것이다. 그게 뉴욕 사람의 상투수단이야. 자네들에게는 공화국의 위엄이나 명예 따위는 전혀 의미가 없지." 하고 대통령은 말했다.

"각하, 잠깐 기다려주십시오. 나는 전쟁이 일어나면 합중국에서 가장 돈을 많이 벌게 될 사람 중의 하나입니다. 최대의 강철업자로서 몇백만불이 당장 내 주머니에 굴러들어옵니다."

"그런가? 자네 경우는 분명히 그렇겠지. 전혀 잊고 있었네."

"각하, 잘 들어주십시오. 만약 내가 전쟁을 일으킨다면 나와 동등한 상대를 택하겠습니다."

"으음, 그럼 나라가 작으면 그가 경멸하고 위신을 떨어뜨리는 짓을 해도 잠자코 있으라는 말인가?"

"각하, 나를 모욕하고 나의 명예를 더럽히는 것은 나 자신이지 그 밖의 누구도 아닙니다. 면목이 없다는 것은 자기가 스스로 초래하는 것입니다."

"자네도 알겠지만 칠레 시내에서 미국 수병이 습격을 받아 그 중 두 사람이 살해되었다. 그래도 참으라는 말인가?" 하고 그는 물었다.

“각하, 술취한 수병들이 싸움을 할 때마다 아메리카 합중국의 명예가 손상된다고는 생각하지 않습니다. 더구나 그 수병들은 미국인이 아닙니다. 이름에서 알 수 있듯이 그들은 외국인입니다. 나라면 그 배의 선장을 처벌하겠습니다. 시내에 폭동이 일어나서 공공의 질서가 혼란하다고 하는데 수병의 상륙을 허락했다니 괘씸합니다.” 하고 나는 말했다.

이렇게 논쟁을 계속하면서 백악관 입구에 도착했을 때에는 벌써 어두워져 있었다. 대통령은 그날 밤 식사 초대를 받았으니까, 이튿날 저녁 때에 와달라고 말했다. 가족끼리만 식사를 할테니까 천천히 애기를 나눌 수 있다고 덧붙였다.

“영광으로 알겠습니다. 그럼 내일 밤에 뵙겠습니다.” 하고 나는 말하고 헤어졌다.

이튿날 아침에 나는 당시 국무장관이었던 블레인 씨를 찾아갔다. 그는 의자에서 일어나 두 손을 내밀면서 나를 맞아주었다.

“어째서 어젯밤에 집으로 와주지 않았습니까? 대통령이 집사람에게 카네기 씨가 시내에 와있다고 하니까 집사람은 ‘어머 그렇습니까. 여기 의자가 하나 비어 있는데, 정말 애석하군요.’ 하고 말했었습니다.”

“그렇습니까 블레인 씨? 그러나 어제는 뵙지 않았던 편이 더 나았을지도 모릅니다.” 하고 나는 대답하고, 대통령과의 전말을 그에게 애기했다.

“그랬었군요. 분명히 운이 좋았던 겁니다. 대통령은 우리 두 사람이 공모를 했다고 생각했을지도 모르니까요.” 하고 그는 말했다.

내가 장관의 방에서 애기하고 있을 때, 블레인 씨의 친구이고 또 대통령의 측근이기도 한 서버지니아 주 출신의 엘킨즈 상원의원이 찾아왔다. 그는 이제 막 대통령을 만나고 오는 길인데, 어젯밤에 칠레 문제로 나와 격론을 벌여서 몹시 당했다고 말하

더라고 했다. 엘킨즈 의원은,

　"하지만 대통령 각하, 카네기 씨는 틀림없이 사양해서 얘기했을 겁니다. 그 분은 우리들에게 얘기할 때는 상당히 단호하게 주장합니다. 그분은 이 칠레 문제에 대하여 대단히 걱정하고 있습니다. 그래도 대통령이니까 다소 사양을 했던 것이겠지요."라고 말했다고 전했다. 거기에 대해서 대통령은 그런 기미는 조금도 없었다고 말하더라는 것이었다.

　칠레 문제는 블레인 씨의 화평공작에 의하여 무사히 해결되었다. 이것뿐만 아니고 그 밖에도 여러 가지로 그의 외교 수완에 의하여 미국이 외국의 분쟁에 말려들지 않았던 예를 나는 많이 알고 있다. 그는 공격적으로 나온다는 비난도 들었지만, 적극적으로 일을 진행시키기 위해서는 그런 수단을 취하지 않으면 안 되었으리라.

　대통령과 식사를 함께 한 밤에 나는 장시간에 걸쳐서 여러 가지 문제를 차분히 얘기했다. 그런데 그는 아무래도 건강이 좋지 않은 것처럼 보였다. 나는 휴향할 필요가 있다고 말하고, 모든 일을 제쳐두고 정양할 것을 권했다. 대통령도 며칠간 세무서의 감시선을 타고 휴가를 가질 예정으로 있었는데, 대법원의 블래들리 판사가 갑자기 서거해서 그 후계자를 물색하기 위하여 취소했다고 말했다. 나는 낚시 친구로 오랫동안 사귀어 왔기 때문에 내가 추천하는 것은 사양하고 싶지만, 피츠버그 시에 실라스라는 인물이 있는데 조사해보는 것이 어떻겠느냐고 말했다. 오래 사귀다보면 서로가 상대를 정확하게 평가할 수가 없게 되는 법이다. 대통령은 곧 조사해서 그를 대법원 판사로 임명했다. 이 임명은 각계를 통하여 대단히 평이 좋았는데, 해리슨 대통령은 누가 추천을 했건 직접 상세하게 조사해서 납득이 가지 않으면 임명하지 않을 그런 사람이다. 실라스 씨는 그가 찾고 있던 인물이었던 것이다.

28. 헤이 국무장관과 매킨레이 대통령

존 헤이는 영국에서 또 스코틀랜드에서 자주 내 집을 들렀던 사람이다. 1898년 스키보 별장에 오기로 되어 있던 날 밤에 매킨레이 대통령으로부터 시급히 귀국하라는 명을 받고, 국무장관에 발탁되었다. 국무장관으로서 그만큼 굉장한 기록을 남긴 사람은 없다. 그의 성실함은 모든 사람을 설득하여 대중의 신뢰를 획득하고, 그가 목표하는 바는 모두가 고결한 것이었다. 전쟁을 몹시 싫어해서, 전쟁이란 인간의 가장 야만적이고 또 가장 치명적인 어리석은 짓이라고 굳게 믿고 있었다.

1898년 가을에 나는 뉴욕으로 가는 도중 런던에 들러서 헤이와 헨리 화이트를 만났다. 화이트는 당시 런던의 미국 대사관 참사관이었는데, 후에 불란서 대사가 되었다. 이 무렵에 필리핀의 미국에의 귀속이 한창 논의되고 있었는데, 이에 대하여 우리의 의견이 일치된 것이 기뻤다. 만약 합병하게 된다면 미국의 전통인, 국가의 영토는 북아메리카 대륙 안으로 한정한다는 정책을 벗어나는 것이 된다. 그리고 멀리 떨어진 영토를 소유한다는 것은 아무리 생각해도 바람직하지 않다. 특히 그것을 군국주의의 와중에서 구한다는 것은 불가능에 가까운 일이었다. 이 문제에 대하여 동년 8월에 나는 《북아메리카 평론》에 '원격의 영토——정책의 기로'라는 논문을 발표했다. 우리 세 사람은 헤이의 런던 사무실에서 굳게 손을 잡고 의견이 일치함을 기뻐했다. 헤이의 당시 입장으로서는 자기 의견을 분명하게 공표할 수는 없었다. 게다가 문제가 상당히 진척되어 있었으므로 미국이 여기에서 손을 뺄 수 있을지의 여부도 의문이었다. 그러나 런던 주재 미국 대사로서 이 문제에 직접적인 책임이 없는 것을 남몰래 기뻐하고 있었다. 그러나 이상한 운명의 장난에 의하여 그는 오래지 않아 국무장관에 취임해서 그 책임을 지지 않으면 안 될 궁지에 몰렸다.

중국에서 의화단의 폭동이 일어났을 때, 처음에는 헤이 혼자 중국측에 우호적인 태도를 취하고 있었다. 그리고 사건이 끝났을 때 중국에 유리한 평화조약을 맺도록 노력해서 성공했다. 그의 우방으로서의 영국에 대한 신뢰는 뿌리깊은 것이었고, 이런 점에서 매킨레이 대통령도 그를 지지하고 있었다. 미국이 쿠바섬 문제로 스페인과 싸우게 되었을 때, 유럽 제국은 스페인 편을 들었지만 영국만은 미국을 지지해주었다. 헤이는 물론이고 대통령도 이에 대하여 영국에 고마움을 느끼고 있었다.

파나마 운하의 건설은 처음에 불란서 회사가 착수했는데 1898년에 파산했다. 그래서 합중국은 1901년에 헤이=포스포트 조약에 의하여 운하의 건설 독점권을 영국이 승인하도록 했다. 그러나 이 조약은 미국에 유리한 것이 아니어서 우리는 여러 가지 불만이 있었다. 영국은 이 운하를 건설함으로써 미국 다음으로 이득을 보게 되는데도 불구하고 건설비용은 미국이 전액을 부담해야 한다는 것이다. 합중국 의회는 조약의 수정을 요구해서 결국 독점사용권을 획득하는 데 성공했는데, 그때문에 헤이는 건강을 해쳐 재기불능이 되었다.

내가 마지막으로 헤이를 만난 것은 그의 집에서 점심을 대접받았을 때인데, 상원에서 수정된 조약의 중재안을 루즈벨트 대통령이 검토하고 있을 무렵이었다. 이 조약 수정에 참여한 사람들은 대통령이 그것을 수락하도록 자꾸 권고하고 있었다. 우리도 대통령이 이것에 대하여 호의를 가지고 있다고 생각했었다. 그러나 헤이 장관의 얘기를 통해서 만약 대통령이 이것을 승인하게 된다면 그는 몹시 실망을 하리라는 것을 알게 되었다. 헤이에게 상원은 원수여서 용서할 수가 없었던 것이다. 대통령이 이 조약을 승인하지 않았던 것은 여명이 얼마 남지 않은 자기 친구 존 헤이의 마음을 상하지 않게 하기 위해서가 아니었던가 하고 생각되기도 한다. 만약 나였다면 아무리 어려운 일이었더라도 그와 같이 했을 것이다. 그의 집을 물러나와서 나는 아내에게 이 제 다시 만날 수 없을지도 모른다고 말했다. 결국 이것이 마지막 작별이 되었다.

워싱턴 시의 카네기 재단은 발족 당시부터 헤이를 이사와 이 사장으로 추대하여 그의 협력과 찬조를 받고 있었다. 재단은 그 의 현명한 권고에 얻는 바가 많았다. 정치가로서 그는 단기간에 명성을 얻었고, 확신을 가지고 일에 부딪쳐서 현명하게 처리하 고 있었다. 우정도 두터워서, 공직에 있는 사람으로서 그만큼 친구에게 성의를 가지고 대한 사람은 없다고 해도 과언은 아니 다. 그가 떠나고 난 후 나에게 이 세상은 정말로 따분한 것이 되 어버렸다.

1898년에 시작된 미서전쟁은 국민이 감정의 파도에 발목을 잡 힌 결과로 일어난 것이었다. 그것은 쿠바 섬에서 일어난 혁명이 인도를 벗어난 잔혹하기 짝이 없는 것이라고 하는 보도에서 발 단되었다. 매킨레이 대통령은 전쟁을 피하기 위해서 진력했다. 스페인 대사가 워싱턴을 떠난 후로 불란서 대사가 대리로 화평 공작에 힘썼다. 스페인은 쿠바 섬의 자치를 인정하겠다고 제안 했다. 대통령은 '자치'란 무엇을 의미하는 것인지 모르겠다고 응답했다. 쿠바를 위해서 그가 바라는 것은 쿠바가 가지고 있는 권리를 전면적으로 인정하는 일이었다. 불란서 대사는 이것을 잘 양해했다. 스페인이 이것을 인정했다는 전문이 들어와서, 불 란서 대사는 그것을 대통령에게 보였다. 이것으로 만사는 원만 하게 해결되었다고 생각했다. 어쨌든 사실이 그랬었다.

내가 뉴욕에 있을 때면 일요일 아침마다 하원의장인 리드 씨가 찾아오기로 되어 있었다. 이 해에도 나는 유럽에서 돌아와서 그의 방문을 받았다. 그의 말에 의하면 이제까지 한 번도 회의장의 통제권을 잃었던 일은 없었다. 쿠바 문제가 논의되고 있을 때 그는 잠깐 의장석을 떠나 의석으로 돌아가 실정을 설명하여 격분해 있는 회의장을 진정시키려고 했다. 그는 열심히 대통령이 스페인 정부로부터 쿠바의 자치권을 보증받았다는 것을 설명하려고 했지만 헛일이었다. 슬픈 일이지만, 너무 늦었던 것이다.

"도대체 스페인은 대서양에서 무슨 짓을 하고 있는 것이냐?" 하고 격분해서 고함치고 있다. 공화당원 중에서 다수가 민주당원에게 가세해서 선전포고를 채택하는 데 동의해버렸다. 마침 그 무렵에 운나쁘게도 하바나 항에 정박중인 미국 전함 메인 호가 폭발해서 침몰해 버렸는데, 그것이 스페인이 한 짓이라는 소문이 확 퍼져버렸다.

전쟁은 개시되었다. 상원에서는 프록터 의원이 쿠바에서 보고 온 포로수용소의 잔학한 광경을 얘기하자 대중은 몹시 흥분했다. '스페인은 미국 연안에서 무슨 짓을 하는가?' 하는 외침이 전국으로 퍼졌다. 매킨레이 대통령과 그의 평화정책은 이렇게 해서 완전히 공중으로 떠버렸다. 이미 대세를 쫓아가는 수밖에 취할 방도가 없었다. 그래서 정부는 이 전쟁이 영토적 침략의 의도는 전혀 없다는 성명을 발표하고, 쿠바의 독립을 약속했던 것이다. 이 약속은 충실하게 지켜졌다. 우리는 이것을 잊어서는 안 된다. 왜냐하면 이것만이 이 전쟁의 기록에 남겨도 좋은 점이기 때문이다.

필리핀 군도의 점령은 미국 역사에 하나의 오점이 되었다. 이것은 단순한 영토의 취득이 아니고, 원하지 않는 스페인으로부터 그것을 강제로 빼앗고는 2000만불을 지불했던 것이다. 미서 전쟁 때 필리핀 사람들은 우리 편을 들어서 스페인과 싸워주었다. 대통령의 지휘하에 각료들은 필리핀에 석탄을 공급할 항구를 요구하기로 하고, 파리에 있는 강화위원에게 전보로 그러한 지시가 내려갔다고들 말하고 있다. 매킨레이 대통령은 그 무렵에 서부에서 유세를 하고 있었는데, 가는 곳마다 미국의 승리에 대해서 연설하여 대단한 환영을 받았다. 그리고 필리핀에서 철수하는 것은 대중의 의사와 상반된다는 인상을 받고는, 수도로 돌아가서 이제까지의 정책을 철회했던 것이다. 각료의 한 사람은 후에, 각료는 모조리 이 철회에 강력하게 반대했다고 나에게 말했다. 강화위원이었던 데이 판사는 파리에서 강경한 항의문을 써서 보냈는데, 이것은 참으로 훌륭한 문장이어서 워싱턴 대통령의 고별사와 함께 역사에 남길만한 기록이라고, 한 상원의원이 나에게 얘기했다.

이런 시기에 중요한 각료의 한 사람이고 또 나의 친구인 코넬리어스·N·블리스 씨가 나를 찾아와서, 워싱턴으로 급히 가서 이 문제에 대하여 대통령과 만나 달라고 말했다. 그는 이렇게 말했다.

"자네는 대통령의 생각을 바꿀 수가 있네. 서부에서 돌아온 후로는 이미 우리로서는 어떻게 할 방법이 없네."

나는 워싱턴으로 가서 대통령을 만났다. 그러나 그는 완고하게 움직이지 않는다. 철수를 하게 되면 국내에서 혁명이 일어난다는 것이다. 그래서 결국 각료들도 이것은 일시적인 주둔이어서 장차 무슨 구실을 붙여 철수한다는 것을 조건으로 일단 양해했다.

대통령은 코넬 대학 학장인 슈만 씨를 초빙하여, 그를 필리핀 조사파견단의 단장으로 임명했다. 그는 필리핀 합병에 반대한 사람 중의 하나였다. 다음에 필리핀의 점령은 미국의 정책에 위배되는 것이라고 강력하게 반대했던 태프트 판사를 초대 필리핀 총독으로 임명했다. 판사가 공공연하게 합병에 반대했던 인물을 총독으로 임명한다는 것은 우습지 않으냐고 말하니까, 대통령은 반대했기 때문에 더욱 이 일을 맡아주었으면 좋겠다고 대답했다. 그것은 그런대로 좋을 것이다. 그러나 합병하지도 않고, 더구나 많은 돈을 지불하고 사들인 영토를 도로 놓아버린다는 것은 다른 문제이고, 이것은 오랫동안 미국의 두통거리가 되었다.

어찌 되었건, 본국에서 수천마일 떨어진 곳에 있는 식민지는 매킨레이 대통령에게는 신기한 일이었고, 정직하게 말해서 미국의 모든 정치가에게도 마찬가지였다. 이것이 어떠한 곤란과 위험을 내포한 것인지 그들은 전혀 몰랐던 것이다. 여기에서 아메리카 합중국은 처음으로 중대한 국제적인 과오를 범했다. 이 과오가 이 나라를 결국 국제적인 군국주의의 와중에 끌어들였고, 또 그것이 강력한 해군의 건설이라는 곳으로 몰아넣었던 것이다. 그 후 미국 정치가들은 자기네 생각을 완전히 바꾸지 않으면 안 되게끔 되었다.

몇주일 전(1907년) 내가 백악관에서 데오토르 루즈벨트 대통령과 저녁 식사를 함께 했을 때,

"만약 합중국에서 하루라도 빨리 필리핀에서 철수하고 싶다는 생각을 하는 인물 두 사람을 보고싶다면 그 사람들은 바로 여기에 있네." 하면서 대통령은 자기와 태프트 장관을 가리켰다.

"그럼 어째서 그렇게 하지 않습니까?" 하고 나는 말하고는 "미국인들은 진심으로 기뻐하겠지요." 하고 덧붙였다.

그러나 대통령도 태프트 장관도 우선 필리핀이 자치제를 확립하도록 지도하는 것이 미국의 의무라고 생각하고 있는 모양이었다. "헤엄을 익히기 전에는 물에 뛰어들어서는 안 된다."고 하는 것이다. 그러나 조만간에 뛰어들지 않으면 안 될 것이고, 그 날이 빨리 오기를 희망하는 형편이다.

29. 독일 황제를 알현하다

나는 조국 스코틀랜드의 세인트 앤드루스 대학의 명예총장에 추대되어 처음으로 학생들에게 취임 연설을 했다. 그 기록은 독일 황제가 읽고, 발링 씨를 통하여 한 마디도 남기지 않고 숙독했다고 전해왔다. 황제는 또 황태자의 임명식에서 행한 인사말 사본 한 부를 발링 씨를 통해서 보내주셨다. 다음에 알현의 초대장이 도착했다. 그 무렵에 나는 뉴욕에 있었으므로 그대로 두었다. 그러나 나는 대략 용건도 처리되었으므로 1907년 6월에 미국을 떠날 수가 있었다. 아내와 나는 키르로 갔다. 독일 주재 미국 대사인 타워 부처가 마중나왔고, 우리를 잘 보살펴주었다. 키르에 사흘 체류하는 동안 대사 부처를 통하여 저명한 사람들을 많이 만날 수가 있었다.

첫날 아침에 대사는 나를 황제 전용 요트로 안내했고 나는 방명록에 기재했다. 나는 황제를 뵐 줄은 생각도 않고 있었다. 그런데 황제가 갑판 위로 올라와서 타워 씨를 발견하고는, 무슨 용건으로 이렇게 아침 일찍 요트에 왔느냐고 물었다. 타워 씨는 방명록에 기재하기 위해서 나를 안내하여 왔는데, 카네기 씨도 승선하고 있다고 말했다. 그러자,

"그럼 지금 소개해 주면 좋겠소. 만나고 싶소." 하고 황제가 말했다.

나는 그때 회의 때문에 모여 있던 해군 대장들과 얘기하고 있었으므로 타워 씨와 그 뒤에 따라온 황제도 보지 못하고 있었다. 누가 어깨를 두드리기에 돌아보니까,

"카네기 씨, 황제이십니다."

순간 나는 황제가 내 앞에 서있다는 것을 알아차리지 못했었다. 알고 나자 나는 두 손을 높이 들고,

"야아, 이거 굉장하군. 항상 이렇게 됐으면 하고 생각했던 일이 실현된 것이다. 예고도 없이 운명의 사람이 구름 위에서 내려오신 것이다." 하고 외쳤다.

그런 다음에 나는 정색을 해서,

"폐하, 초대를 해주셔서, 이틀 낮 이틀 밤을 여행을 계속해서 왔습니다. 왕관을 쓰신 분을 뵙는 것은 이번이 처음입니다." 하고 나는 말을 이었다.

그러자 황제는 미소를 띠고 —— 그것은 또한 얼마나 사람을 끌어당기는 미소였던가 —— 이렇게 말했다.

"아아, 그래 그래. 나는 당신 책을 읽고 있어요. 당신은 왕후를 싫어하지요."

"그렇습니다, 폐하. 나는 왕후를 좋아하지 않습니다. 그러나 왕의 배후에는 진정한 인간이 있게 마련이어서 만약 내가 그 인품을 발견할 수 있다면 그 인물은 좋아할 겁니다."

"아아, 당신이 좋아하는 임금님을 나는 알고 있소. 그건 로버트 브루스라는 스코틀랜드의 임금님이지. 브루스는 내 어린 시절의 영웅이에요. 그 얘기를 나는 많이 들어 왔어요."

"그렇습니다, 폐하. 나도 마찬가지로 브루스의 얘기에 의해서 성장해왔습니다. 왕은 내 고향인 담팜린 사원에 묻혀 있습니다. 어릴 때 나는 자주 사원의 하늘에 솟아있는 사각의 기념비 주위를 돌아다녔습니다. '로버트 브루스 왕'이라고 커다란 돌에 한 자씩 새겨진 글씨를 손가락으로 쓰다듬었습니다. 마치 카톨릭 신자가 묵주를 한 알 한 알 어루만지는 것처럼 전심을 기울여서 그 글씨를 어루만졌던 것입니다. 그런데 폐하, 브루스는 임금님 이상의 인물이었습니다. 그는 민족의 지도자였습니다. 하지만 그가 최초의 위인은 아닙니다. 민중의 영웅인 워레스가 먼저입

니다. 나는 지금 담팜린에 있는 말콤 왕의 탑을 내 소유로 하고 있습니다. 폐하는 그분으로부터 스코틀랜드의 피를 이어받고 계십니다. 폐하는 멋진 옛날 민요 '더 패틀릭 스펜스'를 아시리라고 생각합니다만,

  '임금님은 담판린의 탑에 앉아서
  빨간 술을 마시고 있다'

하는 구절이 있습니다. 언젠가 폐하를 스코틀랜드 선조의 탑으로 안내하여 모시고 싶습니다."

"그렇게 하고 싶군요. 스코틀랜드인은 독일인에 비해서 훨씬 민첩하고 영리해요. 독일인은 느릿느릿해서 안 돼요." 하고 말했다.

"폐하, 스코틀랜드인에 관한 한 폐하를 공평한 심판자로 인정하는 것을 사양하지 않으면 안 됩니다." 하고 나는 말했다.

황제는 웃고, 작별의 손을 흔들면서,

"오늘 밤 함께 식사를 합시다." 하고는 모인 제독들을 만나기 위해 갑판을 걸어갔다.

그날 밤 만찬회에는 60명 정도가 참석했는데, 참으로 즐거운 모임이었다. 황제는 마주 앉은 나에게 잔을 들어 건배해주셨다.

어느 날 밤에 고일렛 부인의 요트에서 식사를 했을 때 황제도 참석했다. 나는 루즈벨트 대통령이 미국의 관습이 허용한다면 잠시 외국에 가서 황제를 만나보고 싶다고 하더라고 말했다. 차분하게 얘기를 나눌 수가 있다면 무엇인가 좋은 결과가 나오리라고 대통령은 생각하고 있었기 때문이다. 나도 그렇게 생각한다고 덧붙였다. 황제도 여기에 동의하여, 꼭 만나고 싶다, 언젠가 독일에 와주시면 좋겠는데, 하고 말했다. 나는 황제가 외국으로 여행을 떠나는 것을 막는 헌법상의 규정은 없으니까 미국으로 건너가서 대통령을 만났으면 좋겠다고 말했다.

"하지만 국사가 바빠요. 나라를 떠난다는 것은 도저히 안 돼

요.”

나는 다음과 같이 대답했다.

“어느 해인가 휴가를 내서 외국으로 떠나기 전에 나는 공장에 가서 역원들에게 인사를 했습니다. 여러분은 뜨거운 태양 아래 땀을 흘리며 일하고 있을 때에 나만 휴가를 갖는다는 것은 본의가 아니다. 그러나 요즈음은 일 년에 한 번씩 휴가를 갖지 않으면 안 된다는 것을 발견했다. 아무리 지쳐 있어도 뱃머리에 서서 대서양의 파도를 헤치며 매진하고 있는 것을 보면 원기가 완전히 회복된다, 하고 말했습니다. 그런데 우리 공장에 존스라는 아주 재미있는 지배인이 있는데 말입니다. ‘와아, 멋지군. 호랑이가 없는 사이에 낮잠이다.’ 하고 지껄이는 것입니다. 폐하도 역시 마찬가지입니다.”

황제는 몇 번이나 배를 움켜쥐고 크게 웃었다. 이제까지 생각해보지도 않은 일이었던 것이다. 그는 다시 한 번 되풀이해서 루즈벨트 대통령을 만나고 싶다고 말했다.

“그렇습니다. 폐하와 대통령이 만나실 때 나도 함께 있도록 해주셔야 합니다. 두 분만 계시면 무슨 일을 하시게 될지 모르니까 말입니다.”

황제는 다시 웃고는,

“아아, 알았어요. 당신은 우리 두 사람을 드라이브를 하면서 몰고 다니고 싶은 거지요. 좋아요, 루즈벨트를 선두에 세우고 내가 뒤에 따라가는 것이라면 승낙하지요.”

“아니, 그것은 안 됩니다. 나는 힘차게 달리는 망아지 두 마리를 몰고 다니는 그런 무모한 일은 하지 않습니다. 두 분을 사이좋게 나란히 세우고 고삐를 꽉 쥐고 있는 거지요.” 하고 대답했다.

나는 이제까지 황제처럼 상대방의 얘기를 잘 알아듣고 그것을 즐기는 사람을 만난 일이 없다. 참으로 훌륭한 얘기 상대이고,

또 세계의 평화와 진보에 마음을 쓰고 있는 성실한 분이라고 생각한다. 그 자신도 끊임없이 평화를 위해서 진력하고 있다고 말했다. 24년간을 통치해오는 동안 한 번도 피를 흘리는 사건은 일어나지 않았다. 황제는, 독일의 해군은 너무나 빈약해서 영국을 위협해야 되겠다는 생각은 할 수도 없다, 또 한번도 경쟁을 하겠다고 생각한 일도 없다, 하고 말했다. 장차 독일이 해군을 확장하고 강화하는 것은 현명하지도 않고, 또 필요하다고도 생각하지 않는다. 폰 뷰로 전하도 이런 생각인 모양이다. 그렇기 때문에 독일이 세계의 평화를 위협하는 일은 절대 없으리라고 나는 굳게 믿고 있다. 이 제국의 관심은 평화와 산업의 발전에 있다. 이것은 참으로 바람직한 일이어서, 이 두 분야는 확실히 진전되고 있다.

나는 귀국한 다음에 독일 대사 폰 스타인버그 남작을 통하여 황제에게 《루즈벨트 정책》이라는 제목의 책을 한 권 증정했다. 이 책의 서문은 내가 썼는데, 대통령은 매우 기뻐했었다. 황제로부터는 감사장과 함께 자기 동상이 왔다. 나는 이것을 소중하게 간직하고 있다. 황제는 단순히 한 나라의 원수인 뿐만 아니라 무엇인가 더욱 숭고한 것을 지니고 있다. 현상을 개선하여 좀더 살기좋은 사회를 만들기 위해 힘쓰고, 금주(禁酒)를 추진하고, 결투를 근절시키기 위해 노력하는 동시에 국제평화를 이룩하기 위하여 끊임없이 애쓰고 있는 훌륭한 인물이다.

솔직하게 말해서 나는 늘 독일 황제는 운명적인 사람이라는 느낌을 받아왔다. 세계의 진로를 바꿀 숙명으로 태어난 인물이라는 뜻이다. 몇번 만날 기회가 주어져서 나의 그러한 느낌은 더욱 짙어졌다. 나는 장차 이 사람이 무엇인가 위대한 일을 할 거라는 큰 기대를 가지고 있다. 그는 인류의 역사에서 불후의 자리를 차지할 만한 큰 일을 할지도 모른다. 1907년에 만났을 때 황제는 20년의 평화로운 통치라고 말했었는데, 그 기록도 이제는

27년이 되었다. 적극적인 행동으로 문화국가 사이에 평화를 확립시킨 권능을 가진 인물이라면 앞으로 이 기록 이상으로 더 큰 일을 기대한다는 것은 무리가 아니다. 이 커다란 사업에 성공한 사람이 자기 나라를 평화롭게 통치하는 것만이 아니라 세계의 지도적 입장에 있는 문화국가들에게 격문을 보내서 모든 국제분쟁을 처리, 조정할 기관을 설치하자고 제안한다면 모두 기꺼이 거기에 응할 것이 아닌가! 황제가 단순히 자기 나라만 평화롭게 지켜나가는 사람이 될 것인가, 아니면 세계의 문화국가 사이에서 평화의 사도로서 주어진 사명을 완수하여 역사에 남는 위대한 인물이 될 것인가는 미래가 말해줄 것이다.

재작년(1912년)에 나는 베를린 궁전에서 황제 앞에 서서 유혈참사 없이 25년간을 평화롭게 통치해온 데 대하여 미국을 대표해서 축하의 인사를 했다. 축사를 담은 상자를 바치기 위하여 나는 황제 앞으로 나갔다. 그러자 그는 나라는 것을 알고는 두팔을 앞으로 뻗어서,

"카네기, 25년의 평화, 그리고 더욱더 오래 계속되기를 염원하오." 하고 말했다. 나는,

"그리고 폐하는 가장 숭고한 사명을 실현시키기 위한 우리의 중요한 맹우(盟友)입니다." 하고 대답했다.

축전이 시작되고부터 내가 등장할 때까지 황제는 부동 자세로 왕좌에 앉아 한 사람의 장교한테 축사를 받아서는 그 반대쪽에 서있는 또 한 사람의 장교에게 넘겨주어서 테이블 위에 놓도록 하는 동작을 되풀이하고 있을 뿐이었다. 당시의 토의의 주된 과제는 세계 평화여서 만약 황제가 분명한 태도를 취한다면 평화는 이룩될 수 있을 것이라고 나는 생각하고 있었다. 그러나 왕으로 태어난 사람의 숙명이라고나 할까, 황제는 군인계급에 둘러싸여서 마음대로 행동할 수가 없다. 군국주의가 정복당하기 전에 세계 평화는 있을 수 없다.

1914년 현재 나는 내가 쓴 지금까지의 기록을 보고 정세의 변화에 놀랄 뿐이다. 이 세계는 역사에 유례가 없는 큰 전쟁에 말려들어버린 것이다. 야수처럼 인간이 인간을 서로 죽인다! 그러나 아직 나는 절망할 수가 없다. 최근에 나는 또 한 사람의 통치자가 세계의 무대에 등장한 것을 보았다. 이 사람이 우리가 대망하는 불후의 인물이 될지도 모른다. 파나마 운하의 통행권에 관한 분쟁에서 자기 나라의 명예를 위하여 용감하게 싸운 사람으로서, 그는 현재 아메리카 합중국의 대통령이다. 그는 불굴의 영혼을 가진 천재이다. 천재에게 불가능이란 있을 수 없다. 윌슨 대통령을 주목하기 바란다. 그의 혈관 속에는 스코틀랜드인의 피가 흐르고 있다.

역자 후기

19세기 중반의 미합중국은 여러 가지 의미에서 제 2 차 세계대전 직후의 일본과 비슷하다. 농업 국가에서 공업 국가로 전환했으며, 그 과정에서 인구의 이동이 일어났고, 동해안에는 대도시가 들어서기 시작했다. 대륙 횡단 철도도 이때 부설되었다. 또한 중부와 서부의 개척도 활발해졌다. 도시에서는 이제까지의 중소기업에서 대기업으로 바뀌어갔으며 소박한 미국인들 사이에는 실업가라는 새로운 계층이 생겨나고 있었다. 물론 산업의 왕이라 불리는 사람들이 등장하는 것은 약 반세기 뒤이며, 부자 나라라는 미국에서도 백만장자가 처음부터 있었던 것은 아니다. 1850년경부터 남북전쟁이 발발할 무렵까지 백만장자로 꼽을 수 있는 사람은 전국을 통틀어 십여 명이 있었을 뿐이었다. 단적으로 말해서, 신대륙은 자본과 노동력을 확대하여, 개척시대가 끝나고, 근대화로 전환하는 준비 시대라 해도 좋고, 희망에 불타서 구대륙에서 이주해 오는 사람도 해마다 늘어나고 있었다.

이러한 시대에 영국의 북부인 스코틀랜드에서 카네기라는 한 가족이 신대륙으로 이주해 왔다. 가장인 윌리엄은 수직공(手織工)이었는데 증기기관이 등장하자 실직하여 아내인 마가렛과 두 아들을 데리고 미국으로 건너갈 결심을 했던 것이다. 직조기나 가구를 처분하여 여비를 마련해야 했으며, 희망의 땅인 미국이 무엇을 약속해줄지 내심으론 무척 불안했으나, 윌리엄은 차분한 목소리로,

서쪽으로, 서쪽으로, 자유의 땅으로,

노동자도 인간으로 존중되고,
가난한 자도 곡식을 거둘 수 있다.
그 자유의 천지로

라고 노래했다. 열세 살 난 장남 앤드류는 아버지가 부르는 노래를 들으면서 정든 고향 산천과 친구들과 헤어지는 슬픔을 지우려고 애쓰지 않으면 안 되었다. 이것은 1848년 5월의 일이었다.

가난에서 해방되기 위하여 신대륙으로 건너온 카네기 일가는 펜실베이니아 주의 알게니 시티에서 새로운 생활을 시작했다. 윌리엄은 직물 공장에서 일했는데 장사꾼들이 직물을 사주지 않아, 자기가 짠 직물을 팔러 다녀야 했다. 어머니는 이웃에 구두를 만드는 사람이 있어서 일을 얻어 하여 가계에 보탰다. 어린 두 아들은 밤 늦게까지 어머니가 구두를 꿰매는 실에 밀납을 칠하거나 바늘에 실을 꿰어주는 일을 도왔다. 그러나 네 식구가 연명하자면 한 달에 25달러, 1년에 3백달러가 필요했는데, 그것을 버는 것은 여간 힘겨운 일이 아니었다. 그리하여 열세 살 난 앤드류도 일을 하러 나가게 되었다.

면직공장에서 주당 1달러 20센트를 받는 조건으로 고용된 앤드류 소년은 날이 밝기도 전에 공장에 가서 감은 실을 찌는 기름 솥 일을 했다. 그 일은 무척 힘들었다. 열기와 기름의 메스꺼운 냄새로 속이 뒤집혔다. 아침 밥과 점심 먹은 것을 모조리 토하고 나면 저녁 식사 때는 식욕이 왕성했다. 자기에게 주어진 일을 완전히 해낸다는 긍지만이 그에게는 큰 보람이었다.

이런 최악의 조건하에서 인생을 출발한 앤드류 카네기는 반세기도 채 못되어 미합중국의 대표적인 산업 자본가라 불리는 억만장자가 되었던 것이다. 그가 걸어온 험난한 길은 이 책에서 상세히 다루고 있으므로 여기서 다시 되풀이할 필요는 없다. 그는 "그 초기의 괴로웠던 생활을 돌이켜보고 나는 이렇게 말할 수 있다."고 다음과 같이 말하고 있다.

"이 나라에는 높은 긍지를 가지고 사는 가족은 별로 없었다. 하지만 우리 집은 명예를 중시하고, 독립심과 자존심이 온 집안에 넘치고 있었다. 저속한 행동, 남을 속이는 짓, 나태함, 잔꾀를 부리거나, 남을 비방하거나 하는 일을 우리 집안에서는 찾아볼 수가 없었다. 이러한 부모 아래서 자라난 동생 톰과 나는 정직하고 성실한 사회인이 될 수밖에 없었다. 어머니도 훌륭한 분이었지만, 아버지도 드물게 보는 고귀한 인품의 소유자여서 모든 사람들로부터 사랑받는 분이셨다."

겸허한 카네기는 곧잘 "행운이 나에게 미소를 보냈다."라고 말했는데, 그는 그 행운을 잘 포착하는 영특함을 갖고 있었다. 행운은 텁수룩한 앞머리를 가지고 있으나 후두부는 벗겨졌다고 한다. 앞머리를 잡을 수 있으면 다행이지만 일단 놓치면 만사는 끝장인 것이다. 그렇다면 그는 그 영지(英知)를 어떻게 길렀던가. 그는 어려서부터 "지식이란 스스로 찾지 않으면 안 된다."라고 자기 자신에게 말했었다. 독서는 지식의 원천이다. 언제나 애써 책을 구하던 그는 후일 거액의 사재를 털어 미국 각지에 '카네기 공공도서관'을 세우고, 그것을 건전하게 육성, 발전시키기 위하여 '카네기 도서관협회'를 창설했다. 오늘날에도 이 협회는 그가 회사한 기금으로 활발하게 움직이고 있다. '지식이란 도움이 되는 것, 숨겨 놓아도 반드시 겉으로 나타나는 것'이라는 그의 신조는 수많은 사람들을 격려해 주었다. 사회에서 중요한 지위를 차지하고 있는 사람들에게 "출신 학교는?" 하고 물으면, 카네기 공공도서관에서 공부했다고 대답하는 사람을 보게 되는 것은 그리 드문 일이 아니다.

카네기는 20대 초반에 펜실베이니아 철도회사의 감독이 되었으며, 우연한 기회에 만나게 된 침대차의 발명가와 손을 잡고 침대차 회사를 설립하여 돈을 벌었다. 또한 철도 기자재회사, 운송회사, 석유회사에 투자해서 많은 돈을 벌었다. 그는 30세 때, 펜 철도회사를 사직하고 독립하여 산업 경영에 뛰어들어 레일, 차량, 철교, 기관차 등을 제조하는 회사를 경영하게 되었다. 1881년, 이제까지 자기가 관여해 온 모든 기업을 통합하여 카네기 형제 회사를 설립했다. 그 당시 이 회사는 미국 전체의 강철 생산고 중 50%를 차지하는 강력한 기업이 되었다. 1901년, 66세가 된 카네기는 이 회사를 재계의 거물인 모건에게 팔아치우고 산업계에서 은퇴했다.

카네기는 고향인 스코틀랜드에서 8세 때부터 13세 때가지 학교에 다녔는데, 그 후에는 정규 교육을 받지 못했다. 그러나 문학을 사랑하고, 한 때는 문필로 생계를 세울 수 없을까 하고 진지하게 생각하기도 했다. 산업계에 진출한 그는 기회 포착에 민첩하여 거대한 부를 손에 넣게 되었다. 그는 '부(富)'는 '하느님께서 맡겨주신 신성한 것'으로 보고, '거금을 가족에게 물려주고 죽는 것은 수치스런 일'이라고 말했다. 이 신조에 따라 은퇴한 후 20년간, 자기의 재산을 도서관, 학교 교육, 사회 교육 사업에 썼으며, 또한 학문의 기초 연구를 촉진시키기 위하여 재산을 희사했다. 따라서 은퇴한 후 가족과 여생을 즐길 생각이었으나 대학 설립, 천문학, 해양학, 유전학(遺傳學), 지구물리와 자기학(磁氣學) 등에 깊은 관심을 갖고 연구소를 설립했는데, 그러다 보니 은퇴하기 전보다 더욱 바빠졌다고 말했다.

공공도서관에 대해서는 이미 그의 공적에 대해서 말할 때 소개했지만, 카네기의 제2의 고향이 된 피츠버그 시에 공과대학을 설립한 것도 덧붙이지 않으면 안 된다. 이것은 종합대학으로, 공과, 예술, 일반 교양, 도서관학, 여자 대학 등 5개 부문으로 나뉘어져 있다. 공과 대학의 부속 시설로는 석탄 연구소와 금속 연구소가 있다.

카네기는 학문과 예술뿐만 아니라 세계 평화라는 원대한 꿈을 갖고 있었다. 그러나 미국이 아직 자기들의 좁은 사고방식에서 벗어나지 못한 채 완고하게 고립주의로 일관하고 있던 시대에, 그는 합중국의 국제적 사명을 강조했던 것이다. 신대륙에서 얻은 행운에 깊이 감사하는 동시에, 그는 혼신의 정열을 다하여 제2의 조국을 사랑했고, 그 빛나는 장래에 큰 기대를 걸고 있었다. 그러기에 제1차 세계대전이 발발했을 때 절망에 빠졌던 그는 윌슨 대통령이 민주주의를 구출하기 위하여 참전을 결정한 것을 진심으로 기뻐했다.

카네기가 활약하던 시대에는 석유의 록펠러, 철도의 하리만과 반더빌트, 전기공학의 에디슨, 재계의 모건 등, 걸출한 인물이 많이 나왔다. 그러나 카네기 만큼 사랑받은 사람은 없었다고 해도 과언이 아닐 것이다. 감수성이 강하고, 폭넓은 교양을 쌓았을 뿐 아니라 개인적인 매력도 겸비하여 언제나 겸허한 자세로 사람을 대했다. 그러나 자수성가한 사람들이 대개 다 그러하듯이 학식 있는 사람을 과대평가하고 영웅을 숭배하는 경향이 있었다. 하지만 그것도 서서히 완화되어 인물평가도 바르게 할 수 있게 되었다.

그의 또 하나의 특징은 시종일관하여 전향적인 자세를 보였다는 점이다. 장래에 대한 확실한 예측은, 천재적이라 할 만큼 예리했다. 그가 실행한 노사 관계는, 그 당시로서는 혁명적인 것이었으며, 1870년대에 8시간 노동제를 예언했으며, 기업의 회사에 대한 책임을 강조하는 등 시대를 앞서가고 있었다.

센티멘털하고 눈물이 많으며, 때로는 매우 완고했으나, 동시에 자기 자신을 엄격하게 비판하며 부단히 향상을 꾀했다. 52세에 결혼하자, 그의 성격도 점차 사교적으로 바뀌게 되었다. 결혼을 늦게 한 큰 이유는 그의 어머니를 사모하는 마음이 강했기 때문이었다. 그는 아름다운 젊은 아내를 어머니를 섬기듯이 아꼈다.

이 책의 말미에 메모처럼 씌어진, 지인(知人), 친구들의 이름들은 생략했다. 그밖에는 원문에 충실을 기하려고 노력했다.

세계명작학술문고 일신 그랜드 북스

① 여자의 일생	㊽ 리어왕 · 오셀로
② 데미안	㊾ 도리안그레이의 초상
③ 달과 6펜스	㊿ 수레바퀴 밑에서
④ 어린 왕자	(51) 싯다르타
⑤ 로미오와 줄리엣	(52) 이방인
⑥ 안네의 일기	(53)(54) 무기여 잘 있거라(Ⅰ Ⅱ)
⑦ 마지막 잎새	(55)(56) 지와 사랑(Ⅰ Ⅱ)
⑧ 젊은 베르테르의 슬픔	(57)(58) 생활의 발견
⑨⑩ 부활(Ⅰ Ⅱ)	(59)(60) 생의 한가운데(Ⅰ Ⅱ)
⑪⑫ 죄와 벌(Ⅰ Ⅱ)	(61)(62) 인간 조건(Ⅰ Ⅱ)
⑬⑭ 테스(Ⅰ Ⅱ)	(63) 이반 데니소비치의 하루
⑮⑯ 적과 흑(Ⅰ Ⅱ)	(64)(65) 25시(Ⅰ Ⅱ)
⑰⑱ 채털리 부인의 사랑(Ⅰ Ⅱ)	(66)～(68) 분노의 포도(Ⅰ ～ Ⅲ)
⑲⑳ 파우스트(Ⅰ Ⅱ)	(69) 나의 생활과 사색에서
㉑㉒ 셜록홈즈의 모험(Ⅰ Ⅱ)	(70)～(72) 누구를 위하여 종은 울리나(Ⅰ～Ⅲ)
㉓ 이이솝 우화	(73) 주홍글씨
㉔ 탈무드	(74) 슬픔이여 안녕
㉕㉖ 한국 민화(Ⅰ Ⅱ)	(75) 80일간의 세계일주
㉗ 철학이란 무엇인가	(76) 물과 원시림 사이에서
㉘ 역사란 무엇인가	(77) 람바레네 통신
㉙ 인생론	(78)～(80) 인간의 굴레(Ⅰ ～ Ⅲ)
㉚㉛ 정신 분석 입문(Ⅰ Ⅱ)	(81) 독일인의 사랑
㉜ 소크라테스의 변명	(82) 죽음에 이르는 병
㉝ 금오신화 · 사씨남정기	(83) 목걸이
㉞ 청춘 · 꿈	(84) 크리스마스 캐럴
㉟ 날개	(85) 노인과 바다
㊱ 황토기	(86)(87) 허클베리 핀의 모험(Ⅰ Ⅱ)
㊲ 백범 일지	(88) 인형의 집
㊳ 삼대(上)	(89)(90) 그리스 로마 신화(Ⅰ Ⅱ)
㊴ 삼대(下)	(91) 인간론
㊵ 조선의 예술	(92) 대지
㊶㊷ 조선 상고사(Ⅰ Ⅱ)	(93)(94) 보봐리 부인(Ⅰ Ⅱ)
㊸ 백두산 근참기	(95) 가난한 사람들
㊹ 선과 인생	(96) 변신
㊺㊻ 삼국유사(Ⅰ Ⅱ)	(97) 킬리만자로의 눈
㊼ 유리동물원(外)	(98) 말테의 수기

판형 / 4 · 6판 ＊ 면수 / 평균 256면

⑨ 마농 레스꼬	⑭ 잠 못 이루는 밤을 위하여
⑩ 젊은이여, 시를 이야기하자	⑭ 페스트
⑩ 피아노 명곡 해설	⑭ 크눌프
⑩ 관현악·협주곡 해설	⑭⑭ 빙점(ⅠⅡ)
⑩ 교향곡 명곡 해설	⑭ 페이터의 산문
⑩ 바로크 명곡 해설	⑭ 적극적 사고방식
⑩ 혈의 누	⑭ 신념의 마력
⑩ 자유종·추월색	⑭ 행복의 길
⑩ 벙어리 삼룡이	⑭ 카네기 처세술
⑩ 동백꽃	⑮ 한중록
⑩ 메밀꽃 필 무렵	⑮ 구운몽
⑩ 상록수	⑮ 양치는 언덕
⑪⑫ 아들들(ⅠⅡ)	⑮ 아들과 연인
⑪ 감자·배따라기	⑮⑮ 에밀(ⅠⅡ)
⑪ B사감과 러브레터	⑮⑮ 팡세(ⅠⅡ)
⑪ 레디 메이드 인생	⑯⑯ 짜라투스트라는 이렇게 말했다(ⅠⅡ)
⑪ 좁은문	⑯ 광란자
⑪ 운현궁의 봄	⑯ 행복한 죽음
⑪ 카르멘	⑯ 김소월시선
⑪ 군주론	⑯ 윤동주시선
⑫⑫ 제인 에어(ⅠⅡ)	⑯ 한용운시선
⑫ 논어 이야기	⑯ 英·美명시선
⑫⑫ 탁류(ⅠⅡ)	⑯⑯ 쇼펜하워 인생론
⑫ 에반제린 이녹 아든	⑯⑯ 수상록
⑫⑫ 폭풍의 언덕(ⅠⅡ)	⑰⑰ 철학이야기
⑫ 내훈	⑰⑰ 백경
⑫ 명심보감과 동몽선습	⑰⑰ 개선문
⑬ 난중일기	⑰ 전원교향곡·배덕자
⑬ 대위의 딸	⑰ 소나기(外)
⑬ 아버지와 아들	⑰ 무녀도(外)
⑬ 나의 라임오렌지나무	⑰ 표본실의 청개구리(外)
⑬ 갈매기의 꿈	⑱ 사랑방 손님과 어머니(外)
⑬⑬ 젊은 그들(ⅠⅡ)	⑱ 순애보(上)
⑬ 한국의 영혼	⑱ 순애보(下)
⑬ 명상록	
⑬ 마지막 수업	

철강왕 카네기

초판 · 발행　1993년 7월 10일　　값 10,000원

지은이　A. 카 네 기
옮긴이　신　일　성
펴낸이　남　용
펴낸데　一信書籍出版社

121-110 서울 마포구 신수동 177-3
등 록 : 1969. 9. 12. No. 10-70
전 화 : 703-3001~6
FAX : 703-3009
대체구좌 / 012245-31-2133577

ISBN 89-366-1502-5　　03890